KB117730

에디톨로지

Edi tology

에디톨로지
창조는 편집이다

김정운

21세기북스

'산업혁명'이 아니다
지식의 '편집혁명'이다!

2014년에 『에디톨로지』 초판이 나왔으니 벌써 4년이 지났다. 그러나 '창조는 편집이다'라는 에디톨로지의 핵심 명제는 여전히 유효하다. '편집'은 가장 확실하고 효과적인 '창조 방법론'이다.

독어로 '행위가능성Handlungsmöglichkeit'이라는 개념이 있다. 내가 가장 좋아하는 단어다. 인간이 가장 즐거울 때는 '주체적'이고 '목표지향적'인 행위를 할 때다. 그리고 이 같은 행위의 가능성이 높아질수록 행복해진다. 정해진 일, 시키는 일만 반복하면 숨 막힌다. 돈을 아무리 많이 받아도 불행하다. '창조는 편집이다'라는 명제보다 창조적 행위의 가능성을 높여주는 것은 없다.

요즘 유행하는 '4차 산업혁명'은 참으로 추상적이다. '4차'라는 명확해 보이는 숫자와 '산업혁명'이라는 익숙한 표현으로 그 모호함을 감쪽같이 숨기고 있다. 마치 느닷없이, 어마어마한 '산업혁명'이 또 다시 도래한 것 같은 기분이 든다. 참으로 뜬금없다. 1차, 2차, 3차 산업혁명의 내용이 무엇인지도 모르는데, 다들 4차 산업혁명이라고 한다. 매번 검색해서 4차 산업의 내용을 확인해야 한다. 이 정체 불명의 4차 산업혁명이란 단어가 '나쁜 개념'인 이유는 나의 '행위가능성'과는 그 어떤 관계도 없기 때문이다. 미래의 삶이 나아가는 전혀 상관없는, 어떤 거대한 힘에 의해 좌우될 것이라는 공포심만 자극한다.

'산업혁명'이란 낡은 개념에 사물인터넷, 클라우드 컴퓨팅, 자율주행, 3D 프린팅, 인공지능 등과 '4차'란 숫자를 편집해 느닷없이 세계적인 '석학(?)'으로 거듭난 클라우스 슈밥Klaus Schwab이야말로 매우 창조적이다. 독일에서 이미 존재하던 '인더스트리 4.0Industrie 4.0'이란 개념을 다보스포럼에서 '혁명'으로 소개하여, 미래 변화의 막연한 불안감을 아주 효과적으로 구체화했기 때문이다. 그러나 21세기의 이 엄청난 변화를 산업혁명이란 낡은 개념으로 설명할 수 있는가에 대한 비판이 거세다. '1차 산업혁명' 자체가 '과장된 표현'에 불과하다는 비판이 역사가들 사이에서 공감을 얻어가는 요즘이기 때문이다.

한국사회에서 4차 산업혁명이 유난스럽게 커다란 반향을 얻고 있는 이유는 아이러니하게도 지난 반세기 동안 한국사회의 산업혁명을 이끌었던 '산업화세대'의 몰락과 아주 밀접한 관계가 있다. 박근혜정부는 한국 산업화세대의 상징이다. 박근혜정부의 가장 큰 실수는 아무 생각 없이 '창조경제'를 부르짖었다는 사실에 있다. 그 어떤 '행위가능성'을 담보하는 개념적·제도적 장치 없이, 사방에 창조경제혁신센터를 세우고 대기업들을 겁박해 재정적 지원을 얻으려 했다. '창조'라는 가장 혁신적인 단어를 가장 진부한 '산업화'의 방식으로 실행하려 했던 것이다.

박근혜정부의 드라마틱한 몰락과 더불어 한국의 산업화세대는 역사의 저편으로 사라졌다. 동시에, 한동안 입에 달고 살던 '창조경제' '창조경영' '창조사회' 등의 단어 또한 흔적도 없이 사라졌다. 이제는 '창조'라는 단어를 꺼내는 것조차 꺼려하는 분위기다. 그러나 '창조'는 여전히 중요한 개념이다. 한국사회의 산업화시대 몰락으로 사라질 수 있는 한시적 개념이 결코 아니다.

창조경제를 부르짖던 '산업화세대의 정부'가 몰락하자 그 대안으로 새롭게 등장한 단어가 바로 '4차 산업혁명'이다. 아, 참으로 황당하다! 낡은 산업화세대가 사라진 후, 새롭게 등장한 캐치프레이즈도 지극히 '산업화시대적'이기 때문이다. 4차가 아니라 10차, 100차의 단계에 이른다 하더라도 산업혁명의 개념으로는 결코 오늘날의 변화를 설명할 수 없다. '산업혁명'이 아니다. '지식혁명'이고 '인식혁명'이다! 내가 『에디톨로지』의 개정판을 내야겠다고 생각한 결정적인 이유다.

초판에 집어넣었던 허접한 유머는 다 뺐다. 내 '아재개그' 때문에 『에디톨로지』의 핵심 주장이 가려진다는 비판이 많았다. 그래서 '창조는 편집'이라는 행위가능성에 독자들이 보다 정확하게 다가갈 수 있도록 조금은 진지하게 재편집했다. 책의 맨 마지막에는 '새로운 콘텐츠 생산'과 관련된 이들에게 조금이라도 도움 될 수 있도록 나의 '편집 공간'과 '편집 방법'도 아주 자세히 소개했다. 그렇게까지 '영업노하우(?)'를 공개할 필요가 있냐는 이야기도 있었지만, 내 책을 읽는 독자들에게 좀 더 구체적인 도움이 되고 싶었다. 다시 말하지만 행위가능성이 모든 지적 생산물의 '좋고 나쁨의 기준'이다.

지금까지 몇 권의 책을 출간했다. 그러나 『에디톨로지』만큼 공들여 쓴 책은 없다. 『에디톨로지』는 지금까지의 내 대표작이다. 하지만 앞으로 계속 발전시켜야 할 개념이기도 하다. 그래서 여수에서 몇 년째 혼자 지내며 그 구체화 작업을 계속하고 있다. 내 책의 독자들이 없다면 그런 책을 쓸 이유가 없다.

독자들께 진심으로 감사드린다.

2018년 7월 11일
여수 오동도가 내려다보이는 서재에서
김정운

편집된 세상을
에디톨로지로 읽는다

영어나 유럽어를 모국어로 하지 않는 '주변부 지식인'으로 살면, 가끔 참 억울한 일이 생긴다. 내가 이야기할 때는 아무도 귀 기울여 듣지 않다가, 서구의 유명한 누군가가 이야기하면 바로 사람들의 주목을 받는 경우다. 나는 다음 두 가지 사건이 참 서러웠다.

첫 번째는 독일 통일과 관련된 일이다. 나는 베를린 장벽이 무너지는 순간을 현장에서 직접 경험했다. 통일이 구체적으로 어떻게 진행되었는가를 누구보다 잘 안다. 독일 통일은 너무나 황당한 사건이었다. 동구권과 소비에트의 몰락이라는 그 엄청난 사건은 사실 아주 우습게 시작되었다.

귄터 샤보브스키Günter Schabowski라는 동독 공산당 대변인이 여행자 유화에 관한 임시 법안을 발표할 때였다. 독일어에 서툴렀던 외국 기자가 언제부터 그 법안이 유효하냐고 묻자, 샤보브스키는 아무 생각 없이 "바로sofort" "즉시unverzüglich"라고 대답했다. 아주 사소한 말실수였다. 그러나 기자회견장에 있던 기자들은 "지금부터 즉시 서독 여행이 가능하다!"라는 기사를 송고했다. 이 소식이 전해지자마자, 동베를린 주민들은 서베를린으로 통하는 관문인 '체크포인트 찰리Checkpoint Charlie'로 몰려나왔다.

어찌할 바를 몰라 우왕좌왕하던 경비병들은 결국 주민들의 요구에 굳게 닫힌 철문을 열어주고 뒤로 물러났다. 베를린 장벽은 이렇게 황당한 말실수로 무너진 것이다. 물론 언젠가는 무너질 장벽이었지만, 이 어처구니없는 사건이 없었더라면 훨씬 격렬하고 잔혹하게 무너졌을 것이다.

독일 통일 후 20년 가까이 나는, 가는 곳마다 이 이야기를 하고 다녔다. 다들 그저 재미있으라고 하는 농담으로만 여겼다. 그런데 2009년 10월, 미국의 「월스트리트저널WSJ」에서 "베를린 장벽은 기자들의 질문으로 무너졌다"라는 기사가 독일 통일 20주년 특집으로 나왔다.

내가 매번 설명하던 바로 그 내용이었다. 그러자 한국 신문에서도 바로 그 기사를 받아 여기저기서 보도하기 시작했다. 한 TV에서는 특집으로 다루기도 했다. 20년이 지나도록 내 이야기는 아무도 진지하게 듣지 않았다. 그런데 미국의 권위 있는 신문이 한 번 보도하니 바로 '역사적 사실'이 되어버렸다. 내 입장이 되어보라. 정말 환장한다.

두 번째는 스티브 잡스Steve Jobs에 관해서다. 나는 오래전부터 "창조는 편집이다!"라고 주장해왔다. 21세기에 가장 창조적인 인물로 손꼽히는 스티브 잡스의 탁월한 능력은 따지고 보면 '편집 능력'이다. 그러나 이러한 내 주장에 지금까지 아무런 반응이 없었다. 그저 스티브 잡스에 관해 난무하는 '구라' 중 하나로 여겨졌을 뿐이다. 사실 객관적 척도가 있을 수 없는 인문학적 주장은 듣고자 하는 사람의 태도가 결정적이다. 말하는 이에 대한 기본적인 '리스펙트respect'가 없으면 아무리 우겨도 안 듣는다.

2011년 스티브 잡스가 죽자 『아웃라이어Outlier』『블링크Blink』 같은 책으로 유명한 말콤 글래드웰Malcolm Gladwell이라는 미국 작가가 '편집editing'이야말로 스티브 잡스식 창조성의 핵심이라고 주장했다. 「워싱턴포스트WP」에 기고한 글에서 그는 "스티브 잡스의 천재성은 디자인이나 비전이 아닌, 기존 제품을 개량해 새로운 제품을 만들어내는 편집 능력에 있다"고 주장했다. 그러자 여기저기서 스티브 잡스의 창조적 능력을 편집 능력과 연관시켜 말하는 게 아닌가! 아, 이건 독일 통일의 경우보다 훨씬 더 분통 터지는 일이었다.

솔직히 글래드웰이 나처럼 한국어로 책이나 기사를 썼다면, 나에게는 상대가 안 된다. 그러나 한국의 독자만을 상대로 하는 나와는 출판 시장의 규모가 다르다. 물론 내 책도 일본어, 중국어로 번역되었다. 그렇지만 전 세계적으로 번역 출간되는 그의 책과는 비교가 안 된다. 내가 플라이급이라면 그는 헤비급이다. 아무리 내가 수년간 우겨왔어도, 그가 한 번 이야기한 것과는 그 파급효과가 질적으로 다르다. 이건 뭐, 몸무게 무겁다고 바로 위대한 사람이 되는 것 같은 느낌이다.

영어권, 특히 미국에서 논의되는 것들을 끊임없이 힐끔대야만, 비주류의 불안에서 벗어날 수 있는 주변부 지식인의 슬픔이다. 그러나 세상에서 가장 무서운 것이 지식의 종속이다. 지식 체계 구축의 기본 단위인 개념 하나 스스로 만들 수 없다면 '창조사회'는 어림 반 푼어치도 없는 일이다. 미국에서 통용되는 개념만이 진리 판단의 기준이 되는 한, 지식의 종속에서 영원히 벗어날 수 없다. 그래서 내 맘대로 만들었다.

'에디톨로지Editology', 먼 훗날 전 세계적으로 통할 수 있도록 영어로 만들었다. '창조는 곧 편집'이라는 의미다. 내가 주장하는 에디톨로지, 즉 '편집학編輯學'은 글래드웰 같은 작가가 어설프게 주장하는 '에디팅editing'과는 차원이 다른 이론이다. 에디톨로지는 그저 섞는 게 아니다. 그럴듯한 짜깁기도 물론 아니다. '편집의 단위unit of editing' '편집의 차원level of editing'이 복잡하게 얽혀 들어가는, 인식의 패러다임 구성 과정에 관한 설명이다.

에디톨로지는 2006년 와세다 대학의 객원 연구원으로 지낼 때부터 생각한 주제였다. 창조 방법론을 쓰고 싶었다. 당시 '일본 문화는 편집된 것'이라고 주장하는 두 명의 일본 학자로부터 많은 영향을 받았다.

그중 한 명은 가라타니 고진柄谷行人이다. 그는 일본 문화를 '저수지 문화'라고 표현한다. 모든 문화가 저수지의 물처럼 밀려와 고인다는 의미다. 고진은 "일본은 모든 것을 다 받아들인다. 그래서 하나도 안 받아들인다!"라는 기막힌 문장으로 일본 문화를 정의한다.

일본이 사용하는 문자도 한자, 히라가나, 가타카나 세 종류다. 세 문자의 구성 원리는 서로 아무런 연관이 없다. 중국이나 한국에서 들어온 의미 체계는 한자로, 서구에서 들어온 의미 체계는 가타카나로, 그리고 그 사이에서 형성된 자신들의 의미 체계는 히라가나로 각 맥락에 맞게 표기한다. 그 원칙도 때에 따라 달라진다.

문자가 그렇다 보니 문법도 당연히 간접화법이 발달할 수밖에 없다. 도대체 어느 맥락에서 온 것인지 밝혀야 하기 때문이다. 자기 생각을 말할 때도 단언하는 법이 없다. 항상 "~라고 생각합니다~と思います"라는 표현을 쓴다. 자신의 생각조차 상대화시키는 것이다. 이래저래 일본은 편집술이 발달할 수밖에 없는 나라다.

고진이 글로벌하게 일본을 대표하는 지식인이라면, 마쓰오카 세이고松岡正剛는 일본 '내수용' 대표 지식인이다. 지독하게 책을 파는 사람이다. 사실 나의 에디톨로지는 '편집 공학'이라는 그의 개념에서 출발했다. 물론 그의 편집 공학과 내가 말하는 에디톨로지의 내용은 전혀 다르다. 그러나 편집 공학이라는 그의 개념을 듣는 순간, 그때까지 고민하던 창조 방법론에 관한 고민이 한순간에 풀리는 듯한 통쾌함을 느꼈다.

세이고는 아예 일본을 '편집 국가'로 정의한다. 아기가 태어나면 신사에 가고, 결혼식은 교회에서, 장례식은 절에서 하는 일본은 세계의 모든 종교가 공존하는 나라다. 뿐만 아니다. 세계의 좋은 것은 죄다 모아 놓는다. 에펠탑을 흉내 낸 엉성한 도쿄 타워가 에펠탑보다 더 높다고 자랑한다. 도쿄의 대규모 인공섬 오다이바에는 미국 뉴욕의 자유의 여신상을 축소해 만들어놓고 좋아라 한다. 한국에서라면 욕만 바가지로 얻어먹을 일들이 일본에서는 아무렇지도 않게 일어난다. 그게 일본이다.

'이이토코도리良いとこ取り', 즉 '좋은 것은 기꺼이 취한다'는 일본식 문화 편집 방식이야말로 일본의 정체성이라고 세이고는 주장한다. 그래서 그는 아예 '방법으로서의 일본'을 주장한다. 일본 문화에는 특별한 주제가 없다는 거다. 따라서 특별한 내용의 일본 정체성이 따로 있을 수 없다. 서로 다른 것들이 대립이나 갈등 없이 서로 공존할 수 있는 바로 그 편집 방법에 일본의 정체성이 있다는 거다.

2006년 마쓰오카 세이고와 가라타니 고진의 글을 읽으며 시작된 에디톨로지가 8년이 지난 오늘에야 빛을 보게 되었다. 처음에 구상했던 것과는 전혀 다른 내용의 책이 되었다. 내 생각에 큰 변화가 있었다는 뜻이기도 하다. 그러나 『에디톨로지』는 지금까지 내가 쓴 책 가운데 가장 진지하게 몰입한 책이다. 마무리하기도 쉽지 않았다. 일본에서 혼자 3년을 지내지 않았다면 결코 끝낼 수 없었을 것이다.

　이 책은 모두 3부로 구성되어 있다. 1부 '지식과 문화의 에디톨로지'에서는 마우스의 발명과 하이퍼텍스트가 핵심 주제다. 마우스라는 도구의 발명이 인간 의식에 가져온 변화를 중심으로, 지식과 문화가 어떻게 편집되는가에 대해 구체적인 예를 들어 설명했다.

　2부 '관점과 공간의 에디톨로지'에서는 원근법을 중심으로 공간 편집과 인간 의식의 상관관계를 다뤘다. 원근법의 발견이 가져온 혁명적 변화의 내용을 살펴보고, 시간을 다루는 역사학에 밀려 있는 공간학 혹은 공간 연구가 앞으로 어떻게 전개될 것인가에 관해 생각해봤다.

　마지막 3부 '마음과 심리학의 에디톨로지'는 심리학의 본질에 관한 설명이다. 먼저 심리학의 대상이 되는 인간, 즉 개인이 어떻게 역사적으로 편집되었는가를 살펴보았다. 아동과 청소년이란 개념의 탄생 과정, 즉 개인의 편집 과정에 역사 발전이라는 근대 이데올로기가 어떻게 구체적으로 작용하고 있는가를 정리했다. 아울러 지그문트 프로이트 Sigmund Freud 정신분석학의 성립과 몰락이 심리학이라는 근대 학문 형성과 어떤 관계에 있는가를 메타적 관점에서 살펴봤다. 3부는 심리학 지식이 있는 사람이라면 재미있게 읽을 수 있겠지만, 그렇지 않은 경우에는 약간 어려울 수도 있다. 그러나 지적 호기심이 있는 독자라면 충분히 소화할 수 있는 수준이다. 간만에 '몰입하는 독서'의 기쁨을 느껴보길 바란다.

책을 쓰면서 '논의의 깊이'에 관해 참 많이 고민했다. 일단 무조건 쉽고 재미있게 쓰려고 노력했다. 책을 비롯한 모든 문화 콘텐츠는 재미있어야 한다는 것이 내 철학이다. 아무도 읽지 않는 책을 쓸 까닭이 없다. 그러나 전문적인 주제를 다룰 때는 어쩔 수 없이 조금 어려워졌다. 아직은 내공이 많이 부족한 것 같다.

쉽고 재미있게 쓸 수 있어야 진짜 실력이 있는 거다. 아무도 못 알아듣게, 어렵게 쓰는 것이 사실 가장 쉽다. 그러나 잘 읽히지 않거나 어렵게 느껴지면, 그냥 건너뛰고 읽어도 된다. 대세에 큰 지장은 없다. 각 장은 나름의 완결성과 독립성을 갖추고 있기 때문이다. 맘에 드는 곳, 아무 데나 펼쳐놓고 읽어도 무방하다.

책을 쓰는 내내, 내 스스로 너무 즐거웠다. 앎이 주는 흥분을 나이 오십이 넘어서야 겨우 느꼈으니, 지금까지 도대체 뭐하고 살았나 싶다. 내가 느낀 기쁨을 이 책을 읽는 독자들과 공유할 수만 있다면, 이젠 정말 아무 데서나 '버럭' 하는 성격 따위는 버릴 거다. 그만큼 정성 들여 쓴 책이다.

차례

2. 관점과 장소의 에디톨로지

3. 마음과 심리학의 에디톨로지

지식과 문화의
에디톨로지 ✕ 1

01 왜 에디톨로지인가?

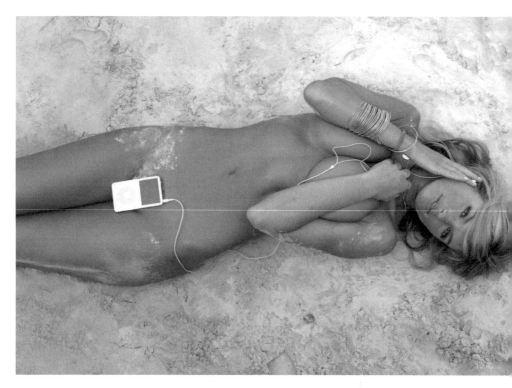

당신이 가장 먼저 바라본 곳은 어디인가?
시선이 곧 마음이다.

옆의 사진에서 솔직히 어디를 제일 먼저 보았는가? 세상 모든 남자들은 본능적으로 한곳을 쳐다본다. 여인의 배꼽 아래에 있는 그것, 아이팟이다. 수년 전 일본의 아키하바라 전자상가 지역을 걷다가 본 광고다. 멍하니 서서 아이팟을 뚫어지게 보고 있는 나 자신에게 소스라치게 놀랐다. 사실 아이팟을 본 것이 아니었다. 저 밑에는 도대체 뭐가 있기에… 뭐 그런 생각을 했던 것 같다. 내가 특별히 음탕해서 그런 건 아니다.

인간은 자기가
보고 싶은 것만 본다

인간은 동물이다. 동물은 발정기가 되면 생식기만 보고 쫓아다닌다. 발정기란 이제 종족 번식을 할 수 있다는 신호를 보내는 기간이다. 암컷과 수컷은 서로의 시각, 청각 그리고 후각을 자극하는 갖가지 신호를 보낸다. 이때 상대의 생식기가 보내는 예민한 신호를 놓쳐서는 안 된다. 아차 하는 순간, 종족 번식의 기회가 사라지기 때문이다.

인간도 동물이다. 그러나 동물과 달리 인간은 매일매일이 발정기다. 존재 자체가 성욕 덩어리다. 밤낮으로 섹스만 생각한다. 내 이야기가 아니다. 프로이트Sigmund Freud의 주장이다. 기회만 나면 상대방의 성적 매력을 탐색한다. 옷을 다 입고 있어도 어떻게든 찾아내 상상한다. 하물며 나체를 본다면 어떨까? 남자나 여자나 이성의 벗은 몸을 보게 되면, 성기 쪽으로 시선이 가게 되어 있다. 저항할 수 없는 동물적 본능이다. 그 위에 아이팟을 올려놓은 것이다. 보기 싫어도 볼 수밖에 없다. 인간의 무의식을 지배하는 무서운 광고다.

가끔 아이팟을 보지 않고, 엉뚱한 곳을 먼저 보는 이들이 있다. 여인의 풍만한 가슴이나 허벅지 혹은 입술 등등. 이런 이들을 한마디로 정의하면 이렇다. 변태!

종족 번식과는 전혀 관계없는, 아주 엉뚱한 것에 관심을 가지기 때문이다. 그러나 창조적 인간은 대부분 '변태'다. 발정기라고 남들과 똑같은 것을 보아서는 절대 창조적이 될 수 없다. 성기 중심주의를 벗어나야만 창조적이 될 수 있다.

'24시간 발정기' 말고도 인간과 동물의 결정적 차이는 생식기 결합이 갖가지 상징으로 매개된다는 사실이다. 에로티시즘이다. 정신분석학적으로 보자면 인간 미학은 바로 이런 내면화된 발정기 때문에 나타났다. 즉, 시도 때도 없는 성욕의 '기호학적 매개semiotic mediation' 때문이라는 이야기다.

언제나 그렇다. 인간은 자기가 필요하다고 생각하는 것만 본다. 심리학에서는 이를 자극의 '선택적 지각selective perception'이라고 한다. 세상에는 우리가 감당할 수 없는 엄청난 양의 자극이 존재한다. 인간의 인지 능력에는 한계가 있다. 어쩔 수 없이 필요한 자극만 받아들이게 되어 있다. 문제는 앞서 본 아이팟 광고의 경우처럼 내가 필요하다고 생각하는 자극의 내용이 지극히 '편파적'이라는 사실이다.

자극을 받아들이는 바로 그 순간부터 창조적 인간과 보통 인간의 차이가 벌어진다. 창조적 인간은 남들이 지나치는 자극을 확 잡아챈다. 위대한 창조는 그렇게 사소하게 시작된다.

정신질환도 마찬가지다. 우울증 환자는 자신을 둘러싼 자극 가운데 부정적인 자극만 받아들인다. 가끔 인터넷 악플을 보고 죽을 생각까지 했다는 연예인들의 경우가 그렇다. 자신에 관한 긍정적 자극은 건너뛰고, 부정적인 자극만 자꾸 보게 되는 것이다. 안 보면 또 불안해진다. 한 번 빠져들면 좀처럼 헤어나기 힘든 악순환의 덫이다.

보기는 하지만
보이지 않는다

선택적 지각의 반대편에는 무주의 맹시無注意盲視, inattentional blindness라는 현상이 있다. 자기가 보고 싶은 것에만 집중하느라 정작 중요한 것은 놓치게 되는 현상을 뜻한다. '보이지 않는 고릴라' 실험[사진 1]으로 인지심리학계의 스타 교수가 된 크리스토퍼 차브리스Christopher Chabris와 대니얼 사이먼스Daniel Simons가 주장하는 개념이다.

실험 내용은 이렇다. 피험자들에게 검은 옷의 선수 세 명과 노란 옷의 선수 세 명이 서로 농구공을 주고받는 짧은 동영상을 보여준다. 정신없이 움직이는 선수들 사이로 공의 움직임을 좇아가기란 그리 쉽지 않다. 이때 피험자들에게 노란 옷의 선수들이 패스를 몇 번 하는지 정확히 세어보라고 지시한다. 그러나 진짜 실험은 다른 쪽에서 시작된다.

선수들이 공을 주고받는 동안, 커다란 고릴라가 화면 오른쪽에서 천천히 나타난다. 가운데로 걸어 나온 고릴라는 정면을 바라보며 가슴을 두드린다. 그러고는 서서히 왼쪽으로 걸어가 사라진다. 화면이 정지된 후, 사람들에게 노란 옷의 선수들이 몇 번이나 공을 주고받았는지 물어본다. 물론 이 질문에 대한 대답은 사실 중요하지 않다. 그리고 원래 의도했던 질문을 던진다.

"화면에 나타난 고릴라를 봤는가?"

실험 결과는 놀랍다. 절반 이상의 사람들이 고릴라를 못 보았다고 답한다. 패스 횟수를 확인하라는 과제가 없었다면, 모두 고릴라를 봤을 것이다. 그러나 절반이 넘는 사람들이 패스 횟수를 세느라 화면 가운데서 가슴을 두드리며 포효하는 고릴라를 보지 못했다. 차브리스와 사이먼스는 동일한 실험을 전 세계적으로 실시했다. 인종, 성별, 직종, 계층에 상관없이 매번 50퍼센트 이상의 사람들이 고릴라를 보지 못했다는 결과가 나왔다.

학교나 기업에서 강연을 할 때마다 나도 동일한 화면을 보여주며 직접 실험해보았다. 역시 절반 이상은 고릴라를 보지 못했다. 실험 내용을 설명한 후 고릴라가 나타나는 장면을 보여주면, 자신이 방금 본 화면과 다른 것이라고 우기기까지 했다. 스스로도 믿기지 않는 것이다.

[사진 1] '보이지 않는 고릴라' 실험 영상
저 큰 고릴라를 본 사람이 절반도 안 된다는 사실을 믿을 수 있는가?

더 흥미로운 것은 기업의 임원들일수록 고릴라를 보지 못한다는 사실이다. 사회적 지위가 높을수록, 장사가 잘될수록, 나이가 들수록 자신이 원하는 것만 보느라 세상이 어떻게 바뀌는지 모른다는 이야기다. 그러다 한 방에 훅 간다. 요즘 스마트폰을 보면 더욱 그런 생각이 든다.

애플의 아이폰이 한국에서 처음 판매될 때의 일이다. 아이폰이 본격 판매되기 몇 달 전, 삼성전자 임원들을 대상으로 강의한 적이 있다. 아이폰이 들어오면 삼성의 휴대전화는 '한 방에 훅 간다'고 엄포를 놓았다. 당시 내 생각은 실제로 그랬다. 인간관계가 그다지 신통치 않아 혼자 IT 기기를 가지고 노는 게 취미인 내게 아이폰은 그토록 기다렸던 신기술이었다.

개인 일정이나 데이터가 들어 있는 PDA와 휴대전화를 동시에 들고 다니자면 여간 불편한 게 아니었다. 이 둘을 합친 PDA폰이 있기는 했지만, 영 어설펐다. PC용 윈도를 휴대전화용으로 줄여놓은 아주 성의 없는 운영체계였다. 엄청 자주 버그가 났다. 매번 모아둔 자료가 순식간에 다 날아갔다. 화가 난 나머지 PDA폰을 벽에 집어던진 적도 있다.

대책 없이 분화되어가는 IT 기기들의 컨버전스가 필요하다며 가는 곳마다 부르짖던 내게 아이폰의 출현은 정말 감동이었다. 한국에 아직 들어오지도 않은 아이폰에 대한 찬사를 늘어놓자, 한 임원이 못 견디겠다는 투로 이렇게 말했다.

"우리는 이미 아이폰을 다 분해해서 조사해봤다. 겁낼 것 전혀 없다. 삼성 휴대폰에 기술적으로 전혀 상대가 안 된다. 게다가 주요 부품은 대부분 우리 삼성 거다."

전문용어를 늘어놓으며 설명하는 그에게 난 바로 꼬리를 내렸다. 몇 달 후, 아이폰이 상륙했다. 그때 삼성의 휴대전화는 어떻게 되었는가? 정말 한 방에 훅 갔다. 뒤늦게 옴니아를 내고 쫓아가려 했지만 역부족이었다. 아, 그 옴니아는 정말 최악이었다. 최근 셀 수 없이 많은 종류의 갤럭시 시리즈를 내놓으며 쫓아가지만 여전히 뭔가 아쉽다. 나는 갤럭시 노트의 전 기종을 처음부터 구입해 사용하고 있다. 그러나 삼성은 애플에 비해 여전히 '2프로' 부족하다. 기술 부족이 아니다. 감각의 부족이고 미학의 차이다. 삼성은 그래도 훌륭하게 잘 방어한 편이다. 기세등등하던 노키아는 어떻고, 모토로라는 또 어떤가?

다시 '보이지 않는 고릴라' 이야기로 돌아가보자. 고릴라를 보기는 했지만 못 봤다는 말이다. 봤는데도 못 봤다는, 이 말도 안 되는 일이 우리 주변에는 이토록 빈번히 일어난다. 눈앞의 과제에만 집중하다 보니, 세상이 도대체 어떻게 바뀌는지 도무지 감을 못 잡는다. 주머니마다 여러 대의 IT 기기를 넣고 다녀야 하는 소비자들이 너무 불편하니 하나로 좀 합쳐줄 수는 없냐며 화면 속 고릴라처럼 삼성, LG의 눈앞에서 가슴을 치고 있는데도 그들은 전혀 알아채지 못했다는 말이다.

'자극'을 받아들이는 것은 우리가 지식을 구성하는 첫 번째 단계다. 그러나 이 첫 단계부터 '선택적 지각'이나 '무주의 맹시'와 같은 왜곡된 현상들이 이미 나타난다. 사안이 그리 간단치 않다는 소리다. 받아들인 자극은 정보를 구성하고, 그 정보는 서로 연합하여 지식으로 발전한다. 메타 지식과 지혜의 차원도 있다. 이는 내가 앞으로 설명하려는 에디톨로지의 주요 내용이다.

창조는
편집이다

에디톨로지Editology는 다시 말해 '편집학編輯學'이다. 세상 모든 것들은 끊임없이 구성되고 해체되고 재구성된다. 이 모든 과정을 나는 한마디로 '편집'이라고 정의한다. 신문이나 잡지의 편집자가 원고를 모아 지면에 맞게 재구성하는 것, 혹은 영화 편집자가 거친 촬영 자료들을 모아 속도나 장면의 길이를 편집하여 관객들에게 전혀 다른 경험을 가능케 하는 것처럼, 우리는 세상의 모든 사건과 의미를 각자의 방식으로 편집한다. 이 같은 '편집의 방법론'을 통틀어 나는 '에디톨로지'라고 명명한다.

비슷한 개념은 많다. 통섭, 융합, 크로스오버, 최근엔 콜라보레이션까지 에디톨로지와 유사한 이런 개념이 끊임없이 나오는 이유는 간단하다. 세상을 이해하는 방법이 너무 세분화되어 서로 전혀 소통이 안 되기 때문이다. 거의 바벨탑 수준이다. 세상을 최소 단위로 나누고, 각 부분을 자세히 분석하면 전체를 이해할 수 있으리라 생각했던 근대의 해석학은 그 한계를 드러낸 지 이미 오래다. 오늘날 통섭, 융합을 부르짖는 이유는 이 낡은 해석학으로는 더 이상 새로운 세상을 꿈꿀 수 없기 때문이다.

왜 통섭이나 융합이 아니고, 에디톨로지인가? 통섭이나 융합은 너무 어깨에 힘이 들어갔다. 그럴듯해 보이기는 하는데, 자세히 들여다보면 도대체 무슨 이야기를 하는지 전혀 모르겠다. 구체적 적용도 무척 힘들다. 자연과학자와 인문학자가 그저 마주 보며 폼 잡고 앉아 있다고 통섭과 융합이 되는 게 아니다. 내가 이야기하고픈 에디톨로지는 인간의 구체적이며 주체적인 편집 행위에 관한 설명이다.

지난 10년간 나는 '재미는 창조다'라는 주제로 창조의 본질에 관해 주장했다. 재미와 창조는 심리학적으로 동의어다. 이에 관해서는 2005년에 쓴 『노는 만큼 성공한다』라는 책에 자세히 써놓았다. 당시 그 책은 겨우 2만 부 팔렸다. 반면 새벽부터 벌떡벌떡 일어나면 성공한다는, 아주 어설픈 일본 작가의 『아침형 인간』은 100만 부 이상 팔렸다. 흥분한 우리는 대한민국의 대표적인 아침형 인간을 대통령으로 뽑기도 했다.

이제 세상이 바뀌었다. 아침형 인간이 성공하는 산업사회는 오래전에 끝났다. 일찍 일어나는 새가 벌레를 잡는다는 '얼리버드론'은 콩쥐팥쥐 이야기만큼이나 식상한 전설이 되었다. 더 이상은 통하지 않는다는 말이다. 설사 일찍 일어나는 새가 벌레를 잡는다 치자. 그럼 일찍 일어나는 벌레는 뭔가. 일찍 잡아먹히기밖에 더하겠냐는 거다. 그러는 거 아니니!

"열심히 하자"는 말은 충분히 했다. 이제는 좀 다른 이야기를 해야 한다. 모든 창조적 행위는 유희이자 놀이다. 이같이 즐거운 창조의 구체적 방법론이 바로 에디톨로지다.

세상의 모든 창조는 이미 존재하는 것들의 또 다른 편집이다. 해 아래 새로운 것은 없다. 하나도 없다! 창조는 편집이다.

02 창조의 본질은 '낯설게 하기'다

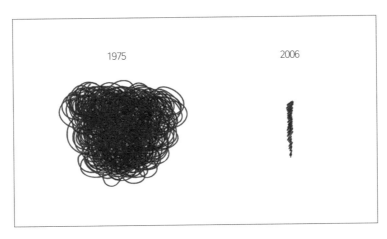

[그림 1] 이 그림을 바로 알아챘다면 당신은 삶이 아주 즐거운 사람이다!

위의 그림을 이해했는가? 왼쪽의 시커먼 실뭉치, 오른쪽의 가느다란 줄, 그리고 그 위에 1975, 2006이라는 숫자. 이 네 가지 '자극'이 각기 따로 떨어져 있으면 아무런 의미도 없다. 지각조차 되지 않는다. 그런데 **[그림 1]**처럼 모두 모아 놓으면 눈에 확 띈다. 네 가지 요소 사이에 어떤 의미가 있어 보인다. 그리고 '이것들은 대체 뭐지?' 하는 의문이 생긴다.

의문은 의미를 부여하려는 행위다. 의문이 생기는 순간 그림의 자극들은 '정보'의 수준으로 올라온다. 의문을 가져야 '지식' 구성이 가능해진다. 그래서 질문 없는 삶이 가장 한심한 거다. 도무지 알고 싶은 게 없으니 그 어떤 의미 부여도 안 되는 까닭이다.

그러나 아무리 뚫어져라 바라봐도 **[그림 1]**은 잘 이해되지 않는다. 각 자극들 간의 관계가 분명하지 않기 때문이다. 의미 부여가 불가능하니, 자극에서 정보로의 전환이 쉽게 이뤄지지 않는다. 자극이 정보로 전환되지 않으면 지식은 절대 구성되지 않는다. 그저 자극들의 집합일 따름이다. 그런데 이 그림에 또 다른 자극을 추가하면 쉽게 이해가 된다. 그것은 남자들에게 아주 익숙한 잡지 「플레이보이Playboy」의 로고다.

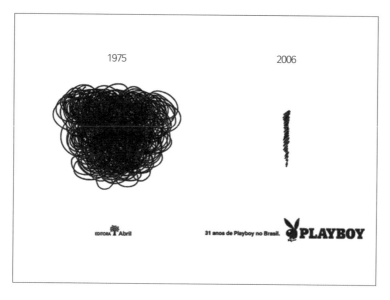

[그림 2] 이것도 이해되지 않는다면 당신은 삶의 호기심을 잃어버렸거나, 상당히 우울한 인생일 확률이 높다. 아니면 아주 심각한 성적 억압이 있거나….

[그림 2]는 잡지 「플레이보이」의 광고다. **[그림 1]**에 「플레이보이」 로고가 추가되는 순간 그림은 쉽게 이해된다. 자극이 정보로 전환되고, 정보들의 관계는 아주 명확해진다. 이제 지식이 완성되었다. 「플레이보이」 광고는 '정보와 정보의 관계'로 구성되는 지식편집의 근본 원리를 이용한, 기막히게 참신한 광고다.

　　이렇게 자세하고 친절하게 설명하는데도 무슨 소린지 전혀 이해가 안 된다면, 당신에게는 무의식적 억압이나 트라우마로 인한 내면의 상처가 있을 확률이 아주 높다. 정말 이해가 안 되는가? '혹시 그게 아닐까?' 하는 생각은 드는가? 맞다, 바로 그것이다! 자신의 상상력에 확신을 가져라.

　　여기까지 왔는데도 도저히 이해가 안 된다면 정말 반성해야 한다. 이제 마지막으로 힌트 하나를 더 주겠다. 이건 다 '비키니' 때문이다! 비키니가 자꾸 작아져서 요즘은 아예 끈처럼 되어버렸다. 그래서 그림과 같은 사태가 일어난 것이다. 이렇게까지 설명해도 정말 모르겠다면… 아, 당신은 이미 죽은 거다. 살아 있어도 살아 있는 게 아니다!

　　에로틱한 상상력이 풍부한 젊은이들에게 이 그림을 보여주면 바로 웃음이 터진다. 아주 즐거워한다. 이 분야에 아주 해박한 지식을 가지고 있기 때문이다. 에로틱한 상상력이 활발해야 가슴 설레는 일도 있고, 삶에 즐거움도 있는 법이다.

　　배가 나올 대로 나온 아저씨들에게 이 그림을 보여주면 대부분 어리둥절해한다. 이 분야에 대해 이제 별로 설레는 것도 없고, 더 이상 관심도 없기 때문이다. 그래서 아저씨들의 삶이 그토록 우울한 거다. 그 어떤 에로틱한 상상력도 불가능한 순간, 삶은 바로 맛이 간다. 한 방에 훅 간다. 그저 한순간이다.

'지식-정보-자극', 에디톨로지는 이 세 가지 개념에 대한 새로운 정의에서 출발한다. 먼저 지식knowledge은 정보와 정보의 관계다. 엄청나게 실용적인 정의다. 독일에서 박사 학위를 마치고, 몇 년을 더 헤매다가 찾아낸, 지식의 본질에 관한 내 나름의 통찰이다. 지식을 이렇게 정의하면 새로운 지식은 아주 간단히 정의된다. 새로운 지식이란 '정보와 정보의 관계가 달라지는 것'을 의미한다.

한 번 구성된 지식은 또 다른 지식과 연결되어 메타 지식meta-knowledge을 구성한다. 물론 메타의 메타 지식, 그 이상의 메타 지식도 가능하다. 이 단위가 높아질수록 전문적 지식이 된다. 전문가들끼리의 이야기는 이 메타 지식에 근거하고 있다. 그래서 어려운 거다. 공부한다는 것은 이 메타 지식의 습득을 뜻한다.

그러나 이 같은 '계층적 지식'만으로 에디톨로지가 설명되는 것은 아니다. '네트워크적 지식'도 있다. 이에 관해서는 뒤에서 자세히 설명하겠다. 일단 메타 지식이란 지식과 그 기본 구조가 동일하므로 여기서는 '정보와 정보의 관계로서의 지식'만 논하도록 한다.

그래도 질문은 계속된다. 지식이 정보와 정보의 관계라면, 지식을 구성하는 정보는 또 무엇인가? 정보information는 '의미가 부여된 자극stimulus'이다! 이미 설명한 대로 인간은 자신이 필요로 하는 자극만 받아들인다. 그리고 자신이 지각한 자극들에 의미를 부여한다. 적극적으로 해석한다는 뜻이다.

해석은 곧 의미 부여 행위다. 이렇게 해석을 통해 의미가 부여된 자극을 정보라고 부른다. 여기서 중요한 것은, 정보는 혼자서 해석될 수 없다는 사실이다. 반드시 다른 정보와 관련해 설명된다. 「플레이보이」 광고처럼 말이다.

생전 듣도 보도 못한 것은
생각해낼 수 없다

언젠가부터 '창조경제' '창조경영'이란 용어가 일상화됐다. 이전과는 다른, 뭔가 혁신적인 것을 만들어내자는 의미다. 그러나 엄밀히 말하면 창조경제는 맥락이 틀린 단어다. 무에서 유를 만들어내는 것을 '창조'라고 한다. 그러나 인간은 절대 무에서 유를 창조할 수 없다. 창조creation는 신神만이 할 수 있는 영역이다. 인간은 그저 신의 흉내만 낼 따름이다. 그래서 크리에이티브creative, 즉 창조적이라고 하는 것이다. '창의성 creativity'이라 해야 옳다. 그러나 창조경제란 단어가 일상어가 되어버린 상황에서 혼자 창의성이라고 우기는 것은 '짜장면'을 '자장면'이라고 우기는 것과 마찬가지다. 다만 창조경제란 단어를 쓰더라도 일단 그 의미는 정확히 하자.

오늘날 정말 많은 사람이 창조, 창의성을 말한다. 그러나 그 의미가 매번 다르다. 그래서 우리나라에서 제일 똑똑한 지식인인 '네이버 지식인'에 물어보았다. 창의성을 검색하니 '새로운 것을 생각해내는 특성'이라고 나온다. 또다시 물어보아야 한다. 도대체 새로운 것은 무엇인가? 생전 듣도 보도 못한 것? 상상도 못하는 것?

아, 세상에 그런 것은 없다. 다시 말하지만 해 아래 새로운 것은 없다.

생각이라는 우리의 인지 과정 자체가 그렇다. 생전 듣도 보도 못한 것, 상상도 못하는 것은 절대 생각해낼 수 없다. 어디선가 본 적 있는 것들, 들은 적 있었던 것들만 머릿속에 떠오른다. 아닌가?

인지발달 심리학자 피아제Jean Piaget는 생각의 본질을 '표상representation' 이라고 정의한다. 이는 'presentation', 즉 '보여주다'라는 의미에 반복을 뜻하는 're-'가 붙어 있다. '다시 보여주다'라는 뜻이다. 생각이란 어디서 한 번은 본 것을 머릿속에 다시 떠올리는 것을 뜻한다. 따라서 생전 듣도 보도 못한 것을 머릿속에 떠올리는 일은 절대 불가능하다.

우리의 생각은 '그림'인가, 아니면 '문장'인가? 심리학의 아주 오래된 질문이다. 갑론을박 끝에 심리학자들이 내린 결론은 대충 이렇다. 일반적으로 우리는 그림으로 생각한다. 어려울 때는 문장으로 생각한다. 그림으로 생각하는 것을 심상image이라고 한다. 예를 들어 "당신의 아버지는 어떤 사람인가?"라는 질문을 받았을 때, 무슨 생각이 떠오르는가? 그 생각의 내용은 그림인가, 문장인가?

우선 아버지에 대한 그림이 떠오른다. 아버지를 특징짓는 대표적인 모습들, 웃는 얼굴이나 야단치는 모습 같은 이미지, 즉 심상이 먼저 떠오르는 것이다. 문장은 그다음이다. 복잡한 일이 있을 때만 우리는 문장으로 생각한다. 풀리지 않는 문제가 있을 때, 생각을 보다 명확히 하기 위해 혼잣말을 중얼거릴 때가 있다. 문장으로 사고하기 때문이다. 논리적 사유는 언제나 2차적이다.

'미네르바의 부엉이는 해가 진 다음에 난다'는 헤겔의 주장은, 문장으로 구성되는 논리적 사유는 항상 2차적일 수밖에 없다는 뜻이다. 그래서 성찰을 직업으로 하는 지식인은 비겁할 수밖에 없는 거다. 치열한 싸움이 다 끝나고, 해가 진 다음에야 어슬렁거리며 나타나기 때문이다. 비겁함은 지식인의 존재적 본질이다. (그래서 난 교수가 정치인이 되는 것에 절대 반대다!)

아이가 도대체 언제부터 생각할 수 있느냐는 질문에 피아제는 '지연모방deferred imitation'이라는 개념을 끄집어낸다. 흉내를 내기는 하되, 한참 지난 후에 하는 것을 뜻한다. 내적 표상을 끄집어내 모방한다는 것이다. 지연모방은 피아제가 만들어낸 심리학 개념 중 가장 훌륭하다.

인간은 날 때부터 상대방의 표정이나 몸짓을 그 자리에서 바로 흉내 내는 거울뉴런mirror neuron이라는 신경세포를 가지고 태어난다. 이런 본능적인 모방 행위는 생존의 필수 조건이다. 상대방의 정서를 흉내 내며 의사소통이 시작되기 때문이다.

그러나 생후 약 1년이 지나면, 아기는 지연모방 행동을 보이기 시작한다. 언젠가 봤던 상대의 행동을 머릿속에 사진처럼 저장하고 있었다는 뜻이다. 상징으로 매개되는 생각, 즉 표상이 가능해지는 시기다. 이 때부터 아기의 본격적인 인지 발달이 시작된다. 그 이전의 단계는 진짜 생각이 아니다. 그래서 피아제는 '감각운동적 지능Die sensomotorische Intelligenz'이라는 묘한 표현을 쓴다. 생각을 하기는 하되, 감각운동 기관을 통해서 생각한다는 거다. 아주 원시적이라는 뜻이기도 하다.

생각의 본질이 '어디선가 본 것을 다시 떠올리는 것'이라면, 창의적 사고란 남들과 다른 방식으로 사물을 보는 데서 시작한다. 예를 들면 **[사진 1]**과 같은 경우다. 이 사진에 '시상식'이라는 제목을 붙이면 꽃다발과 선수들, 시상자가 함께 있는 아주 평범한 장면이 된다. 대부분 이 사진을 이렇게 본다. 그런데 제목을 '아주 난감한 시상식'으로 바꾼다면

[사진 1] 아주 난감한 시상식

어떨까? 잠시 갸우뚱하다가, 사진을 보는 시선의 방향이 바뀐다. 꽃다발, 메달을 목에 건 선수들에서 시선이 내려간다. 아, 그러고 보니 시상자가 여자다. 여자 시상자의 눈길이 선수들의 난감한 부위를 향하고 있다. 그래서 '난감한 시상식'인 것을 깨닫게 된다.

창의적 사고는 자극을 받아들이는 단계부터 다르다. 아주 익숙하고 진부한 시상식 장면을 전혀 다른 방식으로 바라보기 시작하면, 창조적 질문이 비로소 시작된다. 머릿속에 담겨 있는 여러 이미지가 끝없이 이어지며, 질문이 꼬리에 꼬리를 물고 이어진다. 발레 공연에서 발레리노는 왜 차마 쳐다보기 민망한 복장을 하는 것일까? 이 난감함을 개그로 표현하면 왜 그토록 우스운 것일까? 등등. 이러한 질문에 답하는 글을 쓰면 정신분석학적 미학과 관련된, 아주 창조적인 글이 될 것이다.

창조적 사고는 이 같은 일상의 당연한 경험들에 대한 '의심'에서 시작된다. 이를 가리켜 러시아 형식주의의 대표적 이론가 시클롭스키Viktor

Shklovsky는 '낯설게 하기ostranenie'라고 정의한다. 인간의 가장 창조적 작업인 예술의 목적은 일상의 반복과 익숙함을 낯설게 해 새로운 느낌이 들게 하는 데 있다는 거다.

우리 삶이 힘든 이유는 똑같은 일이 매번 반복되기 때문이다. 아침마다 '아, 남의 돈 따먹기 정말 힘들다!'며 출근하고 끝없이 참고 인내해야 하는 삶에는 그 어떤 탈출구도 존재하지 않는다. 창조적이고 싶다면 무엇보다 이 따분하고 지긋지긋한 삶을 낯설게 해야 한다. 우리 삶에 예술이 필요한 이유다.

창조는 아주
미학적인 개념이다

우리는 끊임없이 새로운 것을 만들어내지 않으면 안 되는 '창조 강박의 시대'를 살고 있다. 그러나 도대체 어떻게 새로운 것이 가능한가에 대해서는 아무도 이야기하지 않는다. 모호한 창조 개념 때문이다. 의미가 분명치 않은 개념을 가지고 도대체 무슨 일을 할 수 있을까? 어떤 개념이 명확치 않을 때는 개념의 구성사를 살펴봐야 한다. 도대체 언제부터, 왜 이 개념이 쓰이기 시작했는가를 살펴보는 것이다. 개념을 둘러싼 사회 상황과 시대정신의 맥락을 읽어내면, 개념이 내포하고 있는 의미가 분명해지는 까닭이다.

일단, 한자로 '창조創造'라는 표현은 언제부터 쓰인 것일까? 창조는 1867년 일본에서 간행된 『게이오재판영일대역사전慶応再版英和対訳辞

書』에서 처음 나타난다. 'creativity'의 번역어였다. 이후 일본의 식민지를 거치면서 한국도 창조라는 표현을 사용하기 시작한다.

1919년 당시 일본 도쿄에 유학 중이던 김동인, 주요한 등이 만든 한국 최초의 문예동인지 이름도 「창조創造」다. 그러나 일제 식민지를 벗어나 60~70년대에 이르면, 한국의 학계는 미국이나 유럽의 학문을 직접 수입할 수 있는 인적·물적 토대를 확보하게 된다. 당시 한국 학계는 일본식 조어인 창조보다는 '창의創意'라는 표현을 더 선호하게 된다. 특히 미국식 심리학·교육학이 한국 교육계 일반에 확대되면서 창의라는 표현이 대세가 된다. 일본의 경우 창의는 'originality'에 대응하는 번역어다.

한국에서 창의라는 표현을 더 선호한 또 다른 이유는 창조라는 표현이 가지고 있는 종교적 의미 때문이다. 창조는 무에서 유를 만들어내는 신의 행위를 지칭하는 것이었다. 특히 기독교의 영향이 동양의 다른 어떤 나라보다 강했던 한국에서 창조를 일상어 혹은 학술어로 사용하는 것은 부담스러웠다.

한동안 종교적 어휘로만 쓰이던 창조는 90년대에 들어서면서 매스컴에 자주 등장하기 시작한다. '창조산업creative industry'이나 '창조경제creative economy'라는 단어가 문화콘텐츠산업 일반을 지칭하는 용어로 사용되기 시작하면서다. 21세기에 들어서면서 창조라는 표현은 일상적으로 사용된다. 그러나 심리학·교육학에서는 지금도 여전히 'creativity'의 번역어로 창조보다는 창의를 사용한다. 창의력, 창의성과 같은 단어가 이미 학술적 어휘로 깊이 자리 잡았기 때문이다.

그렇다면 서양에서는 어땠을까? 도대체 언제부터 창조 혹은 창의라는 표현이 사용되기 시작했을까? 독일어의 'Kreativität', 영어의 'creativity'가 일상적 용어로 사용되기 시작한 것은 19세기 후반에 이르러서다. 그리 오래되지 않았다는 거다. 물론 '신의 행위'로서의 '창조creatio'는 원시 기독교에서부터 사용되어왔다. 그러나 인간의 행위와는 관련 없는 단어였다. 신의 '천지창조'와 관련해서만 사용할 수 있었다.

오늘날 우리가 사용하는 의미로서의 창조는 17세기에 처음 나타났다고 한다. 폴란드의 미학자 타타르키비츠Wladyslaw Tatarkiewicz는 자신의 책『여섯 가지 개념의 역사Geschichte der sechs Begriffe』에서 17세기 폴란드의 사르비에브스키Maciej K. Sarbiewski가 시인의 행위와 관련해 '새롭게 창조한다de novocreat'라는 표현을 제일 먼저 사용했다고 주장한다.

사르비에브스키의 창조 개념은 시에만 국한된다. 즉, 미술이나 조각과 같은 여타 예술은 대상을 모방할 뿐이지만, 시인은 시적 상상력을 통해 신의 방식대로 무에서 유를 창조할 수 있다는 것이다. 예술에 있어서 외부 대상의 모방 혹은 재현representation과 창조의 개념적 구분은 19세기 말에 이르러 보다 확실하게 자리 잡는다.

19세기 말 인상파로부터 20세기 초반의 파블로 피카소, 바실리 칸딘스키 등의 추상회화에 이르는 과정에서 수천 년간의 회화 표현 방식이었던 재현의 해체가 시작된다. 더 이상은 외부 대상을 모방하지 않겠다는 구상회화의 포기는 '창조적 작업으로서의 예술'을 선언하는 것이기도 했다.

예술과 연관해 사용되기 시작한 창조의 개념은 20세기 후반 들어 다양한 영역에서 사용되기 시작한다. 창조적 기업, 창조적 디자인, 창조적 혁신 등과 같은 단어들이 나타나고, 심지어 '자기창조self-creation'라는 표현이 '자아실현self-realization'이라는 개념을 대체하기도 한다.

21세기에 들어 창조 개념은 산업, 스포츠, 심지어는 섹슈얼리티에 이르기까지 전방위적으로 확대된다. 그러나 창조의 개념이 사용되는 맥락을 잘 분석해보면 주로 미학적 차원과 깊은 관계가 있음을 알 수 있다. '새롭다' 혹은 '창조적이다'라는 표현은 주로 '아름답고 매력적이며 사람의 마음을 끌어당기는 무엇'과 관련되어 있다.

이를 가리켜 독일의 사회학자 레크비츠Andreas Reckwitz는 창조경제의 핵심은 '미학적 자본주의Asthetischer Kapitalismus'에 있다고 주장한다. 창조경제를 경영학적·경제학적 혹은 사회학적 개념으로만 설명하려 해서는 안 된다는 의미다.

미학이 빠져 있는 창조는 막힌 길이다. 창조경제는 곧 미학인 것이다. 바로 이 부분이 한국의 창조경제에 관한 논의에서는 실종되어 있다. 우중충한 아저씨들이 다들 똑같은 구조의 아파트에 살면서, 다들 똑같은 양복을 입고, 다들 똑같은 검은 자동차를 타고 출근해서, 다들 똑같은 헤어스타일로 창조를 논하는 한, 창조경제는 어림없는 소리다.

03 지식권력은 더 이상 대학에 있지 않다

"종이로 된 신문 읽는 사람 손들어봐요!"

내 수업을 듣는 학생들에게 물어보았다. 60명 중 고작 다섯 명이 손들었다. 그것도 아버지가 보는 신문을 곁에서 훔쳐보는 수준이란다. 남의 집 자식들에게 물어볼 일이 아니다. 우리 집에도 대학 다니는 아들이 하나 있다. 그놈이 신문 읽는 것을 본 기억이 전혀 없다. TV 뉴스도 안 본다. 그래도 세상 돌아가는 것은 대충 아는 듯하다.

포털 사이트에 떠 있는 뉴스 헤드라인만 읽는 모양이다. 그것도 전날 TV 예능프로그램 내용을 정리한 기사가 대부분이다. 정말로 중요하다고 여겨지는 정치·사회 뉴스는 주변 사람들의 트위터나 페이스북을 통해 날아온다. 그저 클릭해서 달랑 그 기사만 볼 따름이다. 신문을 한 장씩 넘기다 우연히 걸려서 읽는 기사는 이제 없다. 이런 현상을 두고 요즘 애들은 참 문제라며 혀를 찬다면 당신은 정말 늙은 거다.

정보를 얻는 방식이 완전히 달라졌다. 이런 식이라면 그들이 구성해 갈 미래 역시 전혀 다른 세상이 될 것이다. 맘에 안 들어도 할 수 없다. 미래의 주인은 우리가 아니다. 그들이다.

편집자에게
권력이 이동하고 있다

트위터나 페이스북 같은 소셜네트워크를 통해 정보가 공유되고 지식이 구성되는 세상의 변화에 대해 애플의 스티브 잡스는 이렇게 주장했다.

"민주주의에는 자유롭고 건강한 언론이 중요하다. … 뉴스를 모으고 편집하는 조직이 그 어느 때보다 중요하다. 나는 미국이 블로거들의 세상이 되는 것을 원치 않는다. 과거 어느 때보다도 편집자가 중요한 세상이 되었다."

2010년 「월스트리트저널」 주최로 열린 제8회 'All Things Digital' 컨퍼런스에서 한 이야기다. 에디터, 즉 편집자에게로 권력이 이동하고 있음을 주장하는 거다. 잡스가 옳다. 더 이상 정보 자체가 권력이 아닌 세상이다. 정보 독점은 이제 불가능하다. 세상의 권력은 정보를 엮어내는 편집자들의 몫이다. (이 글을 쓰고 있을 때 잡스가 죽었다. 나와 전혀 관계없는 외국인의 죽음에 그렇게 멍해 보기는 처음이었다. 나는 1990년대 초반부터 애플 기기들을 사용해왔다. 이제 내가 가지고 있는 모든 애플 기기들을 바꿀 준비를 해야 한다. 90년대 중반 잡스가 경영권 분쟁으로 애플에서 쫓겨난 후, 애플이 만들어냈던 그 형편없는 기기들에 대한 기억이 아직도 생생하기 때문이다.)

신문사의 젊은 기자들은 한결같이 데스크에 앉아 자신들이 작성한 기사에 연필로 밑줄 그어가며 맞춤법까지 문제 삼는 선배들을 욕한다. 편집의 권력을 일방적으로 행사하기 때문이다. 그러나 종이신문 데스크의 그 막강한 권력도 이제는 인터넷 포털 사이트의 젊고 어설픈 편집자에게 대항하기에는 역부족이다. 포털 사이트의 헤드라인에 올라가는 기사를 선택하는 권력은 전국 종이신문 데스크 권력을 다 합친 것보다 강하다.

정보가 부족한 시대가 아니다. 다양한 방식의 편집이 가능한 지식편집의 시대다. 인터넷상의 편집권력이 작동하는 방식은 종이신문의 그것과는 전혀 다르다. 수십만 명의 트위터 팔로워를 가지고 있는 유명인의 영향력은 웬만한 중소 언론 매체의 영향력을 능가한다. 지식편집의 수단을 쥐고 있는 자에게 권력이 쏠리는 시대가 된 것이다.

내가 대학을 졸업하던 1980년대 중반까지만 해도 정보가 부족해서 외국으로 유학을 가야 했다. 대학 시절, 도서관의 카드함을 뒤져 제목과 간단한 요약문만 읽고 책을 신청해야 했다. 그러나 몇 시간 뒤 사서가 내민 책의 내용은 내가 기대했던 것과는 전혀 달랐다. 유명 외국심리학 저널이 제대로 구비된 도서관은 국내에 없었다. 도서관에 저널 구독신청을 하면 1년은 족히 걸렸다.

독일에 유학 가서 내가 가장 감동한 것은 도서관의 규모였다. 베를린 자유대학 심리학과 도서관의 크기는 내가 다녔던 고려대학교의 전체 도서관만 했다. 책은 모두 개가식開架式(원하는 책을 자유롭게 찾아볼 수 있는 방식)이었다. 한없이 늘어선 책장을 돌아다니면서 원하는 책을 전부 다 빼볼 수 있었다. 기대했던 것과 전혀 다른 책을 대출하고 황당해하는 상황은 당연히 없었다.

책장 사이로는 초록색 카펫이 깔려 있었다. 나는 바닥에 주저앉아 책의 목차는 물론, 내용까지 쭉 훑어보고 난 후 책을 대출했다. 보고 싶은 심리학 저널도 찾으면 다 있었다. 제목과 목차만 보고 있어도 정말 제대로 공부한다는 느낌이었다. 점심 먹고 난 후에는 도서관 한구석 바닥에 누워, 아무 책이나 뽑아 머리에 베고 낮잠을 자곤 했다. 아무도 뭐라는 이 없었다. 정말 행복한 시간이었다.

불과 20년 만에 세상은 근본적으로 바뀌었다. 이제 정보가 없어 유학 가는 세상이 아니다. 내가 다녔던 베를린자유대학 심리학과 도서관은 인터넷으로 언제든 들어갈 수 있다. 문 닫는 시간도 없다. 24시간 개방 이다. 미국의 하버드대학도 마찬가지고, 일본의 와세다대학도 마찬가 지다. 대부분의 정보는 공짜로 다운로드 받을 수 있다. 아무리 귀한 자 료도 일정 비용만 내면 얼마든지 구할 수 있다.

국내 전국 대학의 도서관은 네트워크로 다 연결되어 있다. 우리 대학 도서관에 없는 자료가 다른 대학 도서관에 있으면 언제든지 대출해 읽 을 수 있다. 말 그대로 검색하면 다 찾을 수 있는 세상이다. 최신 자료도 아마존에서 구입하면 바로 다운로드 받을 수 있다. 실제로 대학원 세미 나 시간에 학생들의 발표를 듣다가, 최신 자료를 다운로드해 프로젝터 로 비춰가며 토론한 적도 있다.

정보가 부족한 세상이 아니다. 정보는 넘쳐난다. 정보와 정보를 엮어 어떠한 지식을 편집해낼 수 있느냐가 관건인 세상이다. 편집의 시대에 는 지식인이나 천재의 개념도 달라진다. 예전에는 많이, 그리고 정확히 아는 사람이 지식인이었다. 남들이 상상할 수 없는 정도의 정보를 외우 고 있으면 천재 대접을 받았다.

그러나 세상이 바뀌었다. 이제 지식인은 정보를 많이 알고 있는 사람 이 아니다. 검색하면 다 나오기 때문이다. 오늘날의 지식인은 정보와 정 보의 관계를 '잘 엮어내는 사람'이다. 천재는 정보와 정보의 관계를 '남들과는 전혀 다른 방식으로 엮어내는 사람'이다.

우리가 인터넷 주소로 매번 쳐넣어야 하는 'www'의 의미야말로 변화하는 지식편집의 권력 관계를 상징적으로 보여준다. '월드 와이드 웹 world wide web'이란, 단어 뜻 그대로 세상의 모든 지식이 그물망처럼 얽혀 있다는 뜻이다. 이 그물망에는 계층적으로 체계화되어 있거나 조직화되어 있는 지식권력은 존재하지 않는다. 그물 위의 한 '노드node', 즉 '마디'를 누를 때라야 비로소 권력의 중심이 생겨난다.

몇 개의 지식이 경쟁할 경우, 그물의 마디를 보다 강하게 누르는 쪽으로 권력이 몰리게 되어 있다. 그곳을 중심으로 모든 지식들은 다시 편집되며 하나의 지식 시스템을 형성하게 된다. 그리고 그렇게 편집된 지식은 수시로, 그리고 아주 빨리 바뀐다.

황우석 사건의 본질은
지식권력의 이동이다

그물망식 지식 시스템, 즉 '네트워크식 지식'의 반대편에는 위계가 분명한 '계층적 지식'이 존재한다. 우리에게 아주 익숙한 지식 체계다. 대학은 계층적 지식의 생산이 체계적으로 이뤄지는 곳이다. 대학의 지식권력은 각 전공의 커리큘럼, 논문, 학위, 학회와 같은 제도를 통해 유지된다. 대학의 지식권력은 법적으로 보장받는다. 법으로 규정되는 지식권력의 내용은 아주 구체적이다.

대학을 졸업한 학사의 지식은 대학원을 졸업한 석사의 지식보다 못하다. 법적으로 그렇다는 이야기다. 석사의 지식은 박사의 지식만 못하다. 그래서 박사 학위를 가진 사람과 석사 학위를 가진 사람의 강사료는 법적으로 다르게 책정되어 있다. 국가나 공공기관의 프로젝트를 해도 마찬가지다. 석사 인력과 박사 인력의 인건비 책정이 다르다. 심지어 원고료도 차이가 난다. 박사 학위를 받고 교수가 되면 지식권력의 정점에 서게 된다. 세상에 무서울 게 없다. 그래서 '교수 세 명 데리고 부산 가기가 양 백 마리 몰고 부산 가기보다 어렵다'고 하는 것이다.

박사 학위를 취득했지만 교수가 되지 못하고, 만년 강사로 지내는 이들을 전문용어로 '석좌강사'라고 한다. 독일에서 공부한 박사들, 특히 인문학을 전공한 박사들 대부분은 석좌강사로 지낸다. 석좌강사 10년 정도 하고 나면 인간성마저 피폐해진다. 교수 되기를 포기한 박사의 현실은 아주 잔인하다.

한국 대학의 지식권력이 대부분의 미국 유학 출신 교수들에게 있는 까닭이다. 학풍도 다르고 학문의 지향점도 다르다. 실용적인 미국 학문에 비해 뜬구름 잡는 이야기만 하는 듯한 독일파가 설 자리는 별로 없다. 일단 독일 개념은 어렵다. 계층구조가 아주 복잡하다. 교수의 지위를 10여 년 넘게 가졌던 나는 독일 유학파치고는 무척 운이 좋은 편이었다.

박사면서 교수까지 되는 일은 지식권력의 최정점에 서는 일이다. 내가 아는 한, 전 세계 교수 중에서 독일 교수가 가장 폼 난다. 독일 교수는 '박사Dr.'와 '교수Prof.'를 이름 앞에 꼭 붙인다. 석사 학위에 해당하는 디플롬 학위까지 붙이는 경우도 많다. 이럴 경우 'Prof. Dr. Dipl. Psy. Chung-Woon Kim'과 같은 식이 된다.

공식적인 자리에서 부르는 명칭도 요란하다. 우리말로 번역하면 이런 식이다. "존경하는 교수이자 박사이며 디플롬 심리학자이신 김정운 씨…" 전화번호부는 물론이고 집의 문패, 기타 주소록에도 교수, 박사, 디플롬 학위를 앞에 써넣는다. 전후 맥락 없이 보면 아주 웃긴다. 그러나 독일은 진지하다. 일단 이름 앞에 이렇게 뭔가 길게 붙어 있으면 상대방을 대하는 태도가 아주 정중해진다. 독일에서는 정말 교수할 만하다.

박사이며 교수인 데다 전공 학회의 회장이나 학술지의 편집장직까지 겸하게 되면 정말 금상첨화다. 전문 학술지의 심사위원은 지식권력의 꽃이다. 학술진흥재단에서 인정하는 '등재지' '등재후보지'에 논문이 실리는 일은 교수직을 유지하기 위한 필수조건이기 때문이다.

국제적으로 인정하는 '과학기술논문인용색인SCI; Science Citation Index' '사회과학논문인용색인SSCI; Social Science Citation Index'이나 '예술 및 인문과학 논문인용색인A&HCI; Art and Humanities Citation Index'에 해당하는 잡지에 논문을 등재할 경우, 대부분의 대학에서는 수백만 원의 연구 지원금이 나온다. 그 유명한 「네이처Nature」나 「사이언스Science」에 논문이 실리면 말 그대로 팔자 고친다.

2000년대 초반 「네이처」와 「사이언스」에 논문을 실어 화제가 된 사람이 있었다. 황우석 교수다. 세계 최고의 두 잡지에 논문을 실은 후, 황우석 교수는 국가적 영웅이 되었다. 국가적으로 보호해야 할 지적재산이라며 국정원 직원까지 그를 근접경호했다. 실제 어떤 행사장에 경호원을 대동하고 나타난 그의 모습은 많이 황당했다. 그런데 얼마 지나지 않아 엄청난 사건이 터졌다.

국제 학술지에 발표된 황우석의 그 논문들이 허위라는 것이었다. 다들 믿을 수가 없었다. 아니, 믿기를 거부했다. 그를 의심하는 TV 프로그

램을 제작한 PD는 생명의 위협까지 받았다. '황빠'들은 음모론을 주장
하며 황우석을 감쌌다. 그러나 황우석은 결국 자신의 논문이 허위였음
을 인정하게 된다.

흥미로운 것은 황우석 논문의 문제를 파헤친 곳이 대학이 아니라는
사실이다. 한국 최고의 대학교수들이 공동저자로 집단 등장하고, 세계
적인 잡지의 전문 심사위원들이 검증하고 인정한 논문을 허위로 밝혀
낸 곳은 인터넷의 취미 공간이었다. 국가가 황우석 교수를 영웅시할 때,
취미로 모이는 인터넷의 한 사이트에서 황우석 논문에 관해 갑론을박
이 벌어지기 시작한 것이다. 그 결과, 황우석 논문의 핵심은 최고의 생명
과학 기술이 아닌, 허접한 포토샵 기술에 불과하다는 사실을 밝혀냈다.

한국 사회의 충격은 실로 엄청났다. 다들 그의 논문이 참인지 거짓인
지에만 관심을 가졌다. 국가적 자존심의 훼손만 걱정했다. 그러나 황우
석 사건의 본질은 따로 있었다. 지식권력이 이제 더 이상 대학에 있지
않다는 사실이다. 지식권력인 대학의 붕괴는 이미 여러 곳에서 감지되
고 있었다. 그 징조들이 황우석 사건을 통해 폭발한 것이다. 여태까지의
지식은 대학에서 만들어지는 것이었다. 지식은 대학이 정한 절차에 따
라 논문이라는 형식으로 만들어졌다. 교수는 지식을 심사하고, 그 결과
에 권위를 부여하는 지식권력 시스템의 최정점이었다.

이 같은 국가 공인의 지식권력이 보장하고, 세계적 지식권력에 의해
검증된 국가적 자부심인 황우석의 논문이 정체불명의 하찮은 네티즌들
에 의해 처절하게 붕괴된 것이다. 지식편집의 독점권을 가진 대학의 붕
괴가 황우석 사건의 본질이라는 이야기다. 그런데 이 부분에 관해서는
지금까지 아무도 논하지 않는다.

교수들만 모른다
이제 지식권력은 대학에 있지 않다

대학 지식권력의 독점 붕괴에 대한 징후는 또 있었다. '미네르바 사건'
이다. 2008년 미국 서브프라임 모기지 사태로 인해 한국에도 경제위기
가 닥칠 것이라는 경고의 글이 어느 순간부터 인터넷에 나돌기 시작했
다. 교수를 비롯한 경제 전문가들은 다들 대수롭지 않게 여겼다. 그러나
시간이 지날수록 사람들은 경제 전문가들의 분석보다 미네르바의 예언
을 더 믿기 시작했다. 미네르바라는 필명으로 기고한 100여 편의 글들
은 한국의 환율변동, 주가지수의 변화에 관해 기막힌 예언을 내놓았다.
희한하게도 그의 글들은 실제 상황과 절묘하게 맞아 떨어졌다. 그의 예
언이 현실이 될 때마다 사람들은 열광했다.

　　다들 미네르바의 정체를, 이름을 밝히지 않은 대학교수나 유명 경제
연구소의 연구원으로 추측했다. 남의 칭찬에 참으로 인색한 대학교수
들조차 미네르바야말로 최고의 경제 전문가라는 극찬을 아끼지 않았
다. 미네르바의 주장에 대한 사회적 반향이 심상치 않자, 국가 경제를
책임지는 기획재정부 장관까지 나서서 반론을 제기했다. 정체를 밝히
지 않고 지식권력의 공식 체계를 계속 모욕하던 미네르바를 국가는 더
이상 인내할 수 없었다. 결국 '허위사실 유포'라는 아주 황당한 죄명으
로 미네르바를 잡아들였다. 그런데 그 범인을 잡고 보니 상황은 더 황당
해졌다. 미네르바의 정체는 대단한 경제 전문가가 아니었다. 교수도 아
니었다. 전문대 출신의 무직자였다.

　　충격의 핵심은 그가 어떻게 그토록 정확하게 경제 변동을 예측할 수

있었는가가 아니었다. 그가 전문대 졸업자라는 사실이었다. 고작 전문대 출신이 그 훌륭한 지식을 가지고 있었다는 사실을 사람들은 도무지 인정할 수 없었다. 정작 미네르바 자신은 인터넷의 잡다한 지식을 짜깁기했을 뿐이라고 설명했다. 그러나 그건 단순한 짜깁기가 아니었다. 실제 경제 현실에 적용하여 검증된, 아주 합당한 '지식편집'이었다. 그 어떤 경제 전문가보다도 훌륭한 지식편집이었다. 대학에서 인정하는 논문과 학위 시스템에서만 가능했던 지식편집이 이제는 인터넷상에서도 얼마든지 가능하다는 사실에 기존의 지식권력자들은 깊은 충격을 받았다.

지식편집의 권력이 바뀌고 있음을 인정해야 한다. 1년에 1,000만 원 가까운 등록금을 내고 배워야 하는 대학 강의의 대부분은 이제 아주 간단한 인터넷 검색으로 얼마든지 보고 들을 수 있다. 나는 독일에서 받은 박사 학위를 너무나 자랑스럽게 생각한다. 가는 곳마다 자랑한다. 13년간 너무 고생했기 때문이다. 그러나 나 정도의 지식을 갖춘 익명의 지식인은 인터넷 공간에 수두룩하다. 지식의 내용이 아니라 독일 박사 학위라는 권위로 알량한 자존심을 지키려는 내 얄팍함이 느껴질 때마다 참으로 비참해진다.

대학의 지식권력이 아직까지 유지되는 이유는 오로지 학위 때문이다. 이 쓰라린 현실을 이제 인정해야 한다. 그래야 대학 붕괴 이후의 또 다른 세상을 준비할 수 있다. 그러나 지방대에서 교수로 있는 내 친구들은 이러한 내 주장을 너무 한가한 소리라고 비난한다. 지식권력은 서울의 'SKY 대학'에만 해당된다는 거다. 실제로 지방대학에서는 지식권력 운운하는 것조차 사치다. 매년 입학철이 되면 지방대 교수 대부분은 입학생을 유치하느라 고등학교 찾아다니기 바쁘다. 수시로 찾아오는 교수들 때문에 수업에 차질을 빚자, 지방의 한 고등학교에서는 정문에 이런 문구를 붙였다고 한다.

'교수 및 잡상인 출입금지!'

미네르바 사건을 기억하는 이들은 미네르바가 전문대졸 무직자라는 사실만을 이야기한다. 지식권력의 붕괴를 은폐하려는 시도 때문이다. 그러나 지식편집의 독점적 권한이 더 이상 대학에 있지 않다는 사실을 이제 아는 사람은 다 안다. 그 엄청난 충격을 감당할 수 없는 이들은 지금도 미네르바가 가짜라고 주장한다. 석·박사 학위 없이 인터넷 검색만으로 그 엄청난 지식을 축적할 수는 없다는 거다.

황우석 사건과 미네르바 사건은 지식이 이제까지와는 전혀 다른 방식으로 구성되기 시작했음을 보여준다. 종이 위에 쓰인 텍스트 중심의 논문식 지식편집은 더 이상 유효하지 않다. A4 용지에 글자 크기를 정하고, 각주·미주·참고문헌의 작성 요령에 따라 쓰인 텍스트로서의 논문을 심사하고, 폼 나는 가운의 석·박사 학위를 주는 방식으로 유지되는 대학의 지식편집 권력은 이미 끝났다.

이제 전혀 다른 방식의 새로운 지식 구성 원리가 지배하고 있다. 에디톨로지에 기초한 하이퍼텍스트Hypertext 시대, 즉 탈텍스트의 시대가 시작된 것이다.

04 누구나 천재가 될 수 있다 쥐 때문이다!

인간이 가장 창의적일 때는 멍하니 있을 때다. 그렇다고 아무 생각 없다는 뜻이 아니다. 오히려 반대다. 멍하니 있을 때 생각은 아주 자유롭게 날아다닌다. 가끔 멍하니 앉아 있다가 '아니 내가 왜 이런 생각을 하고 있지?' 할 때가 있다. 그러고는 그 생각이 어디서부터 시작됐는지 거꾸로 짚어나간 경험이 다들 있을 것이다. 생각의 흐름을 찾아냈을 때, 자신이 그 짧은 시간 동안 날아다녔던 생각의 범위에 놀라게 된다. 보통사람들이 경험할 수 있는 가장 창조적인 순간이다.

천재의 생각은 날아갔다 다시 돌아오고 '또라이'는 그냥 쭈욱 날아간다

보통사람은 어쩌다 겪는 '날아가는 생각'이지만, 천재에게는 일상이다. 천재와 이야기를 나눠보면 생각이 마구 건너뛴다는 것을 알 수 있다. 도무지 쫓아가기가 어렵다. 내 가까운 후배, 넥슨의 김정주 대표가 그렇다. 한국 IT 분야의 3대 기업이라면 NHN, NC소프트, 넥슨을 꼽는다. 한 방에 훅 가는 IT 업계에서 그렇게 성공적으로 살아남기란 쉬운 일이 아니다. 물론 운이 좋았다.

난 성공의 대부분은 운이라고 생각한다. 열심히 노력해서 성공했다고 말하지만, 알고 있는 '성공 내러티브'가 그것뿐이기 때문이다. 열심히 해서 성공했다는 식의 내러티브는 낡은 산업시대의 레퍼토리다. 세상에는 죽어라 노력하는 사람이 정말 많다. 그러나 그들 모두가 성공하는 것은 아니다. 실패하는 사람이 훨씬 더 많다. '노력=성공'과는 또 다른 방식의 성공 내러티브가 가능해야 선진국이다.

김정주도 운이 좋았다. 그 수많은 IT 창업자 가운데, 오늘날 그가 포브스 500대 부자가 되고, 한국의 10대 부호 안에 들 수 있었던 것은 정말 운이 좋았기 때문이다. 스스로도 운이 좋았다고 말한다. 겸손해서 그런 게 아니다. 사실이기 때문이다. 그러나 운만으로 그의 성공을 설명하면 심리학자로서 직무유기다.

김정주에게는 뭔가 특별한 게 있다. 함께 대화하다 보면 자주 황당해진다. 이야기가 막 건너뛰기 때문이다. 한참을 떠들다 보면 처음 주제가 뭐였는지 아예 까먹는 경우도 많다. 말끝도 대충 얼버무린다. 생각이 날아다녀서 그렇다.

천재의 생각은 날아다닌다. 그러나 그 날아다니는 생각을 현실에서 구체화하는 이는 그리 많지 않다. 김정주는 자신의 날아다니는 생각을 잡아내 구체화했다. 바로 그것이 그의 특별함이다. 김정주의 아날로그적 삶도 날아다닌다. 전화하면 어제는 서울, 오늘은 홍콩, 내일은 일본, 스페인, 남아공, 뉴욕이다. 사는 곳은 제주도다. 어린 딸들을 시골 학교에 다니게 한다고 그곳에 살고 있다. 자기 회사에 들어가던 그가 수위에게 저지당한 일화는 유명하다.

날아다니는 생각은 천재의 특징이기도 하지만 '또라이'의 특징이기도 하다. 천재와 또라이는 종이 한 장 차이다. 천재는 날아다니는 생각을 잡아 처음으로 다시 돌아갈 수 있다. 그러나 또라이는 그렇지 못하다. 생각이 그냥 계속 날아간다. 자신의 생각이 어디서 어떻게 왔는지 전혀 기억하지 못한다. 그저 마구 날아간다.

오늘날 컴퓨터를 사용할 수 있게 되면서 보통사람들도 천재처럼 생각할 수 있게 되었다. 신이 일부 천재들에게만 부여한 '날아다니는 생각'을 이제 보통사람들도 할 수 있게 되었다는 말이다. 바로 '쥐' 때문이다. 그건 컴퓨터의 '마우스'다. 역사상 처음으로 인간은 생각을 날게 하는 도구를 갖게 된 것이다. 컴퓨터 화면을 들여다보다가 관심 있는 곳을 클릭하면 생각은 바로 다른 곳으로 날아간다. 방금 전의 맥락과는 전혀 상관없는 곳이다. 이건 엄청난 혁명이다. 그런데 아무도 마우스 이야기를 하지 않는다. 클릭하면 날아가는 것을 아주 당연하게 생각한다. 클릭했는데 다른 곳으로 바로 안 넘어가고 버벅대면 이젠 아주 신경질까지 낸다.

인간의 의식과 행동은 도구에 의해 매개된다. 숟가락을 들면 '뜨게' 되어 있다. 젓가락을 손에 쥐면 '집게' 되어 있다. 포크를 잡으면 '찌르게' 되어 있고, 나이프를 들면 '자르게' 되어 있다. 평생토록 하루에 세 번씩 '뜨고 집는' 행위를 반복하는 사람의 의식과 '찌르고 자르는' 행위를 반복하는 사람의 의식은 질적으로 다를 수밖에 없다. 서양인이 동양인에 비해 훨씬 공격적인 이유다.

웃자고 하는 말이 아니다. 인간의 '생각'은 사용하는 '도구'로 매개된다. 구 소련의 심리학자 알렉세이 레온티예프Aleksei Leontjew의 '활동 이론Tätigkeitstheorie'이다. (캐나다의 미디어 이론가 마셜 맥루한Marshall McLuhan도 같은 주장을 했다.) 인간 의식은 행위가 일어나는 물질적 맥락에 따라 형성된다는 주장이다. 활동 이론은 인간 의식의 '외화外化, Veräußerung' 혹은 '대상화Vergegenständlichung'를 다룬 독일 관념철학에 대한 비판이다. 마르크스주의를 심리학적으로 보완하려던 교조적 이론이기도 하다. 그러나 문화적 혹은 사회적 맥락에 대한 인간 의식의 절대적 우위를 주장하는 '심리학주의'에 대한 활동 이론의 비판은 오늘날에도 여전히 정당하다.

인간 의식의 외화만 일어나는 것이 아니다. 대상세계의 '내면화 Verinnerlichung'도 당연히 일어난다. 의식의 내면과 대상세계 사이에 일어나는 상호작용을 어떻게 이론화할 것인가는 오늘날에도 여전히 존재하는 심리학과 여타 사회과학 사이의 긴장 영역이다.

마우스의 발명은
구텐베르크의 인쇄 혁명을 넘어선다

20세기 말, 마우스의 발명은 구텐베르크의 인쇄 혁명을 뛰어넘는 엄청난 혁명적 사건이다. (우리나라의 금속활자가 훨씬 앞섰다. 나도 안다. 그러나 여기서는 인류 문명에 미친 영향을 말하는 거다.) 이를 통해 드디어 수천 년간 인간 의식을 옥죄고 있던 '텍스트의 한계'를 벗어날 수 있게 되었기 때문이다.

사실 종이와 텍스트, 그리고 인쇄의 발명은 눈에 보이지 않는 생각을 타인에게 전달할 수 있게 해준 엄청난 발명품이었다. 그러나 한 시대를 열었던 혁명은 그다음 시대로의 이행을 막는 반혁명적 장애물이 된다. 역사의 변증법이다. 종이와 텍스트도 마찬가지다. 인간 의식의 혁명적 발전을 가능케 했지만, 수천 년이 지난 오늘날에는 새로운 세계로의 전환을 막는 장애물이 되고 있다.

일단, 종이 위에 써야 하는 텍스트의 공간적 범위는 기껏해야 A4 용지 크기를 벗어나기 힘들다. 인간 의식의 크기가 A4 용지를 벗어나기 힘들다는 거다. 또한 좌에서 우로, 혹은 우에서 좌로, 그리고 위에서 아래로 '순서대로' 써나가야 한다. 이 같은 텍스트의 2차원적 한계는 종이라는 매체를 버리기 전에는 불가능하다.

A에서 D로 가려면 반드시 B와 C를 거쳐야 한다. 건너뛰거나 날아갈 수 없다. 서술적이고 논리적이지 않으면 텍스트로 인정받기 어렵다. 논리의 비약은 바로 비판의 대상이 된다. 그러나 날아다니는 생각을 대상화해 논리적 텍스트로 구현하는 순간, 창조적 내용은 사라지고 만다. 인간 의식의 대상화가 필연적으로 끌고 들어올 수밖에 없는 헤겔식 '자기소외' 현상을 피할 수 없다.

끝없이 자유롭게 날아다니던 창조적 사유가 좁디좁은 사각형의 2차원적 공간에 갇혀버린다. 이 같은 텍스트가 가진 선형성, 고정성, 유한성의 한계를 벗어나는 방법은 하나 있다. 그러나 아무나 이 방법을 사용할 수는 없다. 소수의 사람이 정해진 장소에서만 이 방법을 쓸 수 있는 권한을 부여받았다.

바로 대학이다. 대학에서 논문을 쓸 때만 텍스트의 한계를 벗어나는 도구를 사용할 수 있다. '각주'와 '미주'다. 상하좌우의 직선적 흐름에 구속된 텍스트의 한계를 벗어나는 유일한 해결책은 논문을 쓰며 각주와 미주를 사용하는 것이다. 각주와 미주를 쓸 때만 텍스트의 진행을 잠시 멈추고 다른 생각을 할 수 있다.

국가 공인의 지식편집 권력 기관인 대학은 자신의 권력을 유지하는 수단으로 논문이라는 독특한 지식편집 시스템을 개발했다. 지식편집 방법으로 각주, 미주, 색인, 참고문헌, 인용의 원칙 등을 개발해 지금까지 그 독점적 권력을 유지하고 있다. 학위 논문을 쓸 때 지도교수의 논문 지도란 대부분 인용부호, 각주, 미주, 그리고 참고문헌과 관련되어 있다.

아날로그 시대에서 논문은 인간의 창조적 생각을 대상화할 수 있는 가장 훌륭한 수단이었다. 디지털시대에 들어서면서 상황은 달라진다. 그 엄청난 지식 폭발을 논문만으로 감당할 수는 없는 일이다. 그러나 대학에서는 여전히 구태의연한 논문 쓰기로 지식편집 권력을 유지하려고 안간힘을 쓰고 있다.

마우스는
그냥 쥐가 아니다!

텍스트의 한계는 '타자기'라는 매체 때문에 더욱 치명적이 된다. 인류가 손글씨를 포기하고 타자기를 쓰기 시작한 것은 객관성과 정확성 때문이다. 타자기로 규격화된 텍스트는 정보를 보다 명확하고 객관적으로 전달할 수 있다. (자판을 쓰는 컴퓨터도 이 맥락에서는 타자기의 범주에 포함된다.) 손글씨의 개별성은 과감히 포기한다. 필체가 필연적으로 끌고 들어오는 '느낌'은 아주 사소한 정보이므로 '사랑의 편지' 말고는 사용할 필요가 없어진 것이다.

타자기를 전문적으로 사용하는 타이피스트라는 직업이 제2차 세계 대전 중에 각광받게 된 것도 우연이 아니다. 전쟁에서 요구되는 의사소통이란, 개인의 느낌과 생각을 가능한 한 배제한 것이어야 하기 때문이다. 전쟁 이후에도 타이피스트는 정확한 메시지를 전달하는 전문영역으로 살아남았다.

컴퓨터가 일상화된 후 타자기는 사라졌다. 물론 타이피스트도 사라졌다. 그러나 타자기가 숙명적으로 갖고 있던 문제는 여전히 남아 있다. 자판의 구조적 문제다. 원시적 타자기 자판 때문에 생긴 문제가 컴퓨터 시대에도 여전히 계속되고 있다는 이야기다.

컴퓨터 자판의 문제는 단순한 기능적 측면에서만 보아도 아주 한심하다. 숫자 바로 아랫단이 왼쪽에서부터 'QWERTY'로 시작되는 까닭에 '쿼티 자판'이라고 불리는 자판 배열의 문제다. 아주 치명적이다. 1868년 크리스토퍼 숄스Christopher Sholes가 특허 낸 쿼티 자판은 오늘날의 컴퓨터 키보드에도 여전히 사용되고 있다.

일단 쿼티 자판의 배열은 전혀 합리적이지 않다. 쿼티 자판에서는 많이 쓰는 자판일수록 멀리 떨어뜨려 놓았다. 자주 쓰는 타자기 자판의 키들이 올라갔다 내려오면서 서로 엉키는 것을 막기 위해서다. 그러나 오늘날 컴퓨터 키보드에서 키가 엉키는 일은 절대 없다. 그런데도 150여

년 전에 개발된 타자기식 쿼티 자판의 배열을 지금도 그대로 사용하고 있다.

컴퓨터의 한글 자판도 마찬가지다. 가장 많이 쓰는 키는 가장 자주 쓰는 손가락으로 두드리도록 하는 게 상식이다. 한글 자음과 모음에서 주로 쓰이는 것 중 하나는 'ㅆ'이다. '했다' '갔다' '있다'처럼 거의 모든 문장의 끝에는 'ㅆ'이 들어간다. 그렇다면 'ㅆ'은 일상에서 가장 많이 사용하는 오른손 검지로, 한 번에 칠 수 있도록 해야 한다. 그 정도 생각은 시골 노인도 할 수 있다. 그런데 실상은 어떤가?

'ㅆ'을 치려면 매번 시프트키를 누르고 'ㅅ' 자판을 동시에 입력해야 한다. 시프트키는 또 어떤 손가락으로 누르는가? 새끼손가락이다. 평소에 새끼손가락을 쓸 일이 있는가? 기껏해야 새끼손가락 걸고 약속할 때다. 새끼손가락이 움직일 수 있는 범위도 제한되어 있다. (아, 새끼손가락이 중요할 때는 아주 가끔 있다. 혈서 쓸 때다. 열 손가락 중에 안 아픈 손가락이 어디 있겠냐마는, 그래도 그중 하나를 꼭 잘라야 한다면 다들 새끼손가락을 자른다. 가장 한가한 손가락이기 때문이다.) 그 쓸모없는 새끼손가락으로 하루에도 수백 번씩 시프트키를 눌러야 하는 이 한글 자판의 배열이 도대체 제정신인가.

지난 수십 년 동안, 사이버스페이스는 엄청난 속도로 발전했다. 컴퓨터의 용량과 데이터의 처리 속도 또한 인간의 상상을 초월한다. 그런데 그 컴퓨터와 인간이 만나는 '인터페이스', 즉 키보드는 어찌 그리 원시적이냐고 이어령은 『디지로그』에서 묻는다. 150년이 넘도록 매일같이 반복된 인류의 습관을 하루아침에 바꿀 수는 없는 일이다. 그동안 자판 배열을 바꾸려 했던 수많은 시도는 모두 좌절되었다. 그런데 이 컴퓨터 자판의 한계를 근본적으로 바꿀 수 있는 위대한 발명품이 드디어 나타난 것이다.

마우스다. 사람들은 마우스가 스티브 잡스의 발명품인 줄 안다. 아니다. 컴퓨터에 대해 좀 더 안다는 이들은 잡스가 제록스 사의 팔로 알토 연구센터의 발명품을 훔쳐왔다고 설명한다. 아니다. 마우스는 1968년 스탠퍼드 연구센터의 연구원이었던 더글러스 엥겔바트Douglas Engelbart의 발명품이다. 당시 연구소의 '인간 지능 확장' 프로젝트가 진행되는 과정에서 마우스는 만들어졌다. 컴퓨터 화면에 '커서cursor'를 그래픽으로 작동시켜 생각하는 대로 화면에 변화가 일어나도록 한 것이다. (잡스는 1979년 제록스 PARC에서 PC의 효시인 알토ALTO의 그래픽 유저 인터페이스를 처음 접했다고 한다.)

마우스의 특허권을 가지고 있던 스탠퍼드 연구센터는 마우스의 활용 분야에 대해서는 그리 많은 고민을 하지 않았다. 수년 후, 고작 4만 달러를 받고 애플 사에 마우스의 특허권을 넘겨버린다. 잡스가 위대한 것은, 아무도 몰랐던 그 엄청난 발명품의 진가를 알아보았다는 거다.

마우스를 이용한 '그래픽 유저 인터페이스graphical user interface'를 통해 이제 보통사람들도 천재처럼 날아다니는 생각을 잡아낼 수 있게 되었다. 자신의 관심을 클릭하면 바로 링크된다. 귀찮게 논문의 각주, 미주의 번호를 일일이 찾아 읽지 않아도 된다. 클릭하면 다 나온다. 드디어 하이퍼텍스트의 시대, 즉 탈텍스트의 시대가 열린 것이다. 전적으로 마우스 덕분이다.

클릭이 터치로 바뀌면서
인간적인 디지털 기기가 탄생했다

스티브 잡스는 마우스를 기반으로 그래픽 유저 인터페이스를 탑재한 애플 컴퓨터를 만들었다. 한동안 승승장구했다. 그러나 얼마 지나지 않아 자신이 만든 애플에서 쫓겨난다. 절치부심하던 잡스가 애플에 다시 복귀하면서 마우스를 대체하는 새로운 개념을 꺼내든다.

'터치touch'다. 더 정확히 말하면 터치가 가능한 아이팟이다. 마우스만으로도 이미 위대한 스티브 잡스다. 그런데 마우스만큼이나 혁신적인 도구를 또 다시 제시한 것이다.

애플 사에 복귀하면서 잡스는 윈도가 대세인 PC 시장을 피해갔다. 대신 새롭게 형성되고 있던 MP3 플레이어 시장을 공략했다. 당시 MP3 플레이어는 한국 제품이 대세였다. 특히 아이리버라는 토종 브랜드는 정말 대단했다. 전 세계 젊은이들이 국산 MP3 플레이어를 자랑스럽게 목에 걸고 다녔다. 인천공항에도 엄청난 규모의 전시장이 있었고, 소니의 나라 일본 신주쿠 한복판에도 한국의 아이리버 매장이 문을 열었다. 그러나 그것은 잠시였다. 애플의 아이팟이 등장하자 아이리버는 한 방에 훅 갔다.

기술로 따지자면 한국의 아이리버가 훨씬 더 뛰어났다. 아이리버는 그 작은 기계에 녹음, 라디오, 어학 학습 기능까지 다 있었다. 음질도 아이리버가 훨씬 더 좋았다. 아이팟은 단지 음악을 듣는 기능 한 가지뿐이었다. 그런데도 아이리버는 아이팟에 꼼짝없이 당했다. 사람들은 애플의 디자인 때문이라고 했다. 아이팟이 너무 예뻐서 그렇다는 거다. 아니다. 그렇게 추상적으로 설명해서는 안 된다. 그 디자인의 구체적 내용이 무엇이냐는 거다.

'터치'다. 만지는 거다! 애플 아이팟의 성공은 만지는 데 있었다. 아이팟 1세대는 기계식 '스크롤 휠'을 달고 나왔다. 예쁘기는 했지만 그리 폭발적인 반응을 이끌어내지는 못했다. 2002년에 '터치 휠'을 달고 나온 아이팟 2세대부터 열풍이 시작되었다. 그때까지 세상의 모든 디지털 기기는 버튼을 눌러야만 했다. 그런데 만지고 문지르는 디지털 기기가 나온 것이다. 손가락으로 살짝 문지르기만 해도 아이팟은 바로 반응했다. 드디어 '인간의 얼굴을 한 디지털 기기'가 탄생한 거다.

사람들은 아이팟에 환장했다. '누르기'와 '만지기'는 질적으로 다른 경험이다. 자판을 두드리거나 버튼을 누르는 것은 지극히 공격적인 행위다. 어느 회사에나 자판을 개 패듯 때리는 사람이 꼭 있다. 특히 엔터키나 스페이스바를 칠 때 그런다. 아이팟은 그럴 필요가 전혀 없다. 부드럽게 만지면 된다. 터치 휠을 달고 나온 아이팟 2세대 이후 10년 동안, 애플은 수없이 많은 기기를 매년 새로 발표했다. 모델도 바뀌고, 기능도 바뀌었다. 그러나 최신 아이폰, 아이패드에 이르기까지 변치 않는 기능이 하나 있다. 터치다.

물론 삼성이나 LG의 스마트 기기도 터치로 작동한다. 그러나 손가락으로 눌러서 반응하는 '감압식減壓式 터치'와 살짝 문지르면 반응하는 '정전식靜電式 터치'는 근본적으로 다른 경험이다. 찔러야 겨우 반응이 오는 '40대 피부'와 살짝 닿기만 해도 바로 반응이 오는 '20대 피부'의 차이라고나 할까. 최근에는 감압식과 정전식의 장점만을 편집한 입력 방식이 대세다.

마우스를 사용하는 그래픽 유저 인터페이스를 제일 먼저 개발했지만, 빌 게이츠의 윈도에 형편없이 무너졌던 잡스는 터치라는 개념을 통해 디지털 시장을 다시 완벽하게 지배하게 된다.

　만지고 만져지는 것은 인간의 가장 기본적인 욕구다. 그래서 아무도 만져주는 사람 없고, 만질 사람도 없는 이 땅의 중년 사내들이 요즘 시간만 나면 스마트폰을 손바닥에 올려놓고 그렇게들 사랑스럽게 문지르고 있는 거다.

05 김용옥의 크로스텍스트와 이어령의 하이퍼텍스트

자라면서 누구나 한 번쯤 지적 충격을 받는다. '아, 나도 저 사람처럼 글 쓰고 말하고 싶다!'는 생각이 들 때다. 지식욕도 일종의 허영이다. 한번 폼 나고 싶은 거다. 사람은 남들에게 폼 나 보이고 싶을 때 성장한다. 어릴 때는 가까운 친구들에게, 나이 들면서는 대중에게 폼 나 보이려고 한다. 그리고 애나 어른이나 남자는 항상 여자에게 폼 나 보이고 싶어 한다.

헤겔의 '인정투쟁Kampf um Anerkennung'의 핵심은 나도 한번 폼 나고 싶다는 심리학적 '동기motivation'다. 내 지적 성장 과정에서는 이어령 선생과 도올 김용옥 교수가 그렇게 폼 나 보일 수 없었다. 나도 그들처럼 글 쓰고 말하고 싶었다.

김용옥은 학문적 텍스트에 '나'라는 주어를 처음으로 사용했다

1984년, 반정부 시위로 제적당했던 사람들을 일괄 구제해준다며 군사

정권이 유화정책을 폈다. 그 덕에 나 역시 채 1년도 못 다니고 제적당했던 고려대학교에 다시 들어갈 수 있었다. 해직되었던 사학과의 강만길 교수, 이상신 교수 등도 제적된 학생들과 함께 복직되었다. 그들은 전설이었다. 복교 후, 그때 그 강의실의 벅찬 흥분이 지금도 생생하다. 학생들은 공부하고 싶어 했고, 선생들은 가르치고 싶어 했다. 그때는 정말 그랬다.

학생들은 강만길 교수에게 서울대 신용하 교수와의 한국 근대사 논쟁에 관해 집요하게 질문했다. 아, 그땐 교수들 사이에 그렇게 폼 나는 학문적 논쟁도 있었다. 이상신 교수는 의외로 키가 작았다. 그러나 당시에는 보기 힘들었던 '쓰리보단three button'의 양복을 항상 단정하게 입고 나타났다. 콧수염도 참 멋졌다. 해직 기간에 썼다는 그의 『서양사학사』는 책의 두께만으로도 학생들을 압도했다. 그토록 그리웠던 '공부하는 캠퍼스의 냄새'였다. 지식을 폼 잡을 수 있었던 그 허영이 참으로 아름다웠다.

해직 교수들과는 전혀 다른 맥락에서, 아주 특이한 교수의 이름이 학생들 사이에 회자되었다. 철학과 김용옥 교수였다. 지금과는 달리, 아주 촌스러운 '하이카라' 스타일이었다. 검은색, 흰색 한복을 번갈아 입고 나타났다. 가끔은 이소룡 영화에 나오는 중국옷을 입고 나타나기도 했다.

온통 억압뿐이던 그 시절, 그의 직설적인 언행은 '통쾌함' 그 자체였다. 그의 도발적 언행은 30년이 지난 오늘날까지 계속된다. 그러나 그의 인정투쟁은 이제 많이 진부해졌다. 통쾌함이 없다. 아니, 별로 안 재밌다! 그러나 당시, 김용옥 교수는 내게 아주 특별했다.

김용옥은 학문적 텍스트에 '나'라는 주어를 처음 쓴 사람이었다. 그때까지 인문·사회과학 텍스트에 '나'라는 주어를 쓰는 경우는 없었다. 내 기억으로는 김용옥이 처음이다. 외국에서도 마찬가지였다. 자연과학이 학문의 전형으로 여겨진 후, 인식주체인 '나'는 학문적 글쓰기에서 사라졌다. 자연과학적 지식의 핵심은 '주체가 배제된 객관성'이기 때문이다.

자연과학의 기초는 실험이다. 실험의 결과가 과학적 사실로 받아들여지려면 다음과 같은 네 가지 조건을 충족해야 한다. 누가 실험해도 같은 결론에 이르러야 한다는 '객관성objectivity', 반복해도 같은 결과가 나와야 한다는 '신뢰성reliability', 측정하고자 하는 것을 제대로 측정했는가의 '타당성validity', 그리고 그 결과를 일반화할 수 있는가의 '표준화standardization' 및 '비교 가능성comparability'이다.

과학적 주장이란 그 누구도 주관적 의견을 제시하면 안 된다는 것을 뜻한다. 주관성은 과학성의 최대 적이다. 반드시 제거되어야 했다. 이 자연과학적 과학성이 어느 순간부터 인문·사회과학에도 적용되기 시작했다. 그 후로는 아무도 자기 이야기를 하지 않게 되었다. 학문의 주어가 생략되어버린 것이다.

자연과학이 학문의 모범으로 받아들여졌던 것은 우리의 주관적 경험 또한 객관화할 수 있다는 믿음 때문이다. 이 같은 객관성의 신화가 구체화되고 제도화된 결과가 바로 '심리학'이다. 심리학은 인간의 마음을 객관적으로 측정할 수 있다는 신념의 결과다. 그래서 심리학과에 들어가면 통계학과 자연과학적 실험방법론을 필수로 배워야 한다. 프로이트 이야기만 주워듣고 인간 심리를 분석해보겠다며 심리학과에 진학한 이들은 죄다 실망한다. 프로이트는 객관적 심리학의 적이기 때문이다.

20세기 후반, 인문·사회과학에서 들불처럼 일어난 포스트모던 논쟁을 거치면서 '객관성의 신화'는 무너진다. 자연과학에서조차 그러했다. 하이젠베르크Werner Karl Heisenberg의 불확정성 원리나 아인슈타인Albert Einstein의 상대성 원리의 핵심은 객관성의 해체다. 객관성 개념 대신 이제는 '상호주관성inter-subjectivity'이란 개념이 사용된다. 주체들이 공유할 수 있어야 유효한 진실이 되기 때문이다. 상호주관성에는 각 주체들 간의 소통이 가장 중요하다. 여기에 계몽이나 강요가 설 자리는 없다.

서구 객관성의 신화에 억눌린 대부분의 교수들은 자기 이야기하기를 주저했다. 유학을 다녀온 이들은 아예 자기 생각이 없는 듯했다. 스스로 생각해서 이론을 수립하는 것은 미국이나 유럽의 위대한 학자나 할 수 있는 것이라는 주변부 열등감에 주눅 들어 보였다. 그러나 김용옥은 달랐다.

그는 '자기 이야기'를 했다. 그가 쓴 글의 주어는 대부분 '나'였다. 그의 독특한 글쓰기 방식이 내겐 엄청난 충격이었다. 내용도 엄청났다. 『논어』『맹자』『주역』을 말하다가 느닷없이 가다머Hans G. Gadamer나 슐라이어마허Friedrich Schleiermacher의 해석학을 설명했다. 고루한 『논어』『맹자』이야기가 그렇게도 연결될 수 있다는 사실이 너무나 놀라웠다. 동양철학과 서양철학에 그런 식의 접점이 있을 것이라고는 상상도 못했다.

김용옥은 그 모든 학술적 담론을 항상 '자기 자랑'으로 끝냈다. 죄다 '깔때기'였다. 그러나 하버드대학에서 동양철학으로 박사 학위를 받았다고 자랑하는 것은 좀 이상했다. 미국 사람이 서울대학교 영문학과에서 박사 학위를 받은 것과 비슷한 까닭이다. 그렇다고 그의 주체적 글쓰기의 탁월함이 사라지는 것은 아니다.

크로스텍스트는
텍스트를 떠나지 못한다

대부분의 한국 교수들이 두려워하는 자기 생각 말하기, 즉 주체적 글쓰기가 김용옥에게 가능했던 것은 그의 크로스텍스트cross-text적 사유 때문이다. 동양적 텍스트의 근본적 이해와 더불어 서구 해석학적 방법론이라는 그의 무기는 해당 텍스트를 둘러싼 사회·문화·언어·정치적 콘텍스트context, 즉 맥락에 대한 비판적 이해를 가능케 한다. 이러한 크로스텍스트적 독해는 당연히 주체적 글쓰기로 이어지게 된다. 텍스트의 콘텍스트를 상대화할 수 있기 때문이다.

일단 김용옥에게는 동양고전이라는 무기가 있었다. 해석의 근거가 되는 텍스트가 무한하다는 거다. 죽을 때까지 한 이야기 또 할 수 있다. 개신교의 목사, 천주교의 신부, 불교의 스님들이 평생 한 이야기를 하고 또 할 수 있는 이유도 마찬가지다. 해석의 근거가 되는 텍스트가 확실하기 때문이다. 아울러 텍스트를 둘러싼 콘텍스트가 항상 변한다. 같은 이야기도 콘텍스트가 바뀌면 전혀 다른 이야기가 된다. 맥락에 따라 다르게 편집된다는 말이다. 해석학의 본질은 에디톨로지다.

나는 요즘 한양대 국문과의 정민 교수가 그렇게 부러울 수 없다. 신문에 연재하는 내용이나 출간하는 책을 보면, 참 고수다. 틀에 박힌 공자, 맹자 이야기가 아니다. 내 연배에서 그 정도 수준을 유지하는 이는 드물다. 그에 비하면 내 성과물은 참 우울하다. 그다지 겸손할 이유가 없는 나지만 그의 저작들을 보면 기가 많이 죽는다. 그에게는 동양고전이라는 해석의 근거가 무한하다. 고전을 다룰 줄 아는 이는 기본적으로 한

자락 깔고 들어가는 거다.

나는 매번 새로운 이야기를 만들어내야 한다. 모두 내 머릿속에서 나와야 한다. 같은 이야기를 한두 번 반복하면 '자기표절'이라고 욕먹는다. 억울하다. 다 그놈의 청문회 때문이다. 어설픈 교수들이 정치하겠다고 나서니 자기표절이라는, 말도 안 되는 단어가 나오는 거다. 세상에 자기 생각을 표절하지 않으면 도대체 누굴 표절하라는 것인가? (허접한 변명인 것 안다. 그러나 이렇게라도 생각해야 위로가 된다.)

난 그래서 앞뒤 꽉 막힌 '한글 전용론자'들이 몹시 원망스럽다. 한글의 의미론적 배후에는 죄다 한자가 숨어 있다. 그것을 부정하면 안 된다. 더욱이 21세기는 동양이 대세다. 실용적으로만 생각해도 한자는 필수다. 영어는 유치원 때부터 배우면서 왜 한자는 필수로 배우지 않는 것일까? 한반도의 문화사적 이해가 배제된 어설픈 민족주의는 정말 위험하다. 한국 사람이 동양고전을 이해할 수 없다는 것은 정말 큰 비극이다.

김용옥이 큰소리칠 수 있는 것은 바로 이 동서양을 넘나드는 크로스텍스트가 가능하기 때문이다. 고전 해석학은 '과거의 현재'와 '현재의 과거'가 만나는 곳이다. '과거라는 해석의 콘텍스트' 속의 '현재의 텍스트'와, '현재라는 해석의 콘텍스트' 속의 '과거의 텍스트'가 서로 교차한다는 뜻이다. 김용옥의 크로스텍스트는 이 '과거의 현재' 혹은 '현재의 과거'라는 해석학적 맥락과 아울러 '동양의 서양' 혹은 '서양의 동양'이라는 해석학적 맥락이 이중적으로 교차되는 지점에 서 있다. 그래서 남들은 전혀 하지 못하는 이야기를 할 수 있다.

한계도 있다. 김용옥의 크로스텍스트는 반드시 텍스트에 기반을 두어야 한다. 해석의 근거가 되는 텍스트를 떠나면 '순 구라'가 되는 까닭이다. 개신교 목사나 가톨릭 신부가 『성서』라는 텍스트를 떠나면 사이비 종교가 되는 것과 마찬가지다. 죽을 때까지 콘텍스트를 바꿔가며 한 이야기 또 해도 되지만, 전혀 다른 이야기는 할 수 없다. 김용옥의 정치적 발언들이 조마조마한 이유도 그 때문이다. 크로스텍스트의 숙명이다.

이어령의
하이퍼텍스트

유학을 다녀온 인문·사회과학 분야의 교수들에게는 누구나 자기 전공이 있다. 흥미롭게도 다 위대한 서구 학자를 전공했다. 헤겔 전공, 마르크스 전공, 하버마스 전공 등등. 나 또한 비고츠키Lev S. Vygotsky를 전공했다. 그런데 가만 보면 이상하다. 그럼 헤겔은 누구 전공인가? 마르크스나 하버마스는 대체 누구를 전공했단 말인가?

자기 텍스트를 써야 제대로 학문을 하는 거다. 오늘날 인문학 위기를 말하는 이유는 한국의 콘텍스트에 맞는 텍스트 구성의 전통이 없기 때문이다. 서양인들의 텍스트로 서양의 학문을 하니 도무지 상대가 안 된다.

텍스트는 반드시 해당 콘텍스트에서 생성된다. 하버마스의 비판이론도 프랑크푸르트학파, 실증주의 논쟁, 포스트모더니즘 논쟁이라는 20세기 유럽 지성사의 콘텍스트가 있었기에 가능한 것이다. 언젠가 하버마스가 한국에 와서 강연한 적이 있다. 하버마스를 전공한 국내 학자들이 모두 모였다. 그러나 정작 하버마스는 뜬금없는 이야기만 하다 갔다. 그 내용은 이렇게 요약된다. "한국에도 위대한 정신·문화적 전통이 있다. 그 콘텍스트에 근거한 이론이 구성되어야 한다."

옳은 소리다. 깜냥도 안 되는 미국 대학의 경영학과 교수들이 수십만 달러씩 받고 한국 사회에 대해 아는 체하며 훈수 두는 것보다 훨씬 정직한 태도다. 외국의 석학이라며 어설픈 '선수'들 모셔와 영양가 떨어지는 이야기 듣는 데 그 엄청난 돈을 지불하는 신문사나 기업을 보면 아주 속이 터진다. 한국의 지적 콘텍스트를 처절하게 고민하는 내 원고료는, 죽어라 하고 수십 매 써봐야 몇 십만 원이 안 된다. 그것도 많이 주는 것이라며 생색을 낸다.

한국의 콘텍스트에서 새로운 텍스트가 가능하려면 기존의 텍스트를 해체해야 한다. 텍스트의 해체와 재구성은 김용옥식 크로스텍스트로는 불가능하다. 탈텍스트, 즉 하이퍼텍스트가 가능해야 한다. 한국에도 하이퍼텍스트적 방법론을 통해 자신의 텍스트를 끊임없이 재구성해온 사람이 있다. 바로 이어령 선생이다.

'IT 혁명'이라며 다들 '디지털'을 이야기하며 흥분할 때, 이어령은 디지털과 아날로그의 결합인 '디지로그'를 제시했다. 디지털만 가지고는 안 된다는 거다. 나는 학생들에게 그의 디지로그 개념을 '비데와 휴지'로 설명한다. 비데가 나왔다고 화장실 휴지가 사라지는 게 아니다. 오히려 휴지는 더 고급이 되어야 한다. 어설픈 싸구려 휴지를 쓰면 그 부위에 부푸러기가 낀다! 엄청 가렵다.

이어령이 말하는 디지로그 개념의 핵심은 디지털의 발전이 아날로그의 변화를 가져오고, 아날로그는 여전히 디지털에 영향을 미친다는 것이다. 대표적인 예가 아이폰의 터치다. 앞서 설명한 대로 디지털을 쓰다듬고 만지는 아날로그적 행위가 아이폰의 혁명을 가능케 한 것이다.

가끔 이어령을 폄하하는 이들이 있다. 그의 개념 구성을 '말장난'이라고 비난한다. 그렇게 따지면 세상에 말장난 아닌 것이 어디 있을까? 말장난 중에 최고는 하이데거Martin Heidegger의 실존철학이다. 헤겔의 변증법은 말장난이 아니던가? 변증법의 핵심 개념으로 '지양止揚'이라는 것이 있다. 일본식 번역으로는 아주 폼 나 보이고 그럴듯하다. 도무지 못 들어본 단어이기 때문이다.

'지양'은 독어의 'Aufheben'을 번역한 것이다. 독일어로는 지극히 단순한 단어다. '들어올린다'는 뜻이다. 나사처럼 돌면서 위로 올라간다는 변증법적 역사 발전의 메타포를 헤겔은 '들어올린다'는 의미의 'Aufheben'이란 단어로 표현한 것이다. 그러니까 제대로 번역하자면 헤겔의 변증법적 '들어올림', 이렇게 표현해야 하는 것이다. 이 같은 문화·언어적 콘텍스트를 생략하고 헤겔 철학을 읽으려니 그토록 어렵고 힘든 것이다. 그따위 어설픈 일본식 번역에는 기죽어 지내면서 자기 언어로 학문하려면 그렇게들 폄하한다. 이제 그런 시대는 지났다.

김용옥의 크로스텍스트와 이어령의 하이퍼텍스트. 이 둘의 공통점은 바로 자기 이야기를 한다는 데 있다. 그러나 김용옥은 고전 텍스트의 권위라는 프리미엄을 포기하지 않는다. 여전히 동양과 서양, 과거와 현재의 교차적 해석학에 머물고 있다. 이어령은 다르다. 텍스트의 끝없는 해체와 재구성이라는 모험을 시도한다. 어떻게든 자기 이야기를 하려는 것이다. 그래서 '이어령의 마이크'를 뺏을 사람이 없다. 사람이 아무리 많아도 그는 한번 이야기를 시작하면 끝이 없다. 혼자서만 말한다. 제발 좀 귀 기울여 한번 들어보라는 거다. 그는 그래도 된다. 우리가 그의 이야기를 들을 수 있는 날이 그리 많이 남지 않았기 때문이다.

의심하고 해체하고
재구성하라

솔직히 나는 누군가에게 지적 열등감을 느껴본 적이 거의 없다. 아무리 유명한 학자를 만나도 속으론 '그 정도 생각은 나도 한다'며 항상 건방을 떨었다. 그러나 이어령 선생만 만나고 나면 열등감에 풀이 죽는다. 팔십 노인에게 당할 재간이 없다. 매번 좌절이다. 도대체 그런 새로운 이야기가 어떻게 가능하냐고 물었다. 이어령은 아주 단순하다고 했다. 그는 기호학적 개념인 '선택paradigmatic'과 '결합syntagmatic'의 구조를 설명했다.

음악을 작곡할 때 작곡가는 '도-레-미-파-솔-라-시'의 7음 중에서 한 음을 뽑고, 이어지는 음 또한 7음 중에서 하나를 뽑는다. 처음에 '레'를 뽑았다면, 다음에는 '솔'을 뽑고, 그다음에는 '도'를 뽑는 식으로 멜로디를 만들어나간다. 이때 각각의 7음 중에서 한 음을 뽑는 것은 '선택'이다. 그리고 이렇게 뽑힌 각각의 음들을 이어가는 것은 '결합'이다.

음악은 이런 식으로 만들어진다. 새로운 음악을 창조하려면 현존하는 음악의 선택과 결합 구조를 해체하면 된다. 즉, 각각의 음들이 어떻게 선택되었고, 왜 그러한 순서로 결합되었는가를 의심해보면 된다는 말이다. 바흐의 대위법, 모차르트의 오페라와 협주곡, 베토벤의 교향곡은 모두 그런 식으로 창조된 것이다.

더 쉽게 설명해보자. 코스 요리를 먹는다 치자. 애피타이저를 먹을 때 메뉴에 있는 여러 가지 애피타이저 중 하나를 선택한다. 수프도 하나를 고르고, 이어 샐러드를 고르고, 메인 메뉴를 고른다. 마지막으로 디저트를 고른다. 새로운 메뉴는 선택의 종류를 달리하고, 그 선택의 순서를 바꾸면 가능해진다. 창조적 셰프는 이 작업을 끊임없이 시도한다.

텍스트도 마찬가지다. 주어, 술어, 목적어 등으로 구성되는 문장의 결합 구조를 해체하면 된다. 동시에 주어, 술어, 목적어가 선택된 각각의 맥락에서 또 다른 선택의 가능성을 고민한다는 말이다. 이어령은 이 과정을 [그림 1]처럼 그려가며 설명한다.

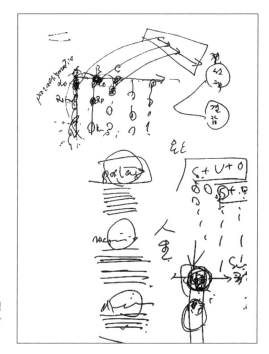

[그림 1]
이어령의 창조적 사유는 '선택과 집중'이 아닌 '선택과 결합'에서 나온다.

이어령은 자신이 어릴 적 품었던 『천자문千字文』에 관한 의심을 이야기했다. 『천자문』의 첫 구절에 문제가 있다는 거다. 사람들은 『천자문』을 몇 시간 만에 외웠다는 양주동을 천재라고 했다. 그러나 이어령은 의문 없이 외우는 것은 아무 의미가 없다고 한다. 그가 『천자문』을 배우며 품었던 의심은 이렇다.

　다들 '하늘 천天 땅 지地 검을 현玄 누를 황黃'의 순서로 외운다. 그러나 '천天 지地 현玄 황黃'의 구조에 대해서는 아무도 의심하지 않는다. 그러나 창조적 독해는 각각의 단어가 '선택'되는 그 기호학적 구조를 의심하는 데서 시작된다. 일단 '하늘은 검고 땅은 누렇다'고 할 때, 왜 하늘을 검다고 하는가에 관해 물어야 한다는 것이다. 정상적인 사람이라면 하늘이 파란 것을 안다. 그런데 왜 다들 '하늘은 검고…'라고 『천자문』을 외우는가. 도대체 이것이 말이 되는 것인가.

　첫 문장부터 이상한 『천자문』을 왜 아무도 의심하지 않고, 1000년 이상 죽어라 외우기만 하느냐는 거다. 이어령은 이런 의심이 가능해야 동양사상에 숨겨져 있는, 방향과 색깔의 연관 구조를 찾아낼 수 있다고 주장한다. 아울러 이렇게 해체할 수 있어야 새로운 시대에 맞는 재구조화, 즉 편집이 가능하다고 설명한다.

　이어령의 질문은 계속된다. 왜 '천天 지地 현玄 황黃'의 순서인가를 의심해야 한다는 거다. 왜 '천天 현玄 지地 황黃'이라 하지 않는가. '천天과 지地'를 함께 묶고, '현玄과 황黃'을 차례로 묶어내는 이 결합 구조에 대해 아무도 의심하지 않는다. 그러나 이런 의심을 할 수 없으면 새로운 생각은 아예 불가능하다.

　이어령은 자신의 하이퍼텍스트적 방법론의 핵심은 텍스트를 해체하는 데 있다고 주장한다. '고전古典'의 '전典' 자는 책을 받들고 있는 모양을 상징화한 것이다. 다들 책, 즉 텍스트를 받들고만 있을 때, 자신은 이 텍스트를 해체하는 일부터 했다는 것이다. 자신의 머리로 납득이 안 되면 일단 들이받았다. 텍스트의 선택과 결합 구조를 해체하는 이어령의 하이퍼텍스트적 사고는 이해 안 되는 것을 묻는 데서 시작한다. 그는 이런 자신의 태도가 뭐 그리 특별하냐고 되묻는다.

이어령은 너무 억울하다고 한다. 어릴 때부터 항상 건방진 놈, 잘난 체하는 놈, 얄미운 놈이라는 욕을 먹고 자랐다. 항상 미움을 받았다. 변변한 불알친구 하나 없다. 자신은 그저 이해 안 되는 것을 질문했을 뿐이었는데, 다들 그렇게 미워했다는 거다. 단지 텍스트만 해체했을 뿐인데, 그토록 힘들고 외롭게 살았다. 그래도 다행인 것은 문학을 한 것이라고 이어령은 고백한다. 자신이 만약 사회 규범이나 도덕을 해체하고, 경제 시스템을 해체하는 정치가나 혁명가가 되었더라면 돌을 맞아 죽어도 벌써 죽었을 것이라고 말이다.

지금도 그는 자신의 서재에서, 세상에서 가장 큰 책상 앞에 앉아, 앞뒤로 놓인 여섯 대의 컴퓨터로 텍스트의 선택과 결합의 구조를 파괴하고 재창조한다. 언제나 그랬듯이, 혼자서.

06 노트와 카드의 차이는 엄청나다

독일에서 13년 유학했지만, 학문적으로 영혼이 흔들릴 만큼 감동적인 경험은 별로 없었다. 애당초 유학을 간 의도 자체가 그리 순수한 학문적 목적이 아니었기 때문이다. 대학 시절 내내, 운동권 언저리를 떠나지 못하다가 아무 생각 없이 졸업했다. 다들 노동운동을 해야 한다고 했다. 그러나 난 정말 노동운동 체질이 아니었다.

대낮에는 교문 앞 전경들에게 돌 던지고, 교내 토론에서는 목소리를 높였지만, 난 철저한 개인주의자였다. 시간이 나면 혼자 뒹굴며 클래식 음악을 들었다. 밤이면 음대 여학생들 뒤꽁무니를 쫓아다녔다. 친구들은 날 '프티부르주아'라고 욕했다. 당시 프티부르주아는 가장 심한 욕이었다. 이미 마음의 결정을 끝낸 친구들은 나를 압박해왔다.

피해 다녔다. 그렇다고 남들처럼 대기업에 취직할 수는 없었다. 매판자본으로 싸잡아 욕하며 투쟁했는데, 어찌 취직할 엄두를 낼 수 있었을까. 결국 유학을 가기로 했다. 그러나 미국으로 갈 수는 없었다. 대학 시절 내내 미제국주의를 비판했는데 어찌 미국에 갈 수 있을까. 그때 '우리 기쁜 젊은 날'은 다 이런 식이었다.

결국 독일로 유학 가기로 했다. 소심한 나는 그 시대적 부담을 달리 피할 방법이 없었다. 내 '비겁한' 동기와는 달리 한국 사회의 변혁을 꾀하기 위해 독일 유학을 택한 사람들도 많았다. 그들 대부분은 베를린자유대학과 마르부르크대학을 택했다. 그곳에는 당시 독일을 대표하는 좌파 학자들이 몰려 있었다. 아직 동서독으로 나뉘어 있을 때였다. 그곳에서 마르크스와 관련된 학문을 하면 어느 정도 자기 위안은 될 것 같았다.

"네 이론은 뭔가?"
독일 지도교수는 다짜고짜 물었다

유학생들에게 독일은 천국이었다. 일단 학비가 들지 않았다. 생활비는 아르바이트로 충분히 벌 수 있었다. 학생들에게는 각종 혜택이 주어졌다. 평생 대학생 신분으로만 사는 이들도 많았다. 도착하자마자 헌책방을 돌아다니며 마르크스·엥겔스 전집을 모았다. 아무 두려움 없이 마르크스의 책을 읽을 수 있다는 사실만으로도 너무 행복했다. 그러나 내 행복은 거기까지였다.

독일 생활을 시작한 지 채 2년도 지나지 않아 베를린 장벽이 무너졌다. 그것도 아주 맥없이, 너무나 황당하게 무너졌다. 그래도 '인간의 얼굴을 한 사회주의'라며 고르바초프의 페레스트로이카에 기대를 거는 친구들도 있었다. 지푸라기라도 잡는 심정이었다. 그러나 불과 몇 년 만에 고르바초프의 소비에트도 아주 망신스럽게 무너지고, 결국 동구 사회주의 전체가 지구상에서 사라져버렸다.

독일로 도망쳐 오기는 했지만, 당시 나는 역사의 맨 앞에 서 있다는 자부심이 있었다. 한국 사회의 대안을 제시하고 싶은 열망도 있었다. 그러나 베를린 장벽이 무너지는 순간, 하루아침에 역사의 가장 뒤꽁무니로 처졌다는 생각이 들었다. 청춘을 송두리째 빼앗긴 듯한 상실감과 자괴감에 고통스러운 시간이 계속되었다.

한국적 상황에서 강요받았던 공부의 방향이 상실되자, 주체적 학습의 내용과 방법론에 대한 고민이 비로소 시작되었다. 왜 공부해야 하는가의 때늦은 질문이기도 했다. 사회Gesellschaft와 문화Kultur의 개념적 차이에 관한 논의에 특히 관심이 갔다. 결국 '문화심리학'으로 내 공부 방향을 결정했다. 새롭게 공부를 시작했다. 정말 열심히 했다.

"Was ist deine Theorie? 네 이론은 뭔가?"

면담 신청을 하고, 몇 달을 기다려 겨우 만난 지도교수가 내게 물었다. 내가 펼쳐놓은 논문 계획서는 읽어보지도 않았다. '내 이론이라니?' 그때까지 나는 단 한 번도 내 이론을 생각해본 적도, 만들 생각도 없었다. 한국에서 겨우 학부를 마쳤을 뿐이었다. 그것도 매일같이 데모, 수업 거부, 시험 거부로 이어진 대학 생활이었다. 내 이론은 무슨!

이론은 학생이 감히 꺼낼 수 있는 것이 아니라고 생각했다. 그런데 지도교수는 이제 막 독일에 정착한 내게, 내 이론이 뭐냐고 묻고 있는 것이다. 없다고 했다. 당신의 이론을 배우러 왔다고 했다. 그러자 나가라고 했다. 석사·박사 논문을 쓰겠다는 학생이 어찌 자기 생각이 없을 수 있느냐는 거다. 남의 이론 요약하는 것으로는 어림 반 푼어치도 없다고 했다. 스스로 제시하고 싶은 이론의 방향을 생각해서 다시 오라고 했다.

주체적 시선으로 공부하고 있느냐는 질문이었다. 학문적 문제의식이 있느냐는 질문이기도 했다. 내 주체적 관점이 분명해야 남의 이론을 흉내 내지 않는다는 뜻이다. 공부하는 방법부터 바꿔야 했다. 지금까지 해온 것처럼 그저 대가의 이론을 이해하고 외우는 것만으로 내 이론 구성은 불가능한 것이었다.

한국 학생들은 노트를
독일 학생들은 카드를 쓴다

도서관에서 독일 학생들이 공부하는 모습을 지켜보니 아주 특이한 모습이 눈에 들어왔다. 대부분 작은 카드에 무엇인가를 정리하고 있었다. 학교 앞 노점상들도 다양한 크기의 카드를 팔고 있었다. 뿐만 아니었다. 카드를 정리하는, 알파벳이 순서대로 적힌 다양한 모양의 상자도 팔고 있었다. 나무, 가죽, 플라스틱 등 모양과 종류도 참 다양했다.

독일인들은 정리에 대한 집단 강박이 있다. 어디든 정리가 안 되어 있으면 너무 불안해한다. 거의 공포 수준이다. 사람이 다치면 달려가 "Alles in Ordnung?"이라고 물어본다. 의역하면 "괜찮습니까?"란 뜻이다. 그러나 글자 그대로 번역하면 "모든 것이 다 잘 정리되어 있습니까?"가 된다. '괜찮은 상태'란 '정리가 제대로 된 상태'를 의미한다. 독일 사람들은 죽어라 정리만 한다. 공장에서도, 사무실에서도, 가정에서도 정리는 의무다. 정리가 '정상'과 '또라이'의 기준이 되기 때문이다.

독일 학생들의 책상 위에는 자신이 공부하며 요약한 카드와 그 카드를 정리하는 카드 박스가 꼭 놓여 있었다. 나는 한국에서의 습관대로 노트를 썼다. 내 한국식 학습 방법의 문제가 그 노트에 있었다. 노트와 카드, 이 둘 사이에는 아주 결정적인 차이가 있었다.

편집 가능성editability이다. 카드는 자기 필요에 따라 다양한 편집이 가능한 반면, 노트는 편집이 불가능하다[사진 1]. 내가 독일에서 배운 것을 하나로 표현하라면 바로 이 편집 가능성이라고 할 수 있다. 그게 전부다. 예를 들면 이런 식이다. 프로이트의 책을 읽으며 자신이 중요하게 여기는 내용을 카드에 정리한다. 카드 맨 위에는 키워드를 적고, 그 밑에는 그것과 연관된 개념, 요즘 식으로 '연관 검색어'을 적고, 출처와 날짜 등을 차례로 적는다. 그리고 카드의 앞·뒷장에 그 내용을 빼곡히 요약한다. 피아제, 비고츠키, 융과 같은 심리학자의 책을 읽을 때도 같은 방식으로 정리해나간다. 이렇게 모인 카드는 주로 알파벳순으로 정리한다. 내가 쓰려는 논문의 순서에 따라 정리하기도 한다. 이 같은 카드 정리는 노트 필기에 비하면 상당히 번잡스럽다.

우리나라 학생들이 독일 학생들에 비해 훨씬 더 많이 공부한다. 정리하고 외우는 양을 따지면, 카드로 공부하는 독일 학생들의 학습량은 노트로 공부하는 우리나라 학생들에게 상대도 안 된다. 독일 역사, 유럽 문화 전반에 관해서도 한국 학생들이 훨씬 더 많이 안다. 그러나 한국 학생들이 따라갈 수 없는 결정적 차이가 있었다.

자기 생각이다. 독일 학생들은 모은 카드를 자신의 생각에 따라 다시 편집한다. 편집할 수 있기 때문에 카드를 쓰는 것이다. 예를 들어 '발달'이라는 개념과 관련된 프로이트, 피아제, 비고츠키, 융의 이론을 자기 기준에 따라 다시 정리한다. 이때 정리는 그저 알파벳순으로 하는 것이

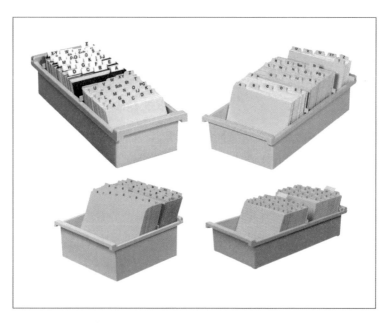

[사진 1] 카드를 사용하면 자신의 이론 구성이 아주 쉬워진다. 카드는 그 '편집 가능성'을 무한히 넓혀준다. 이렇게 편집 가능한 형태로 축적된 자료를 데이터베이스라고 부른다는 것을 나중에 알았다.

아니다. 자신이 설정한 '내적 일관성'을 가지고 카드를 편집하는 것이다. 이렇게 편집된 카드가 바로 자신의 이론이 된다.

우리나라 학생들은 엄청난 양의 노트를 보며 달달 외운다. 그러나 자신의 목록을 별도로 만들 방법이 없다. 일일이 뜯어내지 않는 한, 노트를 재구성할 방법이 없기 때문이다. 그저 남의 이론을 익히고 외울 뿐이다. 그러나 독일 학생들은 카드 목록을 재구성하며 자신의 이론을 만들어간다.

여기서 헷갈리지 말아야 할 아주 중요한 사실이 있다. 카드 편집을 통해 새로운 이론 구성이 가능하려면 편집할 수 있는 카드가 아주 많아야 한다는 것이다. 편집의 재료가 많아야 한다는 뜻이다. 고작해야 카드 몇 장으로 아무리 뒤섞어봐야 거기서 거기다. 제한된 카드로 잔머리 굴리며 자꾸 뒤섞어 내놓는 행위를 전문용어로 '순 구라'라고 한다.

남의 이론을 많이, 그리고 열심히 공부해야 하는 이유는 편집할 수 있는 카드를 많이 만들기 위해서다. '실력이 있다'는 것은 편집할 수 있는 자료가 많다는 뜻이다. 이렇게 카드로 축적된, 편집 가능한 자료를 데이터베이스database라고 한다. 이 같은 데이터베이스를 만들기가 오늘날에는 너무 쉬워졌다. 예전에는 일일이 책을 읽으며 옮겨 적어야 했다. 그러나 이제는 그저 검색하고 'Ctrl+C' 'Ctrl+V' 하면 된다. 이제 실력은 '잘 찾아내는 것know-where'에 있다. '검색'이 곧 실력이라는 뜻이다.

다음 카페와 네이버 지식인의 결정적 차이

컴퓨터 통신이 처음 시작됐을 때다. 젊은이들은 나우누리, 천리안에 들어가 밤새 컴퓨터 통신을 했다. 사실 매번 키보드를 두드려야 하는 컴퓨터 통신은 전화에 비해 매우 불편했다. 그런데도 젊은이들은 컴퓨터 통신에 열광했다. 왜 그랬을까?

물론 익명성도 중요한 요인이다. 내 생각을 아무 '필터링' 없이 표현할 수 있다는 것은 인터넷의 아주 큰 미덕이기도 하다. (그러나 익명성은 때로 집단 테러의 수단이 되기도 한다.) 익명성보다 더 결정적인 컴퓨터 통신의 매력은 따로 있다. '떼'로 모여 놀 수 있기 때문이다. 그러나 오프라인과 달리 자신들이 도대체 어디서 모여 놀고 있는지 전혀 모른다. 전화 통화에서는 상대방의 위치가 분명하다. 전화는 공간적 위치가 확실한 둘 사이를 연결해줄 뿐이다. 그러나 컴퓨터 통신의 '장소성'은 그때까지 전혀 경험할 수 없었던 아주 생소하고 신기한 것이었다. 인터넷 공간 어딘가에 떼로 모여 놀기는 하는데, 도무지 어디에 있는가를 알 방법이 없다. 그래서 '공간이 아닌 공간', 즉 가상공간cyberspace인 거다.

　구체적 장소성이 부재하는 새로운 공간적 경험에 매료된 젊은이들이 모여들기 시작하자 '다음Daum'이라는 포털 사이트가 나타난다. 그리고 떼로 모여 놀 수 있는 시스템을 마련해준다. 바로 '카페'다. 다음은 카페를 만들며 사이버스페이스의 춘추전국시대를 단번에 평정해버렸다. 다음 이전의 컴퓨터 통신은 오프라인에서의 모임을 준비하는 성격이 강했다. 그래서 느닷없이, 내키면 모이는 '번개'가 유행했다. 미리미리 약속을 잡아야 하는 번거로운 절차가 생략된 것이다.

　다음에 카페가 생기자 사이버스페이스상의 만남이 가지는 의미가 변하기 시작했다. 더 이상 온라인은 오프라인의 준비 과정이 아니었다. 온라인 자체만으로도 존재해야 할 충분한 의미가 생긴 것이다. 자기 관심사에 따라 언제든 떼로 모여 놀 수 있고, 놀아도 된다는 이데올로기가 가능해졌다. 사람들은 제각기 다음에 카페를 꾸미고, 전혀 모르는 이들과 떼로 모여 놀기 시작했다.

　'재미 공동체'의 시작이다. 그러나 다음의 시대는 거기까지였다. 다음은 도대체 왜 사람들이 떼로 모여 놀려고 하는가에 관한 '집단 심리학적 동기'에 대해 무지했다. 별로 알려고도 하지 않았다. 그 사이를 비집고 네이버가 나타난다.

오늘날 다음의 존재감은 희미하다. 물론 요즘도 간간이 실력을 발휘할 때가 있다. 오프라인과 연계될 때다. 촛불집회 같은 오프라인상의 이벤트가 있으면 다음은 화려해진다. 카페의 다음이기 때문이다. 그러나 잡다한 컴퓨터 통신사를 단번에 평정했던 그 시절의 다음이 아니다.

네이버는 온라인에서 사람들이 막연히 원하는 것을 구체화했다. 왜 사람들이 카페를 만들고 모이려 하는지, 그 무의식적 동기를 시스템적으로 구현했다. 지식을 찾고 제공하고 공유하는 '지식 검색'이다. 네이버의 지식 검색은 무한한 편집 가능성의 세계를 열어주었다. 아울러 '블로그'를 통해 사람들은 전문가의 영역이었던 데이터베이스를 각자 구현할 수 있게 되었다.

독일 학생들의 카드 편집과 같은 주체적 지식을 편집할 수 있는 가능성이 열린 것이다. 꼭 엄청난 이론이 아니어도 아무 상관없었다. 내가 좋아하는 것들에 관해 포스팅하고, 비슷한 관심을 가진 이들과 지식을 공유하는 것만으로도 너무나 행복한 블로거들의 세상이 열린 것이다. '재미 공동체(다음)'에서 '지식 공동체(네이버)'로의 이동이다.

07 편집 가능성이 있어야 좋은 지식이다

'권력'도 지식이다. 대통령이 새로 선출되면 각 부처의 장을 새로 임명한다. 단순히 부처의 장을 바꾸는 데서 멈추지 않는다. 아예 없던 부처가 생기고, 멀쩡하던 조직이 사라지기도 한다. 심심해서 그러는 게 아니다. 권력을 잡은 사람은 이전의 권력자와는 다른 방식으로 일하고 싶어한다. 자신이 아는 방식으로 권력을 재편하는 것이다. 자신의 지식에 따라 조직을 편집한다는 말이다.

예를 들어, 이명박 정부가 들어서면서 새로 생긴 부처는 국토해양부였다. 이전의 건설교통부가 확대 개편된 것이다. 반면 노무현 정부 때 만들어진 정보통신부는 해체되어 지식경제부로 흡수되었다. 노무현 대통령은 스스로 컴퓨터 프로그래밍을 할 수 있는 수준이었다. 유서도 컴퓨터 문서로 작성할 정도였다. 노무현 정부에서 정보통신부가 생긴 것은 전혀 이상한 일이 아니다.

이명박 정부의 부처 개편은 이명박 대통령의 경력을 안다면 당연한 결과다. 그는 현대건설 사장 출신이다. 그의 토목 건설 지식에 따라 정부를 편집한 것이다. 4대강 사업과 같은 이명박 정부의 핵심 사업들은 그의 토목 건설 지식이 국토해양부라는 구체적 조직을 통해 구현된 것이다. 그의 4대강 사업 의지는 대통령직에서 물러나기 전에는 절대 못 꺾는 거였다. 자신의 지식을 포기하라는 것은 죽으라는 것과 마찬가지기 때문이다.

아리송한 것은 박근혜 정부의 미래창조과학부다. 첫 장관 임명 때부터 국민들은 많이 헷갈려 했다. '미래'나 '창조'라는 추상적 개념 자체가 정부 조직의 이름으로는 참으로 애매하다. 내 이론대로라면 미래창조과학부는 박근혜 대통령의 지식에 따라 만들어진 조직이어야만 한다. 그러나 이제까지 박근혜 대통령의 활동과 주장을 고려해보면 많이 뜬금없다. 미래창조과학부가 무슨 활동을 했는지 국민들도 별로 아는 바가 없다. 박근혜 대통령의 지식과는 전혀 상관없는 정부 부처가 만들어졌다고밖엔 설명할 도리가 없다. 헤매는 것은 당연하다. (박근혜 정부 몰락 한참 전에 쓴 내용이다. 내 예상대로 박근혜의 '창조경제'는 '말 타는 처녀'나 후원하며 처참하게 무너졌다.)

계층적 지식과
네트워크적 지식

'기업'도 지식이다. 기업의 각 세부 조직은 시장에 대응하는 경영자의 지식이 반영된 결과다. 조직 개편은 그 지식의 재구조화다. 같은 분야의 기업이라도 그 기업의 조직도를 보면 경영자가 시장을 파악하는 지식이 한눈에 들어온다. 예를 들어 기업금융을 주로 하는 은행과 가계금융을 주로 하는 은행의 조직은 다르다. 분위기도 사뭇 다르다. 시장에 대응하는 기업의 경영 지식이 조직도에도 그대로 반영된 결과다.

정부나 기업의 조직이 전제하고 있는 이 같은 지식은 계층구조를 가진 권력지향적 지식이다. 트리tree식 계층구조로 되어 있는 지식 체계, 즉 '계층적 지식'은 우리에게 아주 익숙하다. 우리가 이제까지 학교에서 배웠던 지식이 대부분 계층적 지식이기 때문이다.

생물 시간에 죽어라 외웠던 '계, 문, 강, 목, 과, 속, 종'처럼 순차적으로 분류해나가는 칼 린네Carl von Linne의 생물분류 체계가 대표적인 계층적 지식이다. 세계 최초의 백과사전을 제작한 드니 디드로Denis Diderot는 인간 정신의 기능을 '기억, 이성, 상상력'으로 나눈 프랜시스 베이컨Francis Bacon의 분류에 따라 인간의 지식을 분류했다. 기억에는 역사를, 이성에는 철학과 과학을, 상상력에는 시와 예술을 대응시켜 세상에 존재하는 모든 지식을 이 세 분야의 하위 분과에 배치했다. 백과사전의 본질 또한 트리식 분류에 따른 계층적 지식이다. 세계의 거의 모든 도서관에서 사용되는 듀이십진분류법 또한 마찬가지다.

계층적 지식은 인류가 문자를 처음 사용할 때부터 존재했다. 그리스 신화에 나오는 제우스의 가계도가 체계적인 트리식 분류 방식의 첫 번째 형태다. 『신약성서』를 펼치면 제일 먼저 나오는 '누가 누구를 낳고…'가 무한 반복되는 예수의 족보 역시 트리식 분류 방식이다. 오늘날까지 인류가 발전시킨 지식은 이 같은 계층적 분류 방식에서 그다지 멀리 나아가지 못한다.

트리식으로 구조화되어 있는 계층적 지식에는 항상 권력 체계가 반영되어 있다. 과장보다는 부장이 힘이 세고, 부장보다는 이사, 부사장이 높다. 지위가 높아질수록 보다 상위 지식 체계를 다룬다. 지식의 체계적 관리를 담당하는 대학에서도 마찬가지다. 교수는 학과장의 허가를 받아야 하고, 학과장은 학장의 허가를 받아야 한다. 학장은 총장의 허가를 받아야 움직일 수 있다. 아는 것이 힘이 아니다. 힘이 있는 만큼 아는 것이 많아진다.

관청을 방문해보면 바로 권력적 속성을 갖는 계층적 지식을 확실하게 경험할 수 있다. 관청을 방문해 그곳의 최고 책임자를 만나려면 접견실에서 기다려야 한다. 관청의 접견실은 다 똑같다. 일단 높은 사람은 각진 가죽 의자에 앉는다. 대부분 '레자'라 불리는 가짜 가죽이다. 그리고 그 옆에는 인터폰, 전화기 등이 놓인 작은 테이블이 있다.

방문자와 책임자 사이에 놓여 있는 티테이블에는 죄다 초록색 부직포가 깔려 있다. 그 위에는 유리가 덮여 있고, 그 사이에는 해당 관청의 조직 체계를 한눈에 알 수 있는 조직도가 끼워져 있다. 최고 책임자는 언제라도 이 조직도를 들여다볼 수 있어야 한다. 권력은 트리식 조직도로 구현되는 계층적 지식이기 때문이다.

그러나 인터넷이 보편화되면서 수천 년간 지탱해온 권력적 지식 구조는 그 기초부터 흔들리기 시작한다. 트리식 분류에 따른 계층적 지식과는 전혀 다른 지식 체계가 나타났기 때문이다. 네트워크로 연결되는 지식이 바로 그것이다. '날아다니는 생각'을 마우스와 터치로 잡아내는, 하이퍼텍스트의 시대에 걸맞은 새로운 지식 체계가 출현한 것이다.

네트워크적 지식의 탄생,
폭소노미

온라인과 오프라인의 상호작용은 근본적으로 다르다. 오프라인에서의 만남은 정서 공유를 통한 상호작용을 목적으로 한다. 그러나 온라인에서 활동하는 가장 큰 동기는 관심의 공유, 즉 지식과 정보의 공유다. 쉽게 말해 공부하고 싶다는 거다. 공부라고 표현하면 다들 좀 당황스러워한다.

공부는 학교에서 '억지로 배우는 것'으로만 생각하기 때문이다. 그래서 학교에서 배우는 것은 죄다 지겹다. 아동 창의성 연구의 최고 전문가인 성균관대 최인수 교수는 아예 이렇게 말한다. "아이들에게 컴퓨터 게임을 못하게 하는 방법은 아주 간단하다. 학교에서 가르치면 된다!"

'학교school'의 어원은 그리스어로 '스콜레scole'다. 스콜레는 '여가를 즐기는 것' '교양을 쌓는 것' 등을 뜻한다. 그러니까 공부한다는 것은 본래 '삶을 즐기기 위한 기술을 배우는 것'을 뜻한다. 실제로 가장 행복한 것은 공부하는 거다. 노후의 가장 훌륭한 대책도 뭔가를 배우는 거다. 그러나 근대 이전에는 국가와 신에게 봉사하기 위한 공부가 전부였고, 근대 이후에는 '남의 돈 따먹기'를 준비하는 것이 공부의 목적이 되어버렸다.

자신이 정말 좋아하는 것을 배울 수 있는 기회를 박탈당한 현대인에게 온라인은 새로운 학습 공간이 되었다. 물론 대부분은 허접한 놀이로 인터넷 공간을 채운다. 특히 매번 음식 사진이나 잔뜩 올려놓고 '힐링, 나에게 주는 선물…' 어쩌고 하면 아주 환장한다. 그러나 지식편집의 즐거움을 한번 깨닫게 되면 인터넷 서핑처럼 즐거운 경험이 또 없다. 예를 들어, 사진을 좋아하는 이들은 사진기와 관련된 새로운 정보를 언제든지 인터넷을 통해 학습할 수 있고, 고양이나 자동차를 좋아하는 이들은 비슷한 관심사를 가진 사람들과 함께 얼마든지 지식을 공유할 수 있다. 이런 공부가 진짜 공부다. 놀다 보면 공부가 저절로 되기 때문이다. 지식을 공유하는 온라인 커뮤니티는 혈연, 지연, 학연을 떠난, 진정한 의미의 지식 공동체가 된다.

포털 사이트는 이러한 지식 공동체를 시스템적으로 구현해놓은 곳이다. 사람들은 자발적으로 자신이 가진 모든 지식을 포털 사이트 곳곳에 올려놓는다. 새로운 정보와 지식을 올려놓으면, 그 자료를 퍼가는 이들로부터 감사와 찬사를 받는다. 새로운 형태의 '인정투쟁'이다. 가끔은 '파워블로거'가 되어 온라인상의 '지식권력자'가 되기도 한다.

블로거들은 이런 '지식 공유의 장'을 무한정 제공하는 네이버와 같은 포털 사이트에 그저 감사할 따름이다. 그러나 지식 공유의 더 큰 수혜자는 오히려 포털 사이트다. 포털 사이트는 각 블로거들이 올려놓은 온갖 종류의 지식을 분류하고 체계화한다. 마치 미국의 심리학 교과서가 한국 심리학자들에게 지식권력의 표준이 되는 것처럼, 포털 사이트에서 체계화된 지식은 새로운 권력이 된다.

열성 블로거들은 거의 강박적으로 글을 올린다. 그들의 존재는 포스팅posting으로 확인된다. 이때 자신의 글이 쉽게 그리고 자주 검색되도록 하기 위해 태그tag를 붙인다. 일종의 연관 검색어 같은 것들이다. 프로이트와 관련된 글을 쓰고는 이와 연관 있는 각종 키워드들, 예를 들면 '정신분석' '콤플렉스' 등을 태그로 붙여놓는 식이다.

포털 사이트는 이 태그들을 모아 각 태그들이 겹치는 지점을 찾아낸다. 그 결과, 이제까지는 볼 수 없었던 지식의 새로운 분류법이 생겨난다. 폭소노미folksonomy다. 폭소노미는 'folk' 'order' 'nomous'의 합성어로 '사람들에 의한 분류법'이란 뜻이다. 소수 전문가들에 의한 분류법을 뜻하는 '탁소노미taxonomy'에 빗댄 표현이다[그림 1, 2].

기존의 지식은 앞서 설명한 대로 트리식 계층구조다. '학문-심리학-발달심리학-인지발달-…'과 같이 소수의 상위 범주 지식과 다수의 하위 범주 지식으로 나뉜다. 외국 유학을 가면 대부분 이 하위 분야의 실험 결과만 처리하다가 돌아온다. 그래서 '쓰레기 처리'라는 자조 섞인 표현을 쓰기도 한다. 지식의 상위 구조가 어떻게 구성되는지는 구경도 못한다. 트리식 계층구조의 지식은 권위적이고 권력적이다. 변화도 아주 느리다.

폭소노미의 지식은 전혀 다른 방식으로 구성된다. 이리 튀고 저리 튀는 하이퍼텍스트식의 탈脫중심화된, 상호 텍스트 구조로 편집된다. 한마디로 네트워크적이다. 발달심리학과 생리학이 연결되기도 하고, 심리학과 지식고고학이 연결되기도 한다.

오늘날 대학의 교과서나 브리태니커와 같은 계층적 지식권력은 더이상 세상을 지배하지 않는다. 그 빈틈을 뚫고 네이버나 구글, 위키피디아와 같은 네트워크형의 새로운 지식권력이 나타났다. 그렇다고 트리식 계층구조의 지식이 완전히 사라지는 것은 아니다. 인간 사회에서 권력이 평등하게 분배된 완전 평등 사회란 불가능하기 때문이다. 그러나 영원한 권력도 없다.

권력구조는 바뀌고 지배의 양상 또한 변화하게 되어 있다. 네트워크적 지식의 등장은 계층적 지식을 기반으로 하는 권력구조의 변화를 가

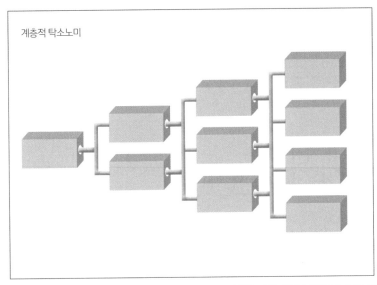

계층적 탁소노미

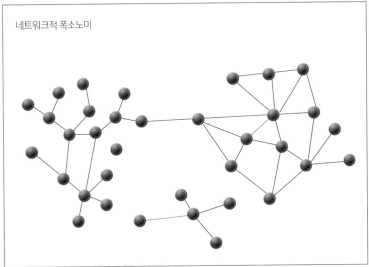

네트워크적 폭소노미

[그림 1, 2]
검색으로 구현되는 지식의 축적은 일부 전문가들에 의한 계층적 탁소노미와는 구별되는 새로운 분류법을 낳았다. 네트워크적 폭소노미가 바로 그것이다. (출처: 알렉스 라이트 저, 『분류의 역사』)

속화한다. 계층적 지식이 지금까지처럼 그렇게 완고하게 버틸 수는 없다. 지식권력의 변화는 순식간에, 자주, 그리고 매우 혁명적으로 일어난다.

새로운 지식권력은 편집 가능성에서 나온다

21세기에 들어서면서 인류는 계층적 지식과 네트워크적 지식이 공존하는, 이제까지 전혀 볼 수 없었던 새로운 방식의 지식편집 구조를 경험하게 된다. 변혁의 시작은 '검색search'이었다. 트리식 계층구조를 위로부터 일일이 헤집고 찾아 들어가지 않아도, 그저 간단한 단어의 입력만으로 원하는 지식을 죄다 건져 올릴 수 있게 된 것이다. 그렇다고 포털 사이트에 들어가 검색하는 것만으로 새로운 지식이 만들어지는 것은 아니다.

검색된 정보들을 편집해 새로운 지식의 네트워크를 만들어야 한다. 처리 가능한 데이터베이스가 크면 클수록 편집의 범위는 넓어진다. 이제까지 전혀 관계없어 보였던 정보와 정보들 간의 새로운 연관 관계가 발견된다. '검색엔진'이 '발견엔진'으로 승화하는 순간이다.

정보와 정보의 새로운 편집을 가능케 하는 창조적 발견은 절대 논리적 사유로 가능한 것이 아니다. 논리적 사유의 전형적 형태인 연역법deduction과 귀납법induction은 순환논리다. 주어진 법칙을 통해 사례를 설명하는 연역법은 설명적 추론explicative inference이다. 현상을 기존 법칙으로 설명할 뿐, 새로운 인식과는 상관없다. 그 반대인 귀납법도 마찬가지다. 사례에서 법칙을 이끌어내는 귀납법은 평가적 추론evaluative inference에 지나지 않는다. 다시 말해 연역법은 그 현상이 '반드시must' 그래야만 한다는 것을 보여주고, 귀납법은 그 현상이 '실제로actually' 그렇다는 것만을 이야기할 뿐이다.

미국의 논리철학자 찰스 퍼스Charles S. Peirce는 창조적 사유를 가능케하는 제3의 추리법을 주장한다. 유추법abduction이다. '혹시 그런 게 아닐까?' 하는 '아마도may be'의 창조적 추론innovative inference을 뜻한다. 검색이 발견으로 이어지는 것은 바로 이 같은 '아마도'의 질문 때문이다.

1960년대 미국 하버드대학의 대학원생이었던 마사 매클린톡Martha McClintock은 기숙사 근처 상점에 생리대를 사러 가면 매번 물건이 동난 것을 의아하게 생각했다. 평소 매대에 가득했던 물건이 자신이 필요할 때면 꼭 다 팔렸다는 것이다. 단지 우연의 일치일 수는 없다는 생각에 그녀는 이 의문을 집요하게 추적한다. 수년간의 연구 끝에 그녀는 '생리 주기 동조화 현상'을 1971년 「네이처」에 발표했다. 함께 생활하는 여학생들의 생리 주기가 시간이 흐를수록 점점 비슷해지는 현상을 보인다는 것이다. 매클린톡 효과McClintock effect라고도 불리는 이 현상의 발견은 정보와 정보의 관계에 관한 '아마도'라는 창의적 추론에서 시작한 것이다.

단순한 검색이나 서핑과 구별되는 발견 과정을 데이터마이닝datamining이라고 부른다. 요즘 요란한 빅데이터big data에 관한 논의는 바로 이 데이터마이닝에 관한 것이다. 사방에 상상도 못할 정도로 축적된 디지털 데이터들을 어떻게든 연결시켜 의미 있는 해석 방법을 찾아내려는 시도다. 전혀 예상치 못했던 데이터들의 상관관계를 찾아내는 '빅 데이터 큐레이터big data curator'라는 새로운 직업이 미래의 유망 직종으로 점쳐지기도 한다.

이제까지 전혀 상관없어 보였던 데이터들 간의 연관 관계를 발견하는 데이터마이닝 혹은 데이터큐레이팅의 대부분은 상당히 심리학적이다. 예를 들어, 미국의 인터넷 서점 아마존은 내가 지금까지 아마존에서 검색하고 구입한 책의 목록으로 내 취향과 관심 영역을 정확하게 파악하고 있다. 그 데이터를 기초로 내 관심 분야의 책이 나올 때마다 잊지 않고 꼬박꼬박 알려준다. 엄청 친절하다. 아마존의 광고 메일만으로도 내 관심 분야의 최신 트렌드를 알게 되고, 내가 미처 발견하지 못했던 정보까지도 얻을 수 있다.

애플의 아이팟 셔플의 성공 비결도 각 개인에게 맞춤화된 심리학적 데이터마이닝에 있다. 셔플shuffle, 즉 교묘하게 뒤섞는 기능을 가진 성냥갑만 한 아이팟 셔플은 중독성이 강하다. 자신의 기분에 맞는 음악을 귀신같이 알아준다고 해서 '아이팟 고스트 신드롬'까지 생겨났다. 아이팟 셔플은 음악을 단순히 섞어서 들려주는 여타 MP3 기기와는 근본적으로 다르다.

아이팟 셔플은 그날그날 내가 듣고 싶은 음악을, 이미 저장된 내 음악 취향과 청취 방식에 맞춰 메인 컴퓨터로부터 선별해 옮겨준다. 어떻게 이렇게 작은 기계가 내 하루하루의 기분을 알아맞히는지 놀라울 따름이다. 테이크아웃 음악을 매일 다르게 편집해 들려주는 '나만의 DJ'를 아주 저렴한 가격으로 고용한 기분이다.

페이스북이나 블로그에 포스팅된 글을 통해 글쓴이의 심리 상태나 생활 패턴을 데이터마이닝해서 병원 마케팅에 응용하려는 시도를 하기도 한다. 가끔 남의 블로그를 들여다보면 정신 상태가 애매한 이들이 의외로 많다. 상습적인 악플러의 경우는 정말 심각하다. 인터넷상에서의 감정 전염emotional contagion은 의외로 빠르고 치명적이다. 생물학적 바이러스만이 방역의 대상이 아니다. 인간에게 파괴적 감성을 심고 공동체를 파괴하는 '디지털 바이러스'도 방역 대상이다. (컴퓨터를 먹통으로 만드는 그 바이러스를 말하는 게 아니다.)

검색과 발견을 통한 지식의 에디톨로지가 미래의 지식권력을 결정한다. 계층적 지식과 네트워크적 지식의 '편집 가능성editability'이 지식의 효용성을 판단하는 기준이 된다. 장기적인 관점에서 애플이 구글을 이기기 어렵다는 예언은 바로 이 편집 가능성 때문이다. 단지 스티브 잡스가 죽어서가 아니다. 잡스가 고집한 애플 생태계의 폐쇄적인 구조로는 데이터의 축적과 편집 가능성에 한계가 있기 때문이다.

검증 가능성-반증 가능성-편집 가능성

과학과 비과학을 결정하는 기준으로 논리실증주의자들은 '검증 가능성verifiability'을 주장한다. 경험적으로 검증 가능한 이론만이 과학적 지식이 될 수 있다는 주장이다. 칼 포퍼Karl R. Popper는 인간의 경험은 시공간적으로 한계가 있기에 모든 것을 다 경험할 수는 없다며 논리실증주의의 검증 가능성을 비판한다.

포퍼는 과학적 지식과 비과학적 지식의 기준으로 '반증 가능성 falsifiability'을 내세운다. '백조는 희다'는 가설을 검증하기 위해 세상의 모든 백조를 검증할 수는 없지만, 검은 백조 한 마리만 발견되어도 그 가설은 틀린 것이 된다. 모든 지식은 이렇게 반증의 사례가 발견될 때까지만 한시적으로 옳은 것이고, 과학적 지식은 이렇듯 반증할 수 있는 가능성이 열려 있어야 한다는 뜻이다.

포퍼에 따르면 마르크스 이론이나 프로이트 이론은 비과학적이다. 반증 자체가 아예 불가능하기 때문이다. 내부의 논리구조는 그럴듯하지만, 이론의 옳고 그름을 판단할 가능성 자체가 아예 닫혀 있다. 그러나 포퍼의 과학과 비과학을 나누는 반증 가능성에는 시간이라는 요인이 빠져 있다. 시간의 흐름에 따라 구성되고 변화하는 '구성주의적 세계관'과는 거리가 먼, 낡은 실증주의적 세계관의 변종이다. 주체적 행위의 개입이 불가능한, 인식의 주체와 개체가 철저하게 격리된 세계관일 따름이다.

21세기에는 지식의 옳고 그름을 따지는 것 자체가 그리 중요한 사안이 아니다. 증명해야 하고 확인해야 할 '객관적 세계'에 관한 신념 자체가 폐기된 지 오래되었기 때문이다. 지식의 옳고 그름보다는 '좋은 지식'과 '좋지 않은 지식'으로 구분하는 것이 더 구체적이고 실용적이다. 좋은 지식의 기준은 편집 가능성에 있다. 현재진행형의 세계와 상호작용하며 변화를 가능케 하는 주체적 행위가 가능한 지식이 좋은 지식이다. 편집 가능성이 있는 지식이 좋은 지식인 것이다.

08 예능 프로그램은 자막으로 완성된다

한때 〈명작 스캔들〉이라는 KBS 교양 프로그램에 MC로 출연한 적이 있다. 음악, 미술의 명작들을 대중이 이해할 수 있도록 재미있게 소개하는 프로그램이다. PD들은 전 세계를 돌아다니며 자료 영상을 준비해왔다. 그 영상을 보고 스튜디오의 전문가들이 서로 자신의 생각을 나누는 프로그램이었다. 취지도 좋았고, 내용도 아주 훌륭했다. 타 방송사 PD들이 모두 부러워했다. 해외에서 상도 받았다. 그러나 시청률은 매번 바닥이었다. 개편 철만 되면 프로그램 폐지 이야기가 나왔다. 결국 1년을 조금 넘기고 〈명작 스캔들〉은 폐지되었다.

스튜디오에 초청된 전문가들이 굳은 표정으로 어려운 단어만 늘어놓았기 때문이다. 예나 지금이나 세상 모든 전문가들은 자신의 전문영역을 일반인들이 알아듣기 쉽게 이야기하면 밥줄이 끊긴다고 생각한다. 좀 쉽고 재미있게 설명해달라고 하면 전문가들 사이에서 왕따를 당하고 '돌팔이' 소리 듣는다는 볼멘소리도 나온다. 예술의 존엄을 훼손하는 〈명작 스캔들〉 따위에는 출연하지 않겠다는 '나름 전문가'도 실제 있었다.

프로그램을 담당하던 PD 중에 항상 즐거운 표정의 송영석 PD가 있었다. 하나같이 굳은 표정의 교양국 소속 PD들과는 많이 달랐다. 나는 그에게 전문가 멘트가 너무 지루하니, 화면 아래에 좀 재미있는 '자막'을 넣으면 어떻겠느냐고 조심스럽게 제안했다. 사람 좋은 송 PD는 흔쾌히 동의했다. 그는 화면 아래에 온갖 흥미로운 자막을 집어넣었다. 실제로 자막이 들어간 방송은 이전보다 훨씬 재미있다는 반응이었다. 그러나 방송이 나간 다음 날 송 PD는 교양국 윗사람에게 호출당해 호되게 야단맞았다. '교양국에서 예능 프로를 했다'는 이유였다.

예능 프로그램은 어떻게 시작됐을까?

언젠가부터 예능이라는 용어가 아주 익숙해졌다. 사실 2000년대에 들어서기 전까지만 해도 예능 프로그램이란 아주 낯선 용어였다. 그 이전의 TV 프로그램은 드라마, 쇼, 오락, 시사교양 등으로 나뉘었다. 예능이라는 용어는 없었다. 그런데 요즘은 쇼나 오락 대신 예능이라는 표현을 더 많이 쓴다. 예능은 원래 예술적 능력을 지칭하거나 연극, 영화, 음악 등의 영역을 총체적으로 일컫는 단어다. 그런데 요즘은 거의 '재미있는 TV 프로그램'의 뜻으로만 쓰인다. 가만히 들여다보면 예능은 상당히 헷갈리는 용어다. 도무지 기준이 애매하다. 도대체 어디까지가 예능 프로그램이고, 어디부터가 예능 프로그램이 아닌 것일까?

바로 '자막'이다. TV의 자막 유무가 예능과 여타 프로그램을 구별 짓는 가장 중요한 요인이다. 송 PD가 교양국의 윗사람에게 혼나고 온 것도 예능국의 전유물인 자막을 사용했기 때문이었다. 교양국 PD들이 제작하는 프로그램에 '그따위 유치한' 예능적 자막을 사용해서는 안 된다는 불문율이 있다는 것을 나는 전혀 몰랐다.

사실 기원을 따져보자면 자막은 철저히 교양적이다. 뉴스 등의 중요한 시사교양 프로그램에서 청각 장애인들의 이해를 돕기 위해 도입된 보조 수단이었기 때문이다. 그러나 언젠가부터 자막이 쇼·오락 프로그램에 마구 등장하기 시작했다. 시사교양의 자막과는 그 형식과 내용이 전혀 달랐다. 시사교양의 자막은 등장인물의 말하는 내용과 100퍼센트 일치한다. 그러나 예능 프로그램에 새롭게 등장한 자막은 다르다. 출연자가 말하는 내용도 있지만, 그 이외의 내용도 있다. 아니, 실제 멘트가 아닌 내용이 오히려 더 많다.

10년 가까이 최고의 시청률을 놓치지 않았던 MBC 〈무한도전〉의 한 장면을 살펴보자. 박명수와 유재석 사이의 대화다.

박명수: (어금니 꽉) "다음 달이면 부인이 출산하시지요?"
유재석: (무슨 소리) "다다다음 달입니다."
박명수: "그럼 다다음 달에 출산하는 분은 누구입니까?"
(해골 그림)
(모함개그 되치기)
유재석: (못 참아) "지금 여기서 바로 저분 고소할 수 없습니까?"
(초반 치열한 신경전)

박명수와 유재석이 나누는, 불과 12초에 불과한 대화에 나오는 자막이다. 두 사람이 실제 나눈 대화는 이 자막의 절반에 불과하다. 두 사람의 행동에 대한 설명과 그림, 그리고 다양한 시각 효과가 실제 멘트보다 더 많다. 사람들은 그 많은 자막의 정보를 화면과 동시에 처리하느라 정신없이 몰입한다. 외국에서 살다가 오랜만에 들어온 사람들은 정신 산만하다며 어쩔 줄 몰라 한다.

그렇다면 두 사람의 대화 중 괄호 안에 들어가 있는 자막의 주체는 도대체 누구인가? 박명수나 유재석일 경우도 있지만, 꼭 두 사람이 아닌 경우도 많다. 자막의 주체는 장면을 편집하는 PD일 수도 있고, 시청자일 수도 있다. 자막은 그 상황에 대한 부가적인 설명일 때도 있고, 의성어나 의태어일 수도 있다. 요즘은 화려한 'CG; computer graphics'가 자막의 중요한 요소로 사용된다. 출연자의 얼굴에 땀이나 눈물을 그려넣기도 하고, 눈에서 레이저가 나오거나 머리 위로 비가 쏟아지기도 한다. 이같이 화려한 자막을 통해 시청자는 자막이 없을 때와는 질적으로 다른 정서적 경험을 체험하게 된다.

〈무한도전〉이 그토록 오랫동안 시청자의 사랑을 받을 수 있었던 것은 바로 이 자막의 힘에 있다. 자막은 PD의 영역이다. 물론 작가의 도움이 필요하긴 하지만, 영상의 편집과 맞물려 효과를 극대화할 수 있는 영역에 자막을 넣는 것은 전적으로 PD의 책임이다.

수십 대의 카메라가 녹화한 화면을 오직 하나의 화면으로 편집해내야 하는 PD나 영화감독은 이 시대 최고의 편집자다. 뛰어난 에디톨로지적 능력을 발휘해야만 살아남을 수 있다. '제7의 멤버'로 불리는 〈무한도전〉의 김태호 PD가 만드는 자막은 이제까지 우리가 봐왔던 예능 프로그램의 자막과는 질적으로 다른 차원을 보여주었다. 그래서 그토록 인기가 있었던 거다.

사실 영상과 음악의 편집이란 우리에게 아주 익숙한 방식이었다. 음악이 빠진 영상이 오히려 낯설다. 그러나 자막은 다르다. 이렇게 '난삽한' 예능 프로그램식 자막은 지극히 최근의 일이다. 영상과 음악만 편집하는 시사교양 프로그램 PD와는 달리, 예능 프로그램의 PD는 자막이라는 또 다른 편집 수단을 가지게 된 것이다. 그 결과 지금까지 전혀 경험할 수 없었던 새로운 차원의 재미를 창조할 수 있게 된 것이다.

영상에 실제 나오는 목소리뿐만 아니라 다양한 가공의 목소리를 창조해내는 것은 미하일 바흐친Mikhail Bakhtin 소설 미학의 '폴리포니 polyphony, 다성성多聲性'의 영상적 재창조라고 할 수 있다. 바흐친의 폴리포니란, 음악에서 2성부 이상의 선율이 서로 대위법적으로 얽혀 들어가며 이제까지 없었던 음악적 감동을 창조해내는 것처럼, 소설 또한 무수한 등장인물들의 목소리가 서로 맞부딪치며 갈등과 화해의 화음을 만들어낸다는 주장이다.

예능 프로그램의 시청자들은 출연자의 멘트뿐만 아니라 쉴 새 없이 쏟아지는 자막을 정신없이 좇아가야 한다. 수많은 목소리가 뒤섞이는 PD의 편집 화면은 시청자로 하여금 TV 안으로 빠져들도록 만든다. 예능 프로그램의 재미는 소설, 음악, 영상의 재미가 포괄적으로 편집된, 총체적 경험이라 해도 지나친 말이 아니다. 미국이나 독일의 TV에서 이런 식의 자막은 거의 볼 수 없다. 폴리포니의 목소리 자체가 몇 개 되지 않으니 그리 흥미롭지 않다.

한국의 예능 프로그램을 보다가 독일의 쇼 프로그램을 보면 엄청나게 지루하다. 오페라를 보다가 무반주의 소프라노 아리아를 듣는 기분이다. 한국의 시청자가 독일의 시청자에 비해 훨씬 뛰어난 영상 독해력과 이해력을 갖게 되는 것은 당연하다. 그만큼 문화 소비에 있어 TV 의존도도 높아진다. 그렇다 보니 독일과 달리 한국에서는 연극, 음악회, 미술관 같은 다른 문화 영역이 거의 죽을 쑤고 있다.

최근에는 스마트폰을 통한 'VOD; video on demand(맞춤영상정보서비스)'까지 다양한 형태로 진화하고 있다. 좋아하는 프로그램을 보려고 시간 맞춰 TV 앞에 앉아 있을 필요도 없어졌다. 스마트폰만 켜면 다 볼 수 있다. 그래서 지하철이나 버스만 타면 죄다 스마트폰에 머리를 박고 쪼그리고 있는 거다. 전 국민이 거의 영상 중독이다.

자막의 시초는
만화의 말풍선이다

예능 프로그램식 자막 편집은 한국과 일본에서 주로 나타난다. 조금 더 솔직히 말하자면 예능 프로그램의 자막은 일본에서 가장 먼저 나타난 현상이다. '예능'이라는 개념 자체가 그렇다. 일본에서는 쇼나 오락 프로그램의 출연자들을 통틀어 '게노우진げいのうじん(예능인芸能人)'이라 부른다.

일본 예능 프로그램에 나오는 게노우진의 숫자는 엄청나다. 예능 프로그램의 출연자가 거의 수십 명씩이다. 이들 각자가 내는 목소리는 대위법적 폴리포니 수준을 한참 뛰어넘는다. 거의 소음 수준이다. 게다가 출연자들의 목소리만큼이나 다양한 자막이 화면 상하좌우를 날아다닌다. 자막의 크기나 색깔, 모양 또한 우리의 상상을 뛰어넘는다. 한국의 예능 프로그램 자막은 상대적으로 차분하게 느껴질 정도다. 일본 예능 프로그램의 자막이 이토록 화려한 까닭은 자막의 기원이 일본 만화, 즉 '망가漫畵'의 말풍선이기 때문이다.

언제 어디서 만화가 가장 먼저 시작되었는가에 대해서는 여러 가지 주장이 있다. 그러나 최근 몇 십 년 동안은 일본 만화가 대세라는 주장에 이의를 제기할 사람이 없다. 이젠 망가라는 일본식 고유명사가 글로벌한 일반명사로 받아들여지고 있다. 최근 만들어지는 드라마, 영화 중에는 일본 망가를 원작으로 하는 것들도 셀 수 없이 많다. 심지어 할리우드 영화조차 이제 일본 망가를 베낀다.

사실 망가는 일본의 목판화인 우키요에浮世繪의 전통에 서 있기는 하지만, 근대적 망가는 그 형식이나 내용에 있어 미국의 만화에 큰 빚을 지고 있다. 20세기 중후반까지만 해도 디즈니 만화나 『슈퍼맨』『배트맨』 같은 미국식 종이만화가 주류였다. 그러나 20세기 후반부터 일본 망가는 서구의 만화를 제치고 글로벌한 유행을 선도하는 새로운 문화 형식으로 자리 잡는다. 도대체 일본 망가는 뭐가 특별한 것일까?

많은 사람이 일본 만화 특유의 내용적 비장함이나 스토리 전개를 그 이유로 든다. 그러나 내 생각은 많이 다르다. 망가의 특별함은 '화면 편집'에 있다. 원근법을 무시한 우키요에의 화면 편집이 인상파 화가들에게 큰 충격을 주었던 것처럼, 일본 망가는 화면 편집상의 특별함으로 세계의 만화 시장을 제패할 수 있었다.

미국 만화[그림 1]와 비교해보면 일본 망가[그림 2]의 특징이 아주 분명해진다. 미국 만화의 화면 편집은 단순하다. 한 페이지에 들어가는 장면 수가 거의 정해져 있다. 한 페이지를 비슷한 크기의 사각형으로 분할한다. 그리고 그 안에 그림을 그려넣는다. 말풍선 속에 들어 있는 글자 크기도 거의 통일되어 있다. 읽어야 하는 텍스트의 양도 상당하다. 그림이 만화의 중심이라기보다는, 말풍선 속의 텍스트가 중심인 듯하다. 정보 처리의 부담이 책을 읽는 것과 그리 큰 차이가 없다. 그러나 일본 망가는 다르다. 한 페이지에 들어가는 장면의 수가 제각각이다. 페이지를 빨리 넘겨야 할 만큼 내용이 다급하게 전개될 때는, 장면 수가 급격히 줄어든다. 한 페이지가 하나의 장면으로 채워지는 경우도 있다. 이때는 읽어야 할 텍스트도 거의 없다. 아주 간단한 의성어, 의태어인 경우가 많다. 독자의 마음도 급해져 페이지를 넘기는 속도도 덩달아 빨라진다. 그러다가 어느 순간부터는 화면이 차분해진다. 망가 주인공들의 대화가 길어진다.

바로 이같이 독특한 화면 편집으로 일본 망가는 독자들의 정서를 휘어잡을 수 있었다. 미국 만화와는 질적으로 다른 정서적 경험과 몰입을 가능케 하는 화면 편집 방식을 통해 일본 망가는 세계 만화 시장의 주류가 될 수 있었던 것이다.

일본 망가가 영상적 편집 방식을 만화에 도입했다고 한다면, 요즘의 예능 프로그램은 만화적 편집 방식을 TV 화면으로 끌고 들어온 것이라고 할 수 있다. 이 같은 영상과 만화, 텍스트의 에디톨로지가 21세기 대중매체의 특징이다. 도무지 경계가 없다. 이는 만화나 예능 프로그램에만 해당되는 것이 아니다. 문화의 모든 영역에서 나타나는 현상이다.

[그림 1] 텍스트가 주主가 되고, 그림은 종從이 되는 듯한 미국 만화의 화면 편집. 한 페이지에 들어가는 장면의 수가 거의 획일적으로 나뉘어져 있다. 읽어야 하는 텍스트의 양도 만만치 않다.

[그림 2] 일본 망가의 다이내믹한 화면 편집. 말풍선의 글을 꼼꼼하게 다 읽어야만 페이지를 넘길 수 있는 미국 만화에 비해 일본 만화는 영화를 보듯, 그저 화면만 넘기면 된다. 몰입할 수밖에 없다.

09 연기력이 형편없는 배우도 영화에 출연할 수 있는 이유

아무리 훌륭한 연기자라도 감독의 편집이 조금만 처지면 아주 쉽게 망가진다. 요즘 로버트 드 니로가 그렇다. 예전의 그 폼 나는 연기자가 아니다. 출연하는 작품마다 삼류다. 처지는 감독들이 그 훌륭한 연기자를 그렇게 망쳐놓는 거다. 말년의 말론 브란도 또한 그랬다. 〈대부〉나 〈지옥의 묵시록〉에 나온 그가 아니었다. 이들에 비하면 알 파치노는 나름 잘 버티는 듯하다.

예전에는 누가 주연배우인가가 영화를 선택하는 데 가장 중요했다. 감독이 누구인가에 관해 사람들은 그리 중요하게 생각하지 않았다. 그러나 요즘은 다르다. 감독이 누군지가 훨씬 더 중요하다. 사람들은 자신이 좋아하는 사람이 감독했다면 일단 믿고 본다. 감독의 역량이 영화의 수준을 결정한다는 것을 대중들도 알게 된 것이다.

사실 나는 소위 '작가주의'라고 불리는 영화를 싫어한다. 특히 영화평론가가 훌륭하다고 추천하는 작가주의 영화는 절대 안 본다. 허세 중에 영화평론가의 허세가 가장 '쩐다!' 내 경험상 그들이 현란한 용어로 극찬한 영화는 대부분 재미없었다. 정말 지루하고 부담스러웠다. 그러나 영화의 재미와 상관없이 작가주의라는 개념은 아주 정확한 표현이라고 생각한다.

영화감독이 영화의 주체, 즉 영화의 창조자임을 분명하게 하기 때문이다. 소설 창작의 주체가 소설가이듯, 영화 창작의 주인은 감독이다. 배우나 스토리 작가가 아니다. 감독이 영화의 실체를 구성하는 편집권을 전적으로 쥐고 있기 때문이다. 영화의 본질은 에디톨로지다.

몽타주 기법이 없었다면
오늘날의 영화는 없다

영화는 편집의 예술이다. 몽타주montage 기법 때문이다. 서로 다른 맥락의 화면을 이어붙이는 방법을 뜻하는 몽타주 기법은 미술에서 나타난 콜라주collage 기법의 연장선에 있다. 인상파 이후의 피카소, 조르주 브라크Georges Braque 등은 물감으로 그림을 그리는 대신 신문지나 광고 포스터, 엽서 등을 오려 붙이는 방법으로 회화의 새로운 표현 가능성을 실험했다. 이어 몽타주 기법이 나타났다.

미술에서의 몽타주 기법은 서로 관계없는 여러 장면, 사진 등을 한 화면에 담아 새로운 정서적 경험을 가능케 하는 방법이다. 그러나 이 같은 몽타주 기법이 시간의 흐름을 잡아내는 영화에 적용되면서 인류는 이제까지 볼 수 없었던 파격적인 세상을 경험하게 된다.

처음 영화가 발명되자 사람들은 경악했다. 흐르는 시간을 화면에서 반복할 수 있다는 사실 자체가 믿기지 않았다. 어제 일어난 일을 오늘

화면에서 다시 볼 수 있다는 것만으로도 엄청나게 감격했다. 그러나 그 감동은 그리 오래가지 않았다. 아무 스토리 없는 화면은 곧바로 지루해졌다. 영화 제작자들은 연신 하품을 해대는 관객들을 사로잡는 획기적인 방법을 찾아냈다. 각기 다른 카메라로 잡은 화면을 이어 붙여 하나의 연속적인 화면으로 편집하면 새로운 정서적 경험이 가능하다는 것을 깨달은 것이다. 각기 다른 카메라로 잡힌 화면들의 편집은 다양한 시선의 편집을 의미한다. 세상을 보는 각기 다른 시선이 하나의 시간적 시퀀스로 이어져 편집될 때, 앞서 설명한 예능 프로그램의 자막처럼 아주 흥미로운 '폴리포니' 효과가 일어나게 되는 것이다. 이를 영화에서는 몽타주 기법이라고 부른다.

몽타주 기법의 창시자로 불리는 소비에트의 레프 쿨레쇼프Lev V. Kuleshov는 소위 '쿨레쇼프 효과Kuleschov effect'라고 불리는 흥미로운 실험으로 몽타주 기법의 심리적 효과를 확인했다. 그는 소비에트의 유명한 배우인 이반 모주힌Ivan Mozzhukhin의 무표정한 얼굴이 찍힌 화면에 각기 다른 세 가지 화면을 이어 붙였다. 하나는 김이 모락모락 나는 수프, 또 하나는 관에 누워 있는 여인, 마지막으로 곰 인형을 가지고 노는 어린아이였다.

흥미롭게도 관객들은 모주힌의 무표정한 얼굴을, 그 뒤에 이어진 화면에 따라 각기 다른 표정으로 받아들였다. 수프가 이어진 장면에서는 모주힌이 배고파하며 수프를 먹고 싶어 하는 표정으로 느꼈다. 관에 누워 있는 여인이 이어진 장면에서는 모주힌이 여인의 죽음을 슬퍼하는 것으로, 곰 인형을 가지고 노는 어린아이가 이어진 장면에서는 아이를 예뻐하는 모습으로 보았다. 동일한 배우의 표정이 어떻게 편집되느냐에 따라 각기 다른 의미로 받아들인 것이다.

　동일한 장면을 순서만 바꾸는 아주 간단한 몽타주 기법만으로 한 사람을 바보로 만들 수도 있고, 영웅으로 만들 수도 있다. 예를 들어 웃는 얼굴을 보여준 다음, 칼을 든 사람을 보여준다. 마지막으로 우울한 표정을 보여준다. 그러면 이 사람은 형편없이 비겁한 사람이 되고 만다. 그러나 그 순서를 바꾸면 전혀 다른 사람이 된다. 우울한 표정이 먼저 나오고, 칼을 든 사람을 보여준 다음, 웃는 얼굴을 보여주면 그 사람은 아주 용감한 사람이 되는 것이다.

　이 같은 몽타주 기법을 통한 이미지 왜곡은 오늘날 보수와 진보가 양극단으로 갈려 대립하고 있는 한국 사회에서 자주 목격된다. 똑같이 '객관적인' 자료 화면이지만 만든 사람이 어떤 정치적 성향을 취하느냐에 따라 전혀 다른 정서적 반응을 이끌어낸다. 이처럼 영화는 편집의 예술이기 때문에 스티븐 시걸 같은 형편없는 배우도 여전히 연기를 할 수 있는 것이다.

　[사진 1]은 스티븐 시걸이 연기하는 각기 다른 표정을 모은 장면들이다. 그런데 슬픈 표정이든 기쁜 표정이든 열 받은 표정이든 모두 똑같다. (사실 이것은 표정 변화가 전혀 없는 그의 연기를 희화화한 것이다.) 그러나 이 사진 뒤에 어떤 장면을 편집하느냐에 따라 그가 각기 다른 표정의 연기를 한 것으로 관객들은 받아들인다.

　몽타주 기법의 핵심은 A 장면과 B 장면의 합이 'A+B'가 아니라 'C'가 된다는 데 있다. 이는 '부분의 합은 전체가 아니다'라는 게슈탈트 심리학의 명제와 동일하다. 각각의 부분이 합쳐지면 부분의 특징은 사라지고, 전체로서의 전혀 다른 형태gestalt가 만들어진다는 뜻이다. 이 같은

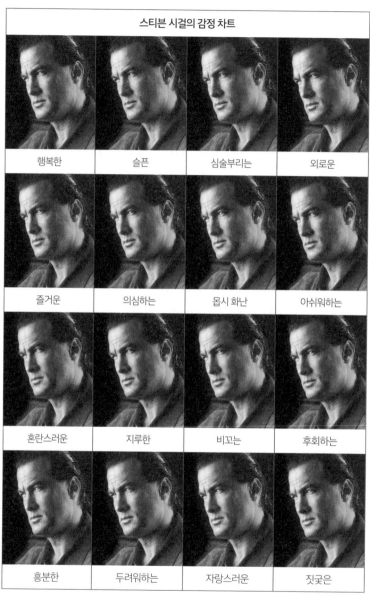

스티븐 시걸의 감정 차트			
행복한	슬픈	심술부리는	외로운
즐거운	의심하는	몹시 화난	아쉬워하는
혼란스러운	지루한	비꼬는	후회하는
흥분한	두려워하는	자랑스러운	짓궂은

[사진 1] 스티븐 시걸의 일관된 표정 연기 후에 어떤 장면이 이어지는가에 따라 관객들은 전혀 다른 감정 표현으로 받아들인다. 스티븐 시걸 같은 형편없는 배우가 영화를 찍을 수 있는 이유다.

몽타주 기법이 작동할 수 있는 이유는 완결성의 법칙law of closure이라는 게슈탈트 심리학 원리 때문이다.

폐쇄성의 법칙으로도 불리는 이 완결성의 법칙은 불완전한 자극을 서로 연결시켜 완전한 형태로 만들려고 하는 인간의 본능적 경향을 의미한다. 예를 들어, 중간중간 떨어져 있는 원 모양의 띠를 보면 완벽하게 이어져 있는 원으로 인식하는 경우다. 불완전한 정보 자체를 인간은 못 견뎌하기 때문이다. '왜 그녀는 그 상황에서 그런 표정을 지었을까?' 같은 사소한 문제를 고민하며 밤새 잠 못 이루는 것도 불완전한 정보를 완전하게 해석하려는 시도 때문이다.

몽타주 기법은 불연속적인 정보, 서로 모순되거나 부자연스러운 정보를 의도적으로 제시해서 관객의 적극적 해석을 유도하는 상호작용적 방법론이라고 할 수 있다. 영화가 재미있는 이유는 관객의 몰입을 이끌어내는 몽타주 기법과 같은 상호작용적 방법론이 극대화되어 있기 때문이다. 뿐만 아니다.

영화는 영화음악이라는 또 다른 편집 수단을 가지고 있다. 화면과 음악의 에디톨로지다. 영화음악이 없었다면 영화는 오늘날처럼 주류 문화가 될 수 없었을 것이다. 나는 홍상수 영화를 좋아한다. 이유는 단순하다. 폼 잡지 않아서다. 안 그래도 삶이 힘든데 영화마저 날 불편하게 하면 안 된다는 것이 내 생각이다. 홍상수의 영화가 편안한 이유는 그의 영화 편집이 단순하고 자연스러워서다. 도무지 관객을 자극하려는 욕심이 없다. 그러면서도 그가 하고 싶은 이야기는 다 전달된다.

홍상수 영화의 핵심은 매번 아주 명확하다. '밤낮으로 섹스하고 싶은 생각뿐이면서, 너무 그렇게 폼 잡지 마라!'다. 사회적 맥락과 지위, 상황이 제각각 다름에도 불구하고 사내들이 여자를 유혹하는 방법은 어쩜 그렇게 한결같은가를 매번 확인시켜준다. 남들도 나와 같다는 요상한 안도감을 느끼게 하는 동시에, 쥐구멍에라도 숨고 싶은 부끄러움도 느끼게 한다. 그래서 홍상수는 진짜다.

또 하나. 홍상수 영화를 홍상수답게 만들어주는 것은 그의 영화음악이다. 홍상수의 초기 영화에 흘렀던 음악은 산만했다. 그런데 어느 순간부터 매번 아주 단조로운 멜로디의 피아노 음악이 흐른다. 그의 영화에 제대로 어울린다. 묘한 즐거움이 있다. 영화음악도 전적으로 감독의 편집 영역에 속한다. 그러나 감독이 원하는 편집 재료를 제공할 수 있는 영화음악 감독의 역할은 주연배우의 연기력보다 중요하다.

최근 감동받았던 영화를 한번 떠올려보라. 그리고 그 영화에서 음악이 빠졌다고 생각해보라. 우리가 받을 수 있는 감동의 양이 절반 이하로 확 줄어든다. 그래서 영화는 영화관에서 봐야 하는 거다. 화면이 커서가 아니다. 영화관을 꽉 채우는 영화음악 때문이다. 음악은 공간이 악기다. 어느 공간에서 연주하느냐에 따라 전혀 다른 음악이 된다. 사실 화면에서 진행되는 스토리에 몰두하느라 관객들은 배경음악에 전혀 신경 쓰지 않는다. 바로 그 때문에 영화음악이 중요한 거다. 전혀 의식하지 못하는 상태에서 강력한 영향을 미치기 때문이다.

영화는 배경음악으로 완성된다. 바로 이 부분이 눈에 띄지 않는 감독의 에디톨로지적 역량이다. 화면과 화면의 편집을 통한 몽타주 기법, 그리고 화면과 음악의 편집을 통한 총체적 에디톨로지로서의 영화는 지금도 여전히 진화하고 있다. 앞으로 가상현실과 영화, 게임 등이 편집되면 또 어떤 에디톨로지의 세계가 펼쳐질까 아주 궁금해진다.

10 클래식을 좋아한다면 절대 카라얀을 욕해선 안 된다

오늘날 시는 죽었다. 시인을 자처하는 이들은 있어도, 시를 읽는 이들은 없다. 아주 가끔 시가 쓰일 때는 있다. 말랑말랑한 연애시를 트위터로 날려 리트윗이나 잔뜩 받기 위해서다. 슬퍼할 일은 아니다. 시대가 바뀌면 시대정신을 노래하던 매체도 바뀐다. 시를 쓰고 읽어야 할 젊은이들은 이제 랩을 노래한다. 21세기의 랩은 20세기의 시다. 시만이 아니다. 소설도 죽어간다.

클래식 음악도 죽어간다. 베를린 필하모니나 라이프치히의 게반트하우스에 한번 가보라. 거의 노인정 수준이다. 공연장의 계단을 오르기도 힘겨워 보이는 이들이 클래식 공연장을 가득 채울 뿐이다. 지난해 바흐, 멘델스존, 슈만의 도시 라이프치히를 방문했다. 동서독이 나뉘었던 시절, 서베를린의 필하모니에 버금가는 수준의 연주와 음향을 보여주었던 라이프치히 게반트하우스 오케스트라의 공연을 보러 갔다.

라이프치히에 가면 반드시 게반트하우스 오케스트라의 공연을 봐야 한다. 내 경험으로는 이곳의 음향이 최고였다. 관객석에는 역시나 죄다 노인들이었다. 곱게 차려입은 턱시도 양복과 드레스가 안쓰럽게 여겨질 정도였다. 연주가 한참 진행되는데, 관객석의 한 노인이 쓰러지는 사태가 발생했다. 쓰러진 노인을 옮기느라 다급하게 움직이는 관객석의 동요 때문에 연주회가 아주 엉망이 되어버렸다. 요즘 유럽의 클래식 음악 공연장에서 아주 보기 드문 장면도 아니다.

이제 서구에서 클래식 음악의 희망은 더 이상 찾아볼 수 없다. 클래식 음악 시장의 주도권은 이미 동양으로 넘어왔다. 유명 콩쿠르 입상자는 아시아계가 대부분이다. 유럽 음악대학 클래식 전공자의 절반 이상도 아시아계다. 그래서 베를린 필하모니 오케스트라, 뉴욕 필하모니 오케스트라, 로열 콘세르트허바우 오케스트라 등이 뻔질나게 도쿄, 상하이, 베이징, 서울을 들락거리는 거다. 과거에는 상상도 못할 일이었다. 유럽의 클래식 음악 시장이 다 죽었기 때문이다. 그러나 독일의 카라얀 Herbert von Karajan이 없었더라면 서구 클래식의 몰락은 훨씬 더 일찍 시작되었을 것이다.

오케스트라 지휘자는 시간의 편집자다

사실 오케스트라가 오늘날과 같은 형태를 갖춘 것은 그리 오래된 일이 아니다. 바로크시대 이후에 오케스트라의 기본 형태를 갖추기 시작해서 18세기 후반인 모차르트, 베토벤의 시대에 이르러 2관 편성 이상의 대형 오케스트라를 이루게 된다. 일반적으로 이야기하듯 베를리오즈 Louis H. Berlioz를 '근대 오케스트레이션의 아버지'로 본다면, 오케스트라는 19세기 중반에야 비로소 완성되었다고 이야기할 수 있다.

　오케스트라의 지휘자 역시 그리 오래되지 않았다. 초기의 지휘자는 지팡이로 바닥을 치는 식의 기본 박자만 잡아주는 역할을 했을 뿐이다. 작곡자가 대부분 지휘자를 겸했기 때문에 지휘자의 곡 해석이 필요한 경우도 별로 없었다. 오늘날과 같이 '마에스트로'라고 불리며 음악을 해석하여 재생산하는 적극적인 역할의 지휘자는 20세기에 들어오면서 가능해졌다. 우리가 기억하는 유명한 지휘자 이름이 모두 20세기 이후의 인물인 것도 그 때문이다.

　오늘날 오케스트라 지휘자는 전근대적 권력을 유지하고 있는 거의 유일한 직업이다. 지휘자의 지휘봉으로부터 자유로울 수 있는 연주자는 없다. 그래서 현대 직업 가운데 가장 만족도가 떨어지는 직업 중 하나가 오케스트라 단원이다. 보통의 직장은 직위가 올라갈수록 자기 마음대로 할 수 있는 영역이 커진다. 올라갈수록 마음대로 결제할 수 있는 액수도 커지고, 사무실을 들락거릴 시간도 마음대로 정할 수 있다. 그런 맛에 열심히 일하는 거다.

　오케스트라 단원은 다르다. 아무리 잘해서 수석 단원이 되어도 지휘자가 시키는 대로만 해야 한다. 오직 지휘자의 뜻에만 따라야 한다. 제멋대로 했다가는 바로 아웃이다. 그래서 오케스트라 지휘자가 폼 나는 거다. 적어도 연주 시간 동안만은 오로지 자기 뜻대로 모든 것을 할 수 있기 때문이다. 관객들은 지휘자가 지휘봉을 들면 숨을 죽여야 한다. 연주장에서 몸을 마음대로 움직일 수 있는 사람도 오직 지휘자뿐이다.

　관객은 음악을 들으면 저절로 몸을 움직이게 되어 있는 본능을 억누르고 지휘자의 뒤통수만 바라봐야 한다. 지휘자만 혼자 신난다. 춤추고,

발을 구르고, 머리카락을 휘날리며 온갖 폼 나는 동작을 혼자만 취한다. 클래식이 망해가는 이유도 바로 여기에 있다고 나는 생각한다. 지휘자만 홀로 폼 나기 때문이다. 아무튼 오케스트라 지휘자는 탱크, 비행기를 맘대로 움직이는 별 네 개짜리 참모총장이 하나도 안 부럽다.

흥미롭게도 지휘자가 사용하는 곡 해석의 수단은 작고 가는 막대기뿐이다. 물론 표정과 몸짓도 지휘봉을 보조하는 역할로 사용되지만, 지휘의 중심은 가느다란 막대기다. 지휘자는 지휘봉이라 불리는 막대기 하나만으로 오케스트라의 각 악기들이 내는 소리의 강약과 연주 속도를 조절한다. 특히 연주 속도는 지휘자의 곡 해석이 가장 분명하게 드러나는 영역이다. 같은 곡이라도 지휘자가 누구냐에 따라 음악이 달라진다.

똑같은 악보의 연주 속도를 비교해보았다. 베토벤 교향곡 7번의 2악장 첫 부분이다. 베토벤 교향곡 7번은 〈운명〉이나 〈전원〉과 같은 부제가 붙어 있지 않지만, 곡의 특별한 분위기 때문에 영화음악으로도 많이 쓰인다. 특히 2악장의 시작 부분은 단순하지만 장엄한 분위기로 유명하다[사진 1].

3분 남짓한 아주 짧은 부분이지만 클라우디오 아바도Claudio Abbado는 162초, 레너드 번스타인Leonard Bernstein은 194초의 시간이 걸렸다. 30초 이상의 차이가 나는 것이다. (내가 직접 이 모든 연주자의 연주 시간을 DVD에서 추출해 계산했다.) 이렇게 저마다의 지휘자는 같은 곡이라도 다른 속도로 지휘한다[사진 2]. 결국 지휘자는 '시간의 편집자'라고 할 수 있다. 그러나 이 같은 지휘의 에디톨로지를 아무도 상상치 못한, 다른 차원으로 변화시킨 이가 바로 카라얀이다. 지휘의 에디톨로지를 시간의 편집에서 이미지의 편집으로, 혁명적 전환을 가능케 한 것이다.

[사진 1] 베토벤 교향곡 7번 2악장 첫 부분의 악보

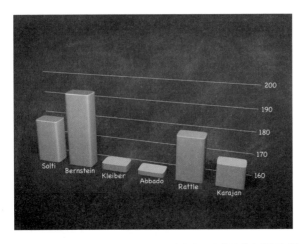

[사진 2] 동일한 악보의 각 지휘자 간 연주 시간 비교. 불과 몇 페이지의 악보를 연주하는 3분 남짓한 시간도 지휘자에 따라 이렇게 엄청난 차이가 난다. 전체 교향곡 연주 시간은 지휘자에 따라 20여 분까지 차이 나는 경우도 있다.

최초의 뮤직비디오는
카라얀이 만들었다

사실 클래식 음악을 좀 듣는다는 이들 앞에서 카라얀을 좋아한다고 '고백'하려면 상당한 용기가 필요하다. 졸지에 아주 우스운 사람이 되기 때문이다. 김광석, 성시경을 이야기하는데, 나훈아를 좋아한다며 끼어드는 경우라고나 할까?

나름 클래식 음악을 듣는다는 이들은 카라얀 이름만 나오면 삐죽거린다. 클래식 음악을 조금 안다면 카를로스 클라이버Carlos Kleiber나 볼프강 자발리슈Wolfgang Sawallisch 정도는 이야기할 수 있어야 한다는 표정이다. 어찌 그 천박한 쇼맨십의 카라얀을 들먹이냐는 거다. (보통사람들이 잘 모르는 작가, 음악가, 저자의 이름을 죽 늘어놓는 것은 '한국형 지식인'의 가장 대표적인 허세다. 그런 허세에 절대 속지 마라. 모든 예술 작품은 내가 느낀 것이 바로 진리다.) 하긴 70~80년대 한국에서는 카라얀이나 베를린 필하모니의 사진 한 장 안 붙어 있는 문화 공간은 없었다. 진한 화장의 '레지 아가씨'가 나오는 시골 다방에도 베를린 필하모니홀의 사진이 붙어 있었다.

'음악은 귀로 듣는 것이지, 눈으로 보는 것이 아니다'라는 주장이다. 화려한 카라얀의 동작과 표정이 음악의 본질을 훼손한다는 뜻이기도 하다. 이런 이야기를 하는 이들은 음악을 들을 때, 눈을 지그시 감는다. 조명도 최대한 어둡게 한다. 작은 백열등이나 촛불을 켠다. 귀의 감각에 집중하기 위해서다. 그러나 인간의 모든 정서적 경험은 하나의 감각기관으로만 결정되는 것이 아니다. 눈을 감았지만 아무것도 보지 않는 것이 아니라는 이야기다. 흐릿한 방 안을 보기도 하고, 무언가를 떠올리기도 한다. 절대 음악에만 집중할 수는 없다. 음악은 절대 귀로만 듣는 것이 아니다.

음식도 마찬가지다. 입으로만 먹는 것이 아니다. 내가 살던 일본 교토 아라시야마에 '깃초吉兆'라는 가이세키 요릿집이 있다. 우리 집에서 걸어서 10분 거리다. 깃초는 미슐랭 가이드에서 별을 세 개 받았다고 해서 유명해진 집이다. 1인분에 최소 4~5만 엔 한다. 엔저인 요즘 환율로 해도 최소 40~50만 원이다. 부모님이 교토에 오셨을 때 효도하는 맘으로 큰 결심하고 한번 가봤다.

솔직히 우리 입맛에 그리 감동적인 맛은 아니었다. 그러나 음식 하나하나가 너무 예뻤다. 정말 폼 났다. 음식 사진 찍어 블로그에 올리는 이들을 그토록 경멸하는 나지만, 그때만큼은 사진을 찍어 다른 사람들에게 보여주고 싶었다. 바로 먹어 없앨 음식을 어찌 이리 아름답게 만드는 것일까 하는 안타까운 생각마저 들었다. 그 정성에 감동한 프랑스 사람들이 미슐랭의 별을 세 개나 준 듯했다. 시각과 미각의 공감각적 경험이 만들어내는 감동이었다. 실제로 안대로 눈을 가리거나, 귀를 막고 음식을 먹으면 맛을 제대로 느낄 수 없다는 연구 결과가 부지기수다. 인간의 모든 감각적 경험은 공감각共感覺, synesthesia적이다.

음악은 귀로만 듣는 것이 아니라는 것을 일찌감치 눈치 챈 카라얀은 음악과 영상의 편집을 시도한다. 사람들은 카라얀이 세계 최초의 뮤직비디오 제작자라는 사실을 잘 모른다. 뿐만 아니다. 스스로 예술 감독, 영상 감독을 자처한다. 1965년 예술감독으로 오페라 〈라보엠La Boheme〉을 찍은 후, 1967년에는 오페라 〈카르멘Carmen〉의 연주를 본인이 직접 감독한다.

당시 기껏해야 공연 실황으로 연주되던 클래식 공연을 카라얀은 다양한 영화적 기법을 동원해 최초의 뮤직비디오를 만들었던 것이다. 그 이후 본격 등장한 베를린 필하모니의 뮤직비디오는 거의 '카라얀 감독, 카라얀 각본, 카라얀 주연'이었다. 그의 지나친 나르시시즘은 욕먹어 마땅하다. 그렇다고 해서 '눈으로 보는 음악'을 창조해낸 카라얀의 업적을 폄하해서는 안 된다.

대중음악 뮤직비디오는 카라얀의 뮤직비디오가 제작된 후 한참 뒤에 만들어졌다. 대중음악계에서는 1975년 퀸의 〈보헤미안 랩소디Bohemian Rhapsody〉가 최초의 뮤직비디오로 알려져 있다. 오늘날 대세가 되어버린 뮤직비디오 전문 채널 MTV의 개국은 1981년의 일이다. 10여 년을 앞서 클래식 음악으로 뮤직비디오를 제작한 카라얀의 혜안은 칭송받아 마땅하다.

카라얀은 '음악과 영상의 편집'이라는 21세기적 에디톨로지의 선구자다. 클래식 음악의 영역으로만 그를 평가해서는 안 된다. 그가 엄청나게 예쁜 부인을 포르셰에 태우고, 베를린에서 잘츠부르크까지 무지막지한 속도로 달렸다고 배 아파해서는 안 된다. 그가 없었다면 클래식은 그야말로 늙은이들의 음악으로 20세기 중반에 사라졌을 확률이 높다.

그가 만들어낸 그 폼 나는 영상들이 클래식에 대한 대중적 환상을 만들어냈기 때문에 클래식이 오늘날까지 우아하게 버틸 수 있는 것이다. 카라얀은 클래식의 황제 대접을 받아 마땅하다. 그 숱한 음악가들이 그 덕분에 오늘날까지 폼 나게 먹고살 수 있다.

관점과 장소의
에디톨로지 ✕ 2

11 관점의 발견과 서구 합리성의 신화

스티브 잡스가 인문학과 기술의 만남을 이야기하니 곳곳에서 인문학 열풍이다. 모두들 동서양의 고전을 펼치며, 오래된 지혜에서 길을 찾아 보려고 한다. 기업이나 대학의 최고위 과정, 심지어는 백화점 문화센터 에서까지 뒤늦게 문학, 역사, 철학을 공부한다고 요란하다. 의미 있는 일이다. 그러나 '왜 지금 인문학인가?'에 관해 조금 더 생각해봐야 한다.

인문학을 공부한다는 것은 세상을 해석하는 다양한 방식을 배우는 일이다. 세상을 '좌' 아니면 '우'로만 보고, 내 편이 아니면 바로 적이 되 어버리는 형편없는 시대이기에 인문학을 다시 공부해야 한다. 인문학 은 나와 다른 시선에 대한 관용과 이해를 전제로 한다. 세상을 보는 다 양한 해석이 가능하다는 것은 세상을 보는 다양한 관점을 인정하는 일 이다.

잡스가 강조하는 인문학도 마찬가지다. 다양한 방식으로 기술을 해 석할 수 있어야 한다는 뜻이다. 이제까지 기술이란 효율성과 같은 경제 적 가치로만 평가되었다. 이젠 아니다. 애플 기기의 '디자인'은 미학적 가치가 디지털 기기에 얼마나 중요한가를 구체적으로 보여주는 예다.

두드려야 하는 키보드가 아니라 '터치'로 연결되는 디지털 세상은 이제까지 우리가 알고 있던 그 딱딱한 기계의 세상이 아니다.

다들 관점을
바꾸라고 한다

베스트셀러 목록에서 항상 상위를 차지하고 있는 자기계발서의 대부분은 '관점을 바꿔라!'로 요약할 수 있다. 세상과 자기 자신을 바라보는 관점을 바꿔야 성공할 수 있다는 거다. 도대체 관점이 무엇이기에 이렇게 자꾸 바꾸라는 것일까?

사전을 찾아봤다. 관점은 '보고 생각하는 위치'란다. 보는 위치와 보는 방법이 바뀌면 세상이 달리 보인다는 말이다. 예를 들면 [그림 1]에서 대부분의 사람들은 삼각형 편대가 오른쪽으로 가는 것으로 본다. 그러나 왼쪽 위로도 가고, 왼쪽 아래로도 갈 수 있다. 이렇게 관점의 다른 차원을 발견해야 성공할 수 있고 행복해질 수 있다. 그런데 사람들은 대부분 오른쪽으로 가는 것으로만 본다. 왜 그럴까?

책을 왼쪽에서 오른쪽으로 읽기 때문이다. (물론 이 현상에 관해 다른 가설도 있다. 내가 편역한 『보다의 심리학』에 아주 자세히 설명되어 있다.) 우리는 한순간에 모든 정보를 다 받아들이지 않는다. 정보를 이해하는 순서가 있다. 인간 문화는 대부분 왼쪽에서 오른쪽으로 정보를 받아들이도록 구성되어 있다.

비슷한 예가 또 있다. [그림 2]에서 어느 얼굴이 더 행복해 보이는가?

반복된 실험 연구결과에 따르면, 대부분의 사람들은 아래쪽 얼굴이 더 행복하다고 본다. 앞의 삼각형 방향에 관한 예와 마찬가지로 정보를 받아들이는 순서의 차이로 설명할 수 있다.

왼쪽에서 오른쪽으로 정보를 받아들이는 습관 때문이다. 우리의 일상은 왼쪽에서 오른쪽으로 방향을 잡는 쪽이 유리하게 되어 있다. 그래서 B의 얼굴을 더 행복하다고 본다. 사람들은 상대방의 표정을 볼 때, 왼쪽 입꼬리가 올라간 얼굴을 먼저 보고 그 인상으로 전체를 판단하기 때

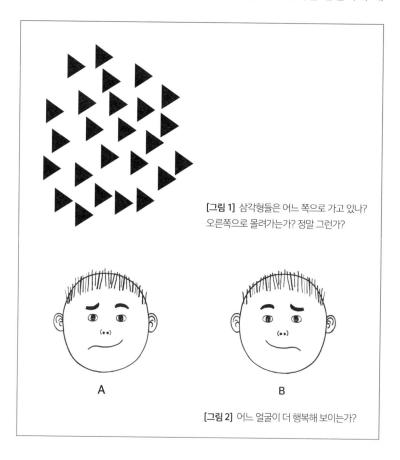

[그림 1] 삼각형들은 어느 쪽으로 가고 있나?
오른쪽으로 몰려가는가? 정말 그런가?

A   B

[그림 2] 어느 얼굴이 더 행복해 보이는가?

문이다. 이 현상을 오른손잡이 문화의 특징으로 설명하기도 한다. (이 실험의 결과를 대뇌반구의 비대칭성으로 설명하는 이론도 있다.)

왼손잡이는 A의 얼굴을 더 행복하게 본다는 가설도 있다. 오른손잡이와는 반대로 정보를 오른쪽에서 왼쪽으로 읽는 경향이 있다는 것이다. 오른손잡이든 왼손잡이든 사소한 생활 습관의 차이로 보인다. 그러나 이런 습관의 차이가 문화의 차이로 발전한다. 일본에 와보니 정말 그렇다.

나는 요즘 일본에 산다. 지난 십 몇 년간 국내에서 하도 정신없이 살다 보니, 심리적으로 심각한 문제가 생겼다. 가는 곳마다 자꾸 화를 내고 짜증을 내는 거다. 짜증이 난다는 것은 심리적으로 과부하過負荷가 걸렸다는 의미다. 심리학에서는 이를 '번아웃burn-out'이라고 한다. 에너지가 다 소진되었다는 뜻이다. 좀 차분히 공부하며 지내야 할 것 같아 안식년을 신청했다.

일본으로 바로 건너왔다. 나라현립대학의 객원교수로, 아주 한적한 시골인 '나라'에서 혼자 지낸다. 우리나라의 부여 정도로 생각하면 된다. 정말 심심하다. 아무것도 없다. 사슴만 잔뜩이다. 아침이면 자전거를 타고 아주 작고 예쁜 나라현립도서관에 간다. 앞에 장바구니가 달린, 일본 아줌마들이 타는 자전거다. 나름 낭만적이다. 나를 아는 고국의 여인들이 이런 나를 보면 얼마나 멋있게 생각할까, 뭐 그런 철없는 생각도 한다. 수컷들은 원래 그렇다. 그런데 하루에 한두 번 꼭 위험한 순간이 생긴다.

길을 건널 때다. 오른쪽을 먼저 봐야 하는데, 꼭 왼쪽을 먼저 본다. 일본은 운전석이 우측에 있고, 자동차들은 좌측으로 다닌다. 그러니까 내가 길을 건너려면 오른쪽부터 봐야 한다. 한국과는 정반대다. 그러나 한국에서처럼 항상 왼쪽부터 본다. 느닷없이 오른쪽에서 "끼익" 하는 브레이크 소리가 들린다. 이땐 낭만이고 뭐고 없다. 정신이 쏙 빠진다. 벌써 몇 번째다.

예상컨대, 일본 사람들 중에는 [그림 1]에서 삼각형이 왼쪽 위나 왼쪽 아래로 간다고 말하는 사람이 한국인에 비해 훨씬 많을 것이다. 일본 책의 구성이 우리와 다르기 때문이다. 대부분 위에서 아래로, 그리고 오른쪽에서 왼쪽으로 읽게 되어 있다. 그래서 일본 사람들이 그토록 순종적인 거다. 위에서 시키면 아주 착하게 따라 한다. 시키면 칼로 배도 가르고, 옥쇄玉碎도 하고, 가미카제도 한다. 책을 읽을 때, 위에서 아래로 끊임없이 고개를 끄덕거리며 읽게 되어 있기 때문이다. 이것은 순전히 내 가설이다.

그러나 전혀 근거 없는 주장은 아니다. 심리학 실험이다. 사람들에게 헤드폰으로 어떤 정치적 주장을 듣게 했다. 이때 그룹을 둘로 나눠 A그룹의 사람들은 고개를 끄덕거리며 듣게 했다. B그룹의 사람들은 고개를 가로저으며 듣도록 했다. 다 끝난 후, 헤드폰으로 들었던 그 정치적 주장에 얼마나 동의하는가를 물어보았다. 고개를 끄덕거리며 들었던 A그룹의 사람들이 그 주장에 훨씬 더 많이 동의했다. 고개를 가로저으며 들었던 사람들은 대부분 반대했다. 끄덕거리면서 이야기를 들으면 동의하게 되어 있다. 그래서 일본 사람들이 순종적일 것이라고 주장하는 것이다. 책을 항상 끄덕거리고 읽기 때문이다. 한국에서 성경이나 불경이 위에서 아래로 읽게 되어 있는 것도 마찬가지 이유에서다.

관점이 다르다는 것은 이렇게 세상을 바라보는 순서가 다르다는 뜻이다. 문화가 다르다는 것도 마찬가지다. 세상을 받아들이는 방향과 순서에 차이가 있다는 의미다. 따라서 [그림 1]처럼 삼각형의 진행 방향과 관련된 문제는 단순히 관점을 바꾼다고 해결될 문제가 아니다. 문화의 차이이기 때문이다. 수백 년에 걸쳐 형성된 문화가 다른데, 어찌 몇 주 혹은 몇 달 애쓴다고 관점이 바뀔 수 있을까. 그래서 어설픈 자기계발서는 읽고 나면 허탈하다. 읽을 때뿐이기 때문이다.

그래서 관점을
영어로 찾아봤다

관점은 영어로 '퍼스펙티브perspective'다. 어떤 개념이든 문화적 배경을 갖게 되어 있다. 보다 깊이 이해하려면 그 어원을 살펴봐야 한다. 퍼스펙티브는 '원근법' 혹은 '투시법'과 그 어원이 같다. 이것은 엄청나게 중요한 사실이다. 관점을 바꾼다는 것은 단순히 세상을 보는 위치를 바꾼다는 의미가 아니다. 관점, 즉 원근법을 바꾼다는 것은 '세상을 구성하는 방식'을 바꾼다는 뜻이다.

인류 역사에서 서구 문명이 지난 세기처럼 압도적이었던 적은 없었다. 문화나 예술, 정치나 사회의 모든 영역에 걸쳐 유럽의 영향권에서 자유로운 나라는 없다. 이 같은 서구 중심주의는 근대사에만 해당된다. 그럼 물어봐야 한다. 왜 서구 문명이 느닷없이 이토록 강해졌을까? 어떻게 이토록 완벽하게 세계를 지배할 수 있었을까?

원근법의 발견 때문이다. 서구 과학문명은 바로 이 원근법을 바탕으로 발전했다. 여기서 말하는 원근법이란 '선원근법線遠近法'을 뜻한다. 동양에도 다양한 원근법적 원리가 있었다. 그러나 선원근법은 서구 르네상스의 산물이다.

근대 이후, 세계 거의 모든 나라들이 서유럽 제국주의의 식민지로 몰락했던 이유는 다들 이야기하듯 과학기술의 발전이 늦었기 때문이다. 기차, 배, 대포, 총을 만드는 능력이 뒤처져서다. 그러나 이렇게 간단히 설명하고 끝내면 안 된다. 도대체 동양은 왜 과학기술의 발전이 늦었냐는 거다. 과학적 사고의 부재 때문이다. 과학적 사고의 기초는 '객관성'과 '합리성'이다. 객관성과 합리성은 원근법이라는 아주 구체적인 세계의 구성 원리의 전제가 된다.

서구 원근법의 전제는 두 가지다. 첫째, 세상을 보는 눈은 하나여야 한다. 소실점에 대칭되는 위치의 시선이다. 바로 이때부터 서구 '객관성의 신화'가 시작된다. 세상을 보는 눈은 오직 하나여야 한다는 이데올로기다. 보는 사람마다 세상이 매번 달라져서는 안 된다. 서구 원근법은 모든 사람의 관점을 하나로 통일하고, 이 관점을 중심으로 세상을 재편하려는 시도다. 오늘날 다양성과 상대성을 뜻하는 관점, 즉 퍼스펙티브의 시작은 이렇게 '독점적'이고 '권력적'이었다.

둘째, 3차원 세상은 소실점으로부터 떨어진 거리에 비례하여, 2차원의 평면에 그대로 옮길 수 있어야 한다. 합리성의 시작이다. 하나뿐인 소실점으로부터 떨어져 있는 물체는 '거리의 비례'에 따라 객관적 좌표가 정해진다. 누구도 거부할 수 없는 합리적 기준이 마련된 것이다.

객관성과 합리성이라는 서구의 과학적 사고는 이렇게 원근법으로부터 출발한다. 그러나 이 서구 객관성과 합리성의 신화에는 결정적인 결함이 있다. 소실점, 즉 객관성과 합리성의 기준이 철저하게 '자의적'이고 '권력적'이라는 사실이다. 소실점을 누가 찍느냐에 따라 2차원에 투사된 결과물은 전혀 다른 것이 된다. 그러나 사람들은 도무지 이 소실점의 위치를 의심하지 않는다. 아니, 의심하지 못하도록 철저하게 교육받는다. 처음부터 거기 있었던 것으로 생각한다. 원근법의 소실점은 철저히 권력적이다. 서구의 과학적 사고는 바로 이 권력을 아주 은밀하게 은폐하는 데서 출발한다.

12 우리는 창문을 통해 세상을 객관적으로 볼 수 있다고 믿는다

원근법은 밖을 내다볼 수 있는 '유리로 된 창문'의 발견과 기원이 같다. '환기를 목적으로 하는 창문' 혹은 '외부의 빛을 내부로 끌어들이기 위한 창문'과 '밖을 내다보기 위한 창문'의 철학적 근거는 근본적으로 다르다. 밖을 내다볼 수 있는 창문은 창밖의 3차원 세계를 유리벽이라는 2차원의 세계로 환원시킨다. 동시에 3차원적 경험을 그대로 간직한다.

'객관적으로 본다'와 '창문으로 세상을 본다'는 같은 의미다. 특히 유리의 대량생산이 가능해진 이후 창문의 기능은 '세상을 객관적으로 바라본다'는 주체적 행위와 맞물려 있다.

왕과 귀족, 그리고 중세 교회에서만 사용할 수 있었던 스테인드글라스는 원래 세상을 보는 기능과 아무 관련이 없었다. 외부에서 들어오는 빛을 이용해 창의 주인이 하고 싶은 이야기만 공간 내부에 일방적으로 전달할 뿐이었다. 그러나 외부를 내다볼 수 있는 창의 탄생은 '인식의 주체와 객체'를 명확히 가르는 문화혁명이었다. 그래서 르네상스 초기의 이탈리아 건축가 레온 바티스타 알베르티Leon Battista Alberti는 1435년에 출판한 『회화론On Painting』에서 "그림이란 '열린 창'과 같다"는 주장을 반복한다.

창문은 3차원 세상을 2차원으로 재편집하는, 회화와 동일한 기능을 한다. 2차원이지만 3차원의 입체적 느낌을 고스란히 전달해야 한다. 알베르티가 말하는 창문은 세상을 보는 눈과 창밖의 사물 사이를 잇는 가상의 여러 직선을 수직으로 자른다. 이 점들을 연결하면 우리가 창문으로 세상을 보는 것과 마찬가지 느낌의 입체적 회화를 그릴 수 있다[그림 1]. 알베르티의 창문과 더불어 동시대의 건축가 필리포 브루넬레스키Filippo Brunelleschi의 '선원근법'의 발견은 르네상스 이후 서구 세계관의 핵심인 객관성의 신화로 자리 잡는다.

르네상스 시대 이후의 화가들은 알베르티의 회화론과 브루넬레스키의 선원근법에 충실한 그림을 그렸다. 누가 더 정확하게 3차원 느낌이 나도록 그릴 수 있는지가 화가의 실력을 판단하는 기준이었다. 그런데 아주 이상한 그림이 나타났다. 레오나르도 다 빈치Leonardo da Vinci의 〈수태고지受胎告知〉다.

[그림 1] 독일의 화가 알브레히트 뒤러Albrecht Dürer의 원근법 실험
화가의 눈과 여인의 몸 구석구석을 잇는 가상의 선을 창문으로 자르면 원근법에 충실한 그림이 된다.

[그림 2] 레오나르도 다 빈치의 〈수태고지〉

자세히 보면 그림이 많이 이상하다. 마리아의 오른팔이 왼팔에 비해 훨씬 길다.
마리아 뒤쪽의 벽돌을 보면 원근법적으로 심각한 오류가 있다.

2. 관점과 장소의 에디톨로지

〈수태고지〉의 마리아는
가제트 형사인가?

수년 전 일본 와세다대학에 객원 연구원으로 있을 당시, 아주 우연한 기회에 다 빈치의 〈수태고지〉를 실물로 보았다. 도쿄의 우에노 공원에 가면 국립서양미술관이 있다. 근대건축의 거장 르 코르뷔지에Le Corbusier가 설계했다. 단순하면서도 품위 있다. 정원에는 아주 폼 나는 로댕의 조각이 전시되어 있다. 그 유명한 〈생각하는 사람〉도 거기에 한 점 있다. 산책 삼아 들른 공원에는 때마침 다 빈치의 〈수태고지〉가 전시되고 있었다.

'수태고지受胎告知'는 한자 뜻 그대로 '아기를 잉태하게 될 것을 알린다'는 뜻이다. 동정녀 마리아에게 아기 예수를 잉태하게 될 것임을 알리는 천사의 모습과, 느닷없는 소식에 놀라는 마리아의 모습이 그려진 〈수태고지〉는 서양 회화에서 자주 다뤄지는 주제. 그런데 다 빈치의 〈수태고지〉에는 아주 이상한 점들이 있다. 이상하다기보다는 좀 말이 안 되는 설정들이 있다. 중요한 네 가지만 뽑아보면 다음과 같다.

우선 [그림 2]에서 마리아 앞쪽에 있는 식탁을 보자. 마리아의 손이 닿기에는 식탁이 너무 멀리 떨어져 있다. 제대로 그렸다면 지금 위치보다 훨씬 더 마리아의 몸 쪽으로 식탁이 붙어 있어야 한다.

그래서 두 번째 문제가 생긴다. 마리아의 팔이다. 그림을 자세히 들여다보면 오른팔이 왼팔보다 훨씬 더 길다. 이 그림을 3차원으로 변형시켜보면 [그림 3]처럼 된다. 이쯤 되면 '가제트 형사'지 마리아가 아니다.

세 번째는 문제가 좀 더 심각하다. 마리아 뒤쪽에 있는 벽돌의 각도

다. 한번 잘 살펴보자. 벽돌들의 각도가 수렴되는 소실점의 위치가 일치하지 않는다. 마리아 바로 뒤쪽의 벽돌 방향과 조금 떨어져 있는 바깥쪽 벽돌 방향이 서로 다르다는 이야기다.

각각의 방향으로 선을 쭉 이어보면 두 벽돌의 소실점이 전혀 일치하지 않는다. 천하의 다 빈치가 르네상스 시대의 가장 중요한 규칙인 선원근법을 어긴 것이다. 이것은 아주 명백하고 심각한 오류다.

네 번째는 그림 왼쪽의 천사다. 맥락상 천사라니까 천사로 보는 거지, 뭔가 아주 어색하다. 너무 살찌고, 자세도 영 어색하다. 살찐 비둘기에 가깝다. 수백 년 동안 사람들은 이 그림이 잘못된 그림이라고 했다. 다 빈치가 처음 그린 대작이었기에 원근법을 충분히 훈련하지 못한 상태에서 그린 것이라는 주장도 있다. 제자들과 함께 여럿이 그려 이런 오류가 생겼다는 설도 있다. 다 빈치가 근시였기 때문에 그랬다는 황당한 설명도 있다.

[그림 3] 〈수태고지〉에 그려진 마리아의 모습을 3차원으로 복원하면 '가제트 형사'가 된다.

그런데 아니다. 이 그림의 '실수'는 다 빈치가 아주 '의도적'으로 한 것이다. 다 빈치는 대작을 그리기 전, 노트에 다양한 스케치 연습을 했다. 그의 노트를 잘 살펴보면, 반복적으로 연습한 그림이 나중에 그려진 대작 속에 반드시 들어 있다. 그런데 〈수태고지〉의 모티브들을 연습한 그의 노트를 보면 이상한 동그라미들이 반복적으로 나온다. [그림 4]처럼 아주 특이하게 옆으로 길쭉한 타원형이다.

도대체 무슨 그림일까? 풀리지 않던 비밀은 이 동그라미를 보며 노트를 넘기다 보니 바로 해결되었다. 노트 끝을 들어올릴수록 타원형의 동그라미가 점점 사람 얼굴에 가깝게 변한다. 노트가 거의 넘어갈 정도의 각도에서 그 동그라미를 보니 실체가 드러난다. [그림 5]처럼 그것은 아주 멀쩡한 아이의 얼굴이다.

바로 이것이다. 〈수태고지〉에 숨겨진 비밀은 '그림을 바라보는 사람의 위치에 따라 소실점이 변한다'는 것이었다. 〈수태고지〉는 정면이 아니라 [그림 6]처럼 오른쪽 끝에서, 마치 노트를 넘기면서 동그라미를 보

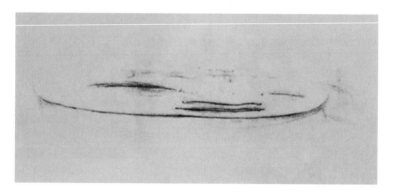

[그림 4] 다 빈치 수첩에 있는 의문의 그림. 그는 대작을 그리기 전, 그림의 모티브를 수첩에 반복해서 연습했다. 〈수태고지〉를 연습한 노트에는 이런 이상한 그림이 들어 있다.

[그림 5] 그림 4의 동그라미 그림을 비스듬하게 보면, 아이의 얼굴이 나타난다.

[그림 6] 〈수태고지〉를 제대로 보려면 이런 방향에 서야 한다.

[그림 7] 〈수태고지〉는 이처럼 비스듬하게 봐야 소실점이 하나로 일치하고, 마리아의 신체 비례가 완성된다.

듯 바라봐야 한다. 그러면 그림의 소실점은 **[그림 7]**처럼 하나로 일치한다. 마리아의 왼팔과 오른팔의 불균형도 사라지고, 식탁은 적당한 위치를 찾는다. 살찐 비둘기 같던 천사도 아주 날씬해진다.

도대체 다 빈치는 왜 이렇게 그림을 그렸을까? 여러 가설이 있지만, 가장 설득력 있는 것은 이 그림이 걸려 있던 위치 때문이라는 주장이다. 원래 이 그림은 큰 성당의 앞쪽 높은 벽에 걸려 있었다는 거다. 아무도 그 그림을 정면에서 볼 수 없었다. 앞쪽에는 제단이 있어 접근 불가능했다. 오른쪽 아래에서 그림을 올려다볼 수밖에 없었던 것이다. 다 빈치는 '이 그림을 누가 어디서 보는가'를 고려해 그림을 그린 것이다.

오른쪽 아래에서 그림을 올려다봐야 하는 위치에 그림을 걸도록 되어 있는데, 왜 항상 정면에서 보도록 그림의 소실점을 정해야 하느냐는 다 빈치의 문제 제기다. 이는 원근법적 전제에 관한 근본적인 질문이기도 하다. 모든 사람의 시선을 소실점으로 수렴하도록 만든 원근법의 객관성이란, 이 그림을 보는 주체를 반드시 전제한다는 인식론적 통찰이기도 하다. 〈수태고지〉에는 '객관성은 주관성을 전제로 한다'는 변증법적 모순이 숨겨져 있다. 20세기 아인슈타인의 상대성 원리에 버금가는 혁명적 인식론이다.

원근법은 객관성의 약속인 동시에
주체성의 발견이다

이쯤에서 또 다른 질문을 해보자. 그렇다면 사람들은 왜 그림을 항상 정면에서 봐야 한다고 생각했을까? 왜 화가들은 오늘날까지도 그림은 정면에서 봐야 한다는 전제를 당연하게 생각하는 것일까? 해답은 아주 단순하다. 정면에서 그리기 때문이다. 그리는 사람이 정면에서 그리니까, 당연히 정면에서 봐야 한다고 생각하는 것이다.

역지사지易地思之, 즉 '남의 입장에서 세상을 보기'가 그리 쉬운 일은 아니다. 오늘날 모든 기업에서 그토록 강조하는 '소비자의 입장에서 바라봐야 한다'는 주장은 인간 인식에 관한 문명사적 통찰이 전제되지 않으면 불가능하다. 객관적·합리적 사고의 시작을 알리는 원근법의 발견이 주체와 객체의 문제, 주체들 간의 소통 문제로 그 논의가 확대되는 것처럼, 생산자와 소비자 간의 관계는 철학적 인식론의 문제로까지 이어진다. 그래서 인문학을 아주 치밀하게 공부해야 하는 거다.

원근법의 발견은 객관성의 발견이 아니다. '주체'의 발견이다. 인식하는 주체, 즉 '주관성'의 발견이라는 뜻이다. 객관성과 합리성으로 요약할 수 있는 원근법이 동시에 주체의 발견을 포함한다는 것은 아주 흥미로운 사실이다. 서로 모순관계인 객관성과 주관성이 함께 구현되었다는 이야기다. 그러나 어찌 보면 당연한 일이다. 한 개의 축이 생기려면 반드시 다른 쪽의 축이 생겨야 한다. 서로 모순되는 양극단의 성립 과정을 서양철학에서는 '변증법'으로 설명하고, 동양철학에서는 '음양의 원리'로 설명한다.

퍼스펙티브perspective를 한자로 번역해보면, 이 주관과 객관의 양면성이 절묘하게 표현된다. 주관적 시점을 뜻할 때는 '관점'으로, 객관적 시점을 뜻할 때는 '원근법'으로 번역되는 것이다. 동양에서는 이 관점의 문제가 서양처럼 그리 간단하게 정리되지 않는 까닭이다. 서양의

'싱글 퍼스펙티브single perspective'와 동양의 '멀티플 퍼스펙티브multiple perspective' 사이에는 근본적인 세계관의 차이가 존재한다.

르네상스 시대 원근법의 발견으로 비롯된 주체와 객체의 인식론적 통찰이 의사소통의 문제로 연결되는 이유는 '객관성이란 객관적으로 존재하는 것이 아니기' 때문이다. 객관적 관점이란 각기 다른 인식의 주체들이 '같은 방식으로 보기joint-attention'로 서로 약속해야 가능하다. 다시 말해 객관성이란 원래 있는 것이 아니라, 상호 합의의 결과라는 것이다. 그래서 오늘날 인문학에서는 객관성이란 단어를 '상호주관성intersubjectivity'으로 대체한다.

상호주관성의 시대에는 각 주체들 간의 소통이 중요하다. 그래야 서로 동의할 수 있는 객관적 혹은 상호주관적 시점을 만들어낼 수 있기 때문이다. 세상을 바라보는 퍼스펙티브를, 각 주체들 간 상호 합의의 결과가 아니라 객관적 관점이라고 우기는 사람이 자주 있다. 이때는 반드시 어떤 권력이 개입되어 있다고 의심해야 한다.

원근법 회화에서 소실점의 위치는 화가 마음대로 정하는 것이다. 그런데도 모든 관찰자들에게, 자신이 선택한 지점에 소실점을 맞춰야 한다고 우기는 태도는 지극히 권력적이다. 문제는 이처럼 '권력이 은폐된 소실점'을 사람들은 여전히 객관적이라고 믿고 있다는 사실이다.

13 원근법은 통제 강박이다

독일이 아직 통일되기 전이다. 서베를린(당시 서베를린은 동독 한가운데 있었다)에서 서독으로 나가려면 적어도 4~5시간은 차를 운전해야 했다. 여름 방학에는 서독으로 한 번쯤 나가줘야 했다. 장벽으로 둘러싸인 서베를린에만 있는 것은 감옥에서 한여름을 보내는 것과 마찬가지였다. 10년 된 포드 피에스타 800cc를 아주 헐값으로 샀다. 아내와 서독으로 연주하러 가는 아내 친구를 뒷자리에 태웠다. 선선한 저녁에 출발했다. 그런데 서베를린을 떠나자마자 바로 문제가 생겼다.

동독 고속도로 중간에 차가 자꾸 서는 것이었다. 가다 서다를 반복하다가 결국은 멈춰 서버렸다. 주변에는 불빛 하나 없었다. 내가 지금 어디 있는가를 전혀 알 수 없었다. 지나가는 차도 거의 없는 깊은 밤이었다. 가끔 지나가는 차를 향해 손을 흔들어도 멈춰 서는 차는 없었다. 하긴, 그 한밤에 동독 고속도로 중간에 차를 세울 리 만무했다. 아니, 차가 서면 더 위험했다. 동독 고속도로 중간에 차를 세우면, 동독 경찰이 북한대사관에 인계한다는 소문이 파다했기 때문이다.

내비게이션이고 휴대전화고, 아무것도 없을 때다. 너무 두려웠다. 더

구나 뒷자리에는 젊은 여자가 둘이나 있었다. 내가 할 수 있는 일은 아무것도 없었다. 살면서 그토록 막막했던 적은 없다.

시간과 공간의 공포를 극복하기 위해 문화가 생겼다

좌표가 잡히지 않는 공간은 '공포'다. 도무지 내가 어디 있는지 모르기 때문이다. 어디로 흐르는지 알 수 없는 시간은 더 큰 공포다. 공간은 발이라도 붙어 있지만, 시간은 그저 붕 떠 있다. 그래서 존재의 본질은 '불안'이다. 하이데거의 실존철학이 말하고자 하는 핵심 내용이다.

하이데거의 '세계-내內-존재In-der-Welt-Sein'란 시간과 공간에 아무 대책 없이 '내던져짐Geworfenheit'을 의미한다. 내던져짐을 한자로 표현하면 '피투성被投性'이다. '아무 곳도 아니고, 아무 곳에도 없다'라고 하는 불안의 존재는 피투성이의 삶을 살 수밖에 없다는 뜻이다. 어디서 와서 어디로 가는지, 전혀 가늠할 수 없는 이 불안을 견디지 못해 인간은 '여기와 지금here and now'이라고 하는, 존재의 확인을 위한 좌표를 정하기 시작한다.

시간에 대한 불안과 공포를 극복하기 위해 인간은 시간을 '분절화'한다. 시간을 숫자로, 마치 셀 수 있는 물체처럼 만든 것이다. 일단 하루를 24시간으로 쪼갠다. 하루가 모여 일주일이 되고 한 달이 된다. 그리고 365일이 모여 1년이 된다. 중요한 것은 이 1년이 매번 반복된다는 사실이다. 아니, 반복된다고 믿는 것이다. 반복되는 것은 하나도 안 무섭다.

다시 돌아오기 때문이다. 한 해가 잘못되면 그다음 해에 잘하면 된다. 그래서 우리는 새해가 오는 것을 매번 그렇게 축하하며 반기는 것이다.

반면 공간에 대한 공포는 시간에 비해 훨씬 구체적이며 감각적이다. 인간이 두 발로 걷기 시작하면서부터 공간의 저항은 매순간 경험된다. 높은 곳에 올라 멀리 내다보고, 하늘을 올려다보게 되면서부터 무한한 공간에 대한 공포는 감당할 수 없을 만큼 커진다.

어느 순간부터 인류는 공간에 대한 공포를 근원적으로 해결할 수 있는 방법을 찾아냈다. '재현representation'이다. 재현의 대부분은 3차원 공간을 2차원의 평면으로 환원시키는 방식으로 일어난다. '무한한 공간'을 통제 가능한 '유한한 공간'으로 바꾸는 것이다. 밤하늘의 별자리 지도와 땅의 지도를 갖게 되면서 인간은 무한한 공간의 공포에서 마침내 해방된다. 지구상 어느 곳에 떨어져도 지도상의 좌표만 분명하면 원래 위치로 돌아갈 수 있기 때문이다.

지도는 공간에 질서를 부여하는 것을 의미한다. 공간을 위도와 경도라는 규칙 안에 재현하기 때문이다. 규칙이 있으면 통제 가능하다는 믿음이 생긴다. 그 어떠한 공간도 가로세로의 질서가 세워져 있는 지도로 나타내면 두렵지 않다. 더 이상 무한한 공간이 아니기 때문이다.

'공간에 질서 세우기'라는 측면에서 본다면 지도의 원형은 '문양文樣'이다. 지도를 갖기 훨씬 전, 인류는 자기 소유의 대상에 문양을 넣었다. 선사시대 인류의 생활용품에 새겨진 추상적이고 기하학적인 문양은 세계 어느 곳에서나 발견된다.

도대체 고대 인류는 왜 사물마다 문양을 그려넣은 것일까? 대상에 질서를 부여하기 위해서다. 세계 어느 곳에서 발견되든, 문양은 언제나 대칭적이고 규칙적이다. 내 소유의 물건은 내 통제하에 있다는 권력을 확인하려는 것이다. 문양이 가지고 있는 규칙성과 대칭성으로 인해 인간이 경험하는 질서는 보다 구체적으로 경험된다. 문양이 아무리 복잡해져도 아주 단순한 모양의 규칙성과 대칭성의 확장에 불과하다.

흥미로운 사실은 기하학적 문양이 구체적 대상을 묘사한 문양에 비해 훨씬 먼저 나타났다는 사실이다. 구체적 대상이 그려진 문양의 등장은 인류 문명의 발달이 한참 더 진행된 다음에야 나타났다. 원시인류의 모든 문양에서 대칭성과 기하학적 특징이 먼저 나타나는 이유는 간단하다. '재현 가능성' 때문이다. 비대칭적인 것들은 재현하기 어렵다. 동물이나 식물을 흉내 낸 구체적인 문양도 재현하기 어렵다.

재현 가능성이란 반복 가능하다는 뜻이고, 반복 가능성은 곧 통제 가능하다는 뜻이다. 규칙과 질서를 부여해 무한의 공포로부터 벗어나려는 인간의 시도는 시간과 공간, 두 영역 모두에 해당된다. 그러나 시간의 경우, 달력의 규칙성과 반복성만으로 시간의 공포가 극복되는 것은 아니다. 달력이 반복될수록 늙어가고, 언젠가는 모두 죽는다는 것을 알기 때문이다. 달력은 어설픈 자기최면에 불과하다. 그래서 시간과 관련된 축제와 제의가 그토록 요란한 것이다. 그만큼 두렵기 때문이다.

시간과 비교하면 공간에 대한 공포는 비교적 쉽게 극복된다. 2차원적 환원을 통해 규칙을 세울 수 있기 때문이다. 질서 잡기가 훨씬 구체적이며 분명하고 간단하다. 재현은 단순히 공포 극복의 수단만은 아니었다. 3차원 공간의 2차원적 재현이 가능해지면서부터 인류의 창조성은 극대화되었기 때문이다. 인간도 신처럼 자신만의 세계를 창조할 수 있게 된 것이다. 아니, 그렇다고 믿기 시작한 것이다.

권력은 원근법으로
공간을 편집한다

기껏해야 도자기나 천에 문양을 그려넣던 인류는 어느 순간부터 자신이 소유한 땅에 문양을 그려넣기 시작했다. 공간적 규칙이 구현된 '정원'이다. 자기 소유의 땅이 생기기 시작하면서부터 사람들은 정원을 만들기 시작했다. 특히 권력이 집중되어 있는 궁전에는 항상 정원이 있었다.

인류가 만든 가장 문양적인 정원은 프랑스의 베르사유 궁전이다[사진 1]. 베르사유 궁전 내부의 화려함은 그렇다 치자. 도대체 그 엄청난 규모의 정원은 왜 만들었을까? 걸어서는 하루 종일 다녀도 다 볼 수 없다. 관광객들에게는 전기 자동차까지 대여해준다. 베르사유 궁전을 만든 루이 14세는 정원 끝까지 한 번이라도 가봤을까 하는 생각이 들 정도다.

[사진 1] 베르사유 궁전의 정원
루이 14세는 자신의 시선을 중심으로 규칙과 대칭의 원리를 구현한 정원을 만들었다. 그리고 자신의 시선은 원근법적 소실점의 정반대편에 위치하도록 했다. 시선의 주인이 세상의 주인이기 때문이다.

단순히 절대권력의 과시를 위해서가 아니다. 불안해서 그렇다. 언제 절대권력에서 쫓겨날지 모른다는 공포 때문에 그 엄청난 정원을 만든 것이다. 베르사유 궁전 정원의 구조는 철저하게 대칭적이다. 작은 도자기나 천 조각에 문양을 만들어 '소심'하게 권력을 확인했던 고대인들과 달리, 절대권력은 자신의 눈이 닿는 공간의 끝까지 규칙적이고 대칭적인 문양을 그려넣었다.

절대권력의 정원은 거기에 그치지 않는다. 원근법적 원리까지 적용하여 자신의 성이 소실점의 정 반대편에 위치하도록 했다. 대칭과 균형의 정점에 자신의 시점을 위치하도록 한 것이다. 자신의 시선이 닿는 모든 곳이 자기 권력 안에 있음을 확인하려는 시도다. 흥미로운 것은 3차원을 2차원으로 축소하는 과정에서 발견된 르네상스 원근법적 원리를, 절대권력은 3차원의 공간에 다시 적용했다는 사실이다.

동전의 양면인 권력과 불안의 결정판이라 할 수 있는 베르사유 궁전의 원형은 '보르비콩트 성Château de Vaux-le-Vicomte'이다[사진 2, 3]. 루이 14세의 재정을 담당했던 니콜라 푸케Nicolas Fouquet가 지었다. 성이 완공된 후 열린 화려한 연회에 참석한 루이 14세는 보르비콩트 성의 원근법적 정원에 엄청난 충격을 받았다. 연회가 끝난 후, 질투와 분노를 참지 못한 루이 14세는 푸케를 체포하고 종신형에 처한다. 국왕만이 할 수 있는 공간과 시선의 지배를 자신의 부하에게 허락할 수는 없었던 것이다.

프랑스의 절대왕정은 무너졌지만 권력은 계속된다. 프랑스혁명과 반혁명, 승전과 패전의 기억을 위해 권력은 수도인 파리 한복판에 개선문을 세우고, 그 개선문을 중심으로 파리 시내 공간을 재편한다. 특히 나폴레옹 3세 때 이뤄진 조르주외젠 오스만Georges-Eugène Haussmann 남작의 도시계획은 근대 권력의 공간적 완성이다.

오스만 남작은 철저하게 원근법적 원리에 의해 도시를 재편집했다. 개선문을 중심으로 대로를 내고, 길 양쪽에는 가로수를 심었다. 시선을 가리는 것들은 모두 제거했다[사진 4]. 보르비콩트와 베르사유의 모든 기술을 도시 전체에 확대 적용한 것이다. 또 다시 있을지도 모르는 혁명과 바리게이트를 원천 봉쇄하려고 골목길을 없애고 대로를 냈다고들 하지만 내 생각은 다르다. 그런 목적은 2차적이다. 공간편집을 통한 권력의 시선 확보가 오스만식 도시 개혁의 목적이었다.

권력은 이렇게 공간을 원근법적으로 편집해 불안에서 벗어나고자 했다. 성안의 정원에서 도시 전체로 확대된 서구의 근대 권력은 이제 바다를 건너 동양을 식민지로 만든다. 시작은 노골적인 폭력이었다. 그러나 어느 순간부터 합리성과 객관성으로 무장한다. 비합리적이고 비과학적인 동양은 계몽되어야 한다는 도덕적 책임으로 자신들의 폭력을 정당화한다. 시작은 르네상스 시대의 원근법이었다.

관점은 하나만 있어야 한다는 모더니티의 강박

그림을 보는 시선이 하나여야 하는 서양의 원근법은 근대 이후 글로벌 스탠다드로 자리 잡았다. 모든 현대식 교육은 이 원근법에 맞추어 이뤄진다. 그러나 세상을 보는 방식이 오직 한 가지일 수는 없다. 3차원을 2차원으로 표현하는 방식도 마찬가지다. 르네상스식 선원근법만 있는

[사진 2] 보르비콩트 성에 구현된 원근법적 정원
보르비콩트 성의 주인 니콜라 푸케는 국왕만이 할 수 있는
공간과 시선의 지배를 시도했다가 종신형에 처하게 된다.

[사진 3] 보르비콩트 성으로 가는
입구의 가로수길
가로수는 원근법의 과장을 위한
아주 훌륭한 수단이다.

[사진 4] 파리 개선문과 샹젤리제의 가로수
절대왕정은 성안의 정원을 규칙과 대칭의 원리로 만드는 데 만족했지만,
근대 권력은 도시 전체를 원근법적으로 재편집한다.

2. 관점과 장소의 에디톨로지

것이 아니다.

동양 회화에서는 전혀 다른 형태의 원근법을 볼 수 있다. '역원근법逆遠近法'이다. 선원근법에 따르면 가까운 물체는 크게, 멀리 있는 물체는 작게 그려야 한다. 그러나 역원근법은 말 그대로 정반대다. [그림 1]의 경우다. 우리말로는 '책거리 그림'이라고도 하는 〈책가도冊架圖〉다. 책을 비롯한 선비들의 문방구를 그린 그림이다.

이제 서양식 원근법에 아주 익숙해진 우리가 보기에도 이 그림은 영 불편하다. 앞쪽이 작고, 뒤쪽이 크다. 그러나 당시에는 이런 표현 방식이 그리 어색한 것이 아니었다. 오히려 서구식 선원근법으로 그려진 그림을 보면, 지금 우리가 〈책가도〉를 볼 때의 불편함을 똑같이 느꼈을 것이다.

서양의 선원근법과 〈책가도〉에 나타난 역원근법의 차이는 단순한 회화 기법의 차이가 아니다. 인식론의 차이다. 전통적으로 동양에서는 상대방의 시선, 혹은 제3의 시선이 더 중요하다. 역원근법은 지금 그림을 보고 있는 내 반대편의 시선에서 그림을 그렸다는 설명이다. 따라서 내게 가까울수록 작아지고, 내 반대편에 있는 타인의 시선에 가까울수록 커진다는 것이다.

물론, 이 또한 역원근법을 설명하는 하나의 가설이다. 많이 허술한 설명이기는 하다. 주로 미국 쪽 비교문화심리학cross-cultural psychology에서 논의되는 방식이다. '시선'이 하나여야만 한다는 선원근법적 전제를 벗어나지 못하는 주장이다. 그러나 동양의 역원근법에서는 서구 원근법의 전제가 되는 주체적 시선이 상대화되고 있는 것만은 분명하다.

동양 회화에 나타나는 관점은 제3의 초월적 시선을 전제로 한다. 많

[그림 1] 서양의 선원근법과 〈책가도〉에 나타난 역원근법은 단순한 회화 기법의 차이가 아니다. 인식론의 차이다.

은 경우, 하늘 높은 곳에서 세상을 내려다보는 '조감도鳥瞰圖'의 형태를 취한다. 조감도는 뜻 그대로 '새가 내려다보는' 관점이다. 대개 이 관점은 마음의 관점, 즉 상상의 관점이 된다. 그림 속의 관점은 하나로 통일되지 않는다. 다양한 관점이 섞이게 된다.

　[그림 2]를 찬찬히 들여다보자. 책상은 앞쪽보다 뒤쪽이 더 크게 그려져 있다. 시선이 뒤에 있다는 뜻이다. 그러나 책상의 앞쪽과 왼쪽 면, 그리고 위쪽이 보이는 것을 보면 또 하나의 시선은 왼쪽 위에 있다. 재미있는 것은 그림 속 사람들이다. 사람들의 시선이 대부분 왼쪽을 향하고 있다. 이 사람들의 왼쪽 뺨이 보인다는 것은 또 하나의 시선이 오른쪽 위에서 내려다보고 있다는 뜻이다. 이 작은 그림 하나에 최소 3~4개 이상의 시선이 숨겨져 있다. 비합리적이고 미개해서가 아니다. 그림의 관

[그림2] 유숙의 〈수계도권修褉圖卷〉

그림 속에 숨겨져 있는 시선이 한두 개가 아니다.
동양화에는 시선이 하나여야 한다는 근대 권력의
강박이 없다.

점은 반드시 하나로 통일되어야 한다는 근대 권력의 강박이 없기 때문이다.

　일본의 경우도 마찬가지다. 선원근법이 들어오기 전의 일본 회화를 살펴보면 아주 특이한 방식의 화면 구성을 볼 수 있다. 일본에는 전통적으로 에마키모노繪卷物, 혹은 에마키繪卷라는 두루마리 형태의 그림 이야기가 있다. 특히 〈겐지모노가타리 에마키源氏物語繪卷〉가 유명하다. [그림 3]은 〈겐지모노가타리 에마키〉의 일부다. 이 그림을 잘 살펴보면 오른쪽 하늘에서 내려다보는 관점으로 화면을 구성하고 있다. 이를 일본에서는 '후키누키야다이吹拔屋臺(하늘에서 지붕을 뚫고 내려다보는 투시법)'

[그림 3] 〈겐지모노가타리 에마키〉의 한 장면
천장을 뚫고 비스듬히 내려다보는 시선이다.

라고 한다. 이는 요즘 아파트 광고에서 유행하는 투시도와 사뭇 닮아 있다.

천장과 벽, 그 외의 물건들을 과감하게 치워버리고, 이야기에 집중하게 만드는 방식이다. 객관적으로 보이는 것을 정확히 그리는 게 아니라 보여주고 싶은 것만을 그린다. 다른 일본 회화들을 보면 이야기와 이야기 사이를 구름으로 경계 짓기도 한다. 지극히 만화적 표현 방식이다. 이런 일본 회화의 전통을 잘 살펴보면 오늘날 망가가 일본에서 그토록 강력한 대중매체가 된 이유를 충분히 짐작할 수 있다.

〈책가도〉 또는 일본 전통 회화의 다양한 묘사 방식이 우리에게 전달하는 메시지는 명확하다. 3차원을 2차원으로 편집하는 방법은 문화적으로 아주 다양하게 발전해왔다는 사실이다. 이는 단순한 회화 기법의 차이가 아니다. 우리가 세상을 인식하고 재구성하는 세계관의 차이다.

서구의 원근법에 관해 독보적인 연구 성과를 보여주는 독일 출신의 미국 미술사학자 에르빈 파노프스키Erwin Panofsky는 르네상스 이후의 선원근법이란 하나의 '상징형식'에 불과하다고 주장한다. 다양한 재현 방식 중의 하나라는 거다. 어떤 규칙을 선택하느냐에 따라 세계는 얼마든지 다른 방식으로 재현할 수 있다. 서구의 원근법만이 유일하게 과학적이고 합리적이라 주장하는 것은 정말 우스운 이야기다.

르네상스 선원근법의 확립 이후, 서구에서 구성된 모더니티의 핵심은 바로 '관점의 통일'에 대한 강박이다. 이는 객관성, 합리성, 표준, 통일성의 철학으로 전개해나간 근대 서구 사상사의 핵심이기도 하다. 근대에 들어오면 서구의 이 같은 세계관은 권력과 맞물리며 '식민지주의'라는 구체적 형태로 나타난다. 뿐만 아니다. 시선 자체가 권력이 된다.

14 권력은 선글라스를 쓴다

회화 방법론으로 '원근법perspective'이든 인식론의 '관점perspective'이든 퍼스펙티브는 반드시 '권력'의 문제를 끌고 들어온다. 원근법의 소실점은 화면을 기준으로 정반대편에 있는 화가의 시선을 전제로 한다. 물론 이 시선은 단 하나다. 그러나 이 같은 화가의 시선은 아주 은밀하다. 그림의 관찰자들은 소실점의 전제가 되는 화가의 시점을 알아차리지 못한다. 자신도 모르게 화가가 정해놓은 위치에서 그림을 바라보게 되어 있다. 유명 미술관의 세계적인 작품 앞에는 사람들이 자리를 차지하느라 아주 부산하다. 부자가 그 엄청난 돈을 주고 그림을 사는 이유는 이 자리를 독차지하기 위해서다. (물론 투기 목적이 아닌 경우에 그렇다는 말이다.) 바로 여기에 모더니티의 함정이 있다. '객관성'의 외피를 입고 그 뒤에 숨어 작동하는 권력이다.

관점의 권력적 속성이 제대로 드러나는 개념은 '시선gaze'이다. 20세기 후반, 페미니즘 이론의 대부분은 남성적 시선의 은폐된 권력을 드러내는 데 집중되어 있었다. 객관성을 가장한 남성 중심주의, 더 정확히 말하자면 백인 남성 중심주의 비판이다.

은밀하고도 집요하게 여성들의 몸을 옥죄는 남성적 시선을 분석하는 페미니즘 비판은 필연적으로 '객관적 관점'의 모더니티 비판으로 이어지게 된다. 이 부분에서 '동양 남자'는 많이 억울하다. 백인 남성의 시선으로 볼 때, 동양 남자는 정말 보잘것없다. 서양 영화나 미국 드라마에서 묘사되는 동양 남자의 모습을 한번 상상해보라. 그 어떤 성적 매력도 없다. 동양 여자를 아주 치사하고 유치하게 억압하는 모습이 대부분이다. 그래서 동양 여자와 결혼한 서양 남자는 그렇게 많은데, 서양 여자와 결혼한 동양 남자는 매우 드문 것이다.

'동양-서양' '남자-여자' 이렇게만 나누어서는 안 된다는 이야기다. 동양 남자, 서양 남자, 동양 여자, 서양 여자와 같은 각각의 '편집 단위 unit of editing'로 나눠 논의해야 한다. 분석 단위에 관한 보다 정밀한 문화사적 고민이 있어야 한다.

시선은 철저하게
권력적이다

근대성, 즉 모더니티는 권력의 시선을 숨긴다. 원으로 둘러싸인 죄수들의 모든 방을 간수가 한가운데서 감시할 수 있게 되어 있는 푸코의 원형 감옥 파놉티콘panopticon은 이 모더니티의 '간지奸智(간사한 지혜)'를 잘 설명해준다. 죄수들은 간수가 도대체 어디를 보고 있는지 전혀 알 수 없다. 그러니 자신이 항상 관찰당하고 있다는 강박에 시달린다. 당연히 감옥 안의 규율을 스스로 알아서 다 지킬 수밖에 없다.

외적 규율의 내면화다. 근대적 주체란 이처럼 눈에 보이지 않는 시선을 의식하는 방식으로 형성되었다. 모더니티의 전제가 되는 이성적 주체란 외적 강제의 '자발적 복종'에 불과하다는 푸코식 모더니티 비판이다.

시험 볼 때 교실 뒤편에서 교사가 뒷짐 지고 서 있는 것도 마찬가지 원리다. 학생들은 시험 시간 내내 교사가 자신의 뒤통수를 뚫어져라 지켜보고 있다는 공포에 시달리며 답안지를 작성한다. 커닝 따위는 어림도 없다. 스스로 정직하게 답안을 작성하는 편이 오히려 마음 편하다. 그런데 막상 답안지를 내고 돌아서면 감독 교사는 창밖을 보며 딴 생각을 하고 있다. 아, 그때의 배신감이란.

시선은 권력이다. 권력을 가진 자만이 시선을 소유할 수 있다. 고궁에 들어가 보면 왕의 의자는 항상 가장 높은 곳에 있다. 오늘날에도 마찬가지다. 각종 국가 행사에서 대통령의 의자는 가장 높고, 정 가운데에 있다. 원근법의 소실점처럼 모든 절차의 기준이 되어야 하기 때문이다. 뿐만 아니다.

권력자의 위치는 행사장의 모든 상황을 시선으로 통제할 수 있어야 한다. 아래에 있는 사람들은 가장 높은 곳의 시선을 의식할 수밖에 없도록 되어 있다. 가장 높은 곳에 서 있는 사람의 표정과 몸짓 하나하나는 참석한 모든 사람의 마음과 행동에 영향을 미친다. 그가 웃으면 기분이 좋아진다. 그가 박수 치면 행복하다. 그의 표정이 싸늘하면 바로 불안해진다.

돈이 생기면 좋은 곳에 별장을 짓는 이유도 마찬가지다. 시선을 소유하기 위해서다. 먹고살기 바쁠 때는 시선 자체에 별 관심이 없다. 그러나 삶의 여유가 생기면 제일 먼저 시선을 구매한다. 오늘날 조망권眺望權

이라는 애매한 권리가 법적 다툼이 되는 이유는 권력의 문제이기 때문이다.

80년대 초반에 지은 압구정 현대아파트의 거실 방향은 다 남향이다. 조망권이라는 권력의 가치를 몰랐던 시절이기 때문이다. 부엌 창문만 한강 쪽을 향하고 있었다. 부엌에서 일하는 '식모(그때는 가사도우미를 식모라고 불렀다)'가 가장 훌륭한 관점을 즐긴 셈이다.

별장도 없고, 풍광 좋은 조망도 소유할 수 없는 사람들은 주말마다 산에 오른다. 단순히 건강에만 좋으라고 산에 오르는 게 아니다. 그저 건강만 생각한다면 산 중턱까지 오르락내리락하지, 뭐하러 매번 죽어라 정상까지 오르겠는가? 실제로 눈 덮인 얼음 바위산을 오르다가 죽은 사람들이 수없이 많다. 도대체 왜 그러는 걸까?

조지 말로리George Mallory라는 유명한 영국 산악인은 이렇게 말했다. "산이 거기 있으니까!" 젠장, 난 그따위 하나 마나 한 소리 하는 이들이 제일 싫다. (골프장 화장실에도 이와 비슷한, 아주 하나 마나 한 말이 격언이라고 붙어 있다. '골프는 공을 티에 올려놓고 집중해서 때리는 운동이다' 따위다. 소변이 나오다 말고 아주 확 하고 막힌다.)

산이 거기 있기 때문에 그냥 오르는 게 아니다. 시선을 소유하고 싶어서다. 누구도 가질 수 없는 그 절대적 시선에 가까이 가기 위해서다. 더 정확히 설명하면, 세상을 전부 소유하는 것 같은 그 시선에 대한 욕망 때문에 산에 오르는 거다. 물론 이는 '세속적 권력'과는 질적으로 다른 '미학적 권력'이다. 칸트는 이를 '장엄의 미학Asthetik des Erhabenen'이라고 정의한다.

장군은
라이방을 썼다

5·16 군사 쿠데타를 대표하는 아주 상징적인 사진이 있다. 권총을 허리에 찬 박종규 소령, 수류탄을 가슴에 매단 차지철 대위를 양옆에 세우고, 검은 선글라스를 쓴 채 뒷짐을 진 박정희 장군의 모습이다[사진 1].

쿠데타와 상관없이 이 사진만 보면, 정말 폼 난다. 50년이 넘은 지금까지도 대한민국 사람이라면 누구나 이 사진을 또렷하게 기억한다. 도대체 왜 그렇게 멋있어 보였을까? 대답은 아주 간단하다. 선글라스 때문이다. 그땐 전문용어로 '라이방'이라 했다. 서양의 영화배우들만 쓰는 줄 알았던 그 라이방을 광대뼈가 튀어나온 키 작은 장군이 그 살벌한 상황에 쓰고 나타난 것이다. 한국 근대사에서 가장 뛰어난 '연출'이었다. 당시 박정희 장군의 라이방이 주는 메시지는 확실하고 단순했다. 또한 강력했다. '나는 너희들을 본다. 그러나 너희들은 나를 볼 수 없다.'

요즘이야 누구나 선글라스를 쓰지만, 90년대 후반까지만 해도 그건 연예인들이나 쓸 수 있는 아주 특별한 물건이었다. 누구나 돈 주고 살 수 있지만, 스타가 아니면 함부로 낄 수 없는 아주 묘한 물건이었던 거다. 일단 누가 선글라스를 걸쳤으면 다들 뒤돌아보았다. 그런데 그자가 스타가 아닌 일반인이면 바로 뒤통수로 욕이 날아들었다. '지가 무슨 스타라고?' 스타의 선글라스 역시 장군과 마찬가지 의미였다. '별처럼 눈부신 나를 너희들은 감히 볼 수 없다!'

근대 권력의 시선은 사람들의 삶을 아주 구체적이고 정교하게 지배한다. 시선의 지배가 구체화된 공간이 바로 감옥, 학교, 군대, 병원이다.

[사진 1] 장군의 라이방

5·16 군사 쿠데타 당시 장군의 라이방이 주는 메시지는 분명했다. '나는 너희
들을 본다. 그러나 너희들은 나를 볼 수 없다.'

물론 근대 이전에도 있었다. 신神의 시선을 의식해 규율, 의무, 책임이
체계적으로 작동했던 수도원이다. 수도원에는 시간과 공간에 따라 자
발적으로 실천해야 하는 구체적 행동 지침들이 있었다. 수도자는 신의
시선을 의식해 이 규율을 내면화했다. 기상 시간, 식사 시간, 기도 시간
등등. 중세 수도원의 시간표를 살펴보면 세속적인 생각이 스며들 여지
가 전혀 없도록 빈틈없이 꽉 짜여 있다.

전지전능한 신의 시선을 의식해 만들어진 수도원의 규율과 의무는
근대 이후 감옥과 학교, 군대로 그대로 옮겨온다. 학교의 시간표, 군대
의 일과표를 기억해보라. 근대 교육은 이 외적 규율과 의무를 내면화하
는 과정이다. 도덕, 자발적 의무와 같은 근대적 주체의 조건은 그 본질
에 있어 권력의 시선을 내면화한 것에 불과하다. 예를 들면, 방학 첫날

누구나 작성했던 방학 생활 계획표와 같은 것이다.

방학 첫날 대부분의 아이들이 하루 열두 시간 이상은 공부하겠다고 계획한다. 노는 시간은 한두 시간 정도? 그러나 실제는 정반대였다. 방학이 끝날 무렵, 그동안 밀린 일기를 하루에 쓰면서 우리는 모두 좌절했다. 이런 생활 계획표는 학교 시간표에 따라 이루어졌던 타율적 규제를 방학 동안 자율적으로 실시하는 훈련이었다. 근대 교육의 목표가 되는 '성장'과 '성숙' 혹은 '발달'의 본질은 타율적 규제의 내면화에 있다.

동양에서 모더니티 형성이 늦은 이유는?

동양은 서양에 비해 근대가 늦었다. 상당히 늦었다. 그러나 정확히 말하자면 늦은 게 아니다. 달랐을 뿐이다. 그러나 대부분의 동양이 서구 식민지로 몰락했던 구체적 이유는 시선의 일원화가 일어나지 않았기 때문이다. 물론 동양에는 서양의 절대왕정에 비해 훨씬 더 일찍 집중된 권력이 형성되었다. 그리고 상당히 오랜 기간 지속되었다. 그러나 선원근법과 같이 단 하나의 소실점을 향해 사회의 모든 문화와 가치가 회귀하는 전방위적인 단일 체계는 아니었다. 동양의 시선은 서양 근대의 '싱글 퍼스펙티브single perspctive', 즉 과학주의나 객관주의와는 전혀 다른 문화 심리적 구성 체계에 근거한 '멀티플 퍼스펙티브multiple perspctive'였다.

싱글 퍼스펙티브에 대립하는 멀티플 퍼스펙티브의 예는 몇 년 전 프랑스에서 돌아온 외규장각 도서에 들어 있는 그림에서도 볼 수 있다.

[그림 1]은 영조와 정순왕후의 혼례 과정을 기록한 『영조정순왕후가례도감의궤』의 한 장면이다. 관찰자의 시점이 사방으로 되어 있다. 관찰 방향에 따라 시선의 주체가 달라지도록 그려져 있는 것이다. 관찰자의 시점이 한 방향으로만 되어 있는 서양 선원근법과는 전혀 다른 표현 방식이다.

인지발달이론에서 아주 유명한 피아제의 '세 산 실험three mountains-experiment'이 있다. [그림 2]처럼 세 개의 각기 다른 모양의 산 모형을 놓고, 보는 위치에 따라 산이 어떻게 달리 보이는가를 머릿속에 떠올리도록 하는 실험이다. 추상적·개념적 사고가 어려운 '전조작기pre-operational stage'의 아이들은 자기가 현재 보고 있는 산의 모양은 정확히 찾아내지만, 다른 방향에서 보이는 산의 모습이 어떠한가를 머릿속에 떠올리는 것은 불가능했다.

[그림 1] 『영조정순왕후가례도감의궤』
그림을 사방에서 볼 수 있도록 되어 있는 편재적 관점, 즉 멀티플 퍼스펙티브. 시선이 하나로 고정되어 있는 서구의 싱글 퍼스펙티브와는 전혀 다른 관점이다.

전조작기의 자기중심적 사고에서 벗어나 상호관계의 맥락에서 주체적 사고를 할 수 있을 때, 즉 '형식적 조작기formal operational stage'에나 그와 같은 추상적 사고가 가능해진다는 피아제의 이론이다. 피아제의 인지발달이론에서 추상적 사고는 대략 11세 이후에나 가능하다고 본다. 최근에는 훨씬 일찍 추상적 사고가 가능하다는 이론이 나오기도 한다.

피아제의 '세 산 실험'은 주체적 관점이 오직 하나여야 한다는 이론적 강박에서 출발한다. 그러나 『영조정순왕후가례도감의궤』와 같은 경우, 주체의 관점이 꼭 하나일 필요는 없다. 사방 어디서 보더라도 인지적 혼란이 없도록 그림이 그려져 있다.

서구의 싱글 퍼스펙티브는 주체의 관점이 하나이며, 변함없어야 한다는 전제에서 출발한다. 그 기원은 소실점이 오직 하나뿐인 원근법이다. 관점이 항상 싱글 퍼스펙티브일 수밖에 없는 서구의 원근법에는 주체의 관점이 동시에 다양하게 공존할 수 있다는 가능성이 존재하지 않는다. 따라서 각기 다른 관점들의 차이는 어쩔 수 없이 권력투쟁의 문제

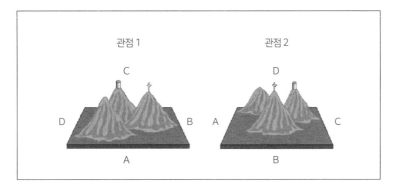

[그림 2] 피아제의 '세 산 실험'
각기 다른 방향에서 보이는 세 산의 모습을 머릿속으로 상상해내야 하는 실험이다.

로 환원된다. 관점이란 주체와 대상과의 관계에서 상대적으로, 그리고 한시적으로 결정되는 것이라는 동양의 편재적 관점, 즉 멀티플 퍼스펙티브와는 질적으로 다른 세계관이다.

근현대 세계사는 서구 싱글 퍼스펙티브의 일방적인 승리였다. 그러나 21세기의 환경문제, 빈곤문제와 같은 전 지구적 문제들을 해결하기에 싱글 퍼스펙티브의 서구 모더니티는 부족해도 한참 부족하다. 싱글 퍼스펙티브의 한계는 곧 서구 세계관의 한계다. 그렇다고 지금의 동아시아가 대안이 된다고 착각하면 안 된다. 요즘 같은 상태의 한국, 중국, 일본으로는 어림 반 푼어치도 없는 일이다.

15 시대마다 지역마다 달라지는 객관적(?) 세계지도

매번 아내는 지도를 집어던지며 여행을 다 때려치우겠다고 했다. 90년 대 독일 유학 시절 이야기다. 여름 휴가철, 이웃 사람들은 모두 여행을 떠났다. 한 달이고 두 달이고, 트레일러를 끌고 캠핑카를 타고 그렇게들 떠났다. 바그너는 네덜란드 사람들이 방랑한다고 했지만, 내 눈에는 독일인들이 더 방랑하는 듯했다.

땡볕이 내리쬐는 텅 빈 동네를 돌아다니는 기분은 참 묘했다. 버려진 개 같은 느낌이었다. 별로 진척 없는 학위 논문을 덮어놓고 단 며칠이라도 떠나야 했다. 그러나 떠나면 아내와 매번 싸웠다. 정말 지독하게 싸웠다. 다 지도 때문이었다.

나는 운전을 하고, 아내는 옆 좌석에서 지도를 봤다. 도로가 갈라지는 곳마다 나는 "맞아?" "제대로 가는 거야?"를 반복했고, 아내는 "어… 어…" 할 뿐이었다. 결국 차를 세우고 싸웠다. 씩씩거리다가 미안하다고 빌고, 또 다시 떠나곤 했다. 지금도 그때 생각만 하면 아주 지긋지긋하다. 친구들과 이야기를 나눠보면 우리 부부만 그런 것은 아니었다. 지도 보기가 익숙지 않은 부인을 둔 내 또래 부부는 죄다 그랬다.

단언컨대, 내비게이션이 장착된 자동차가 안 나왔다면 젊은 부부의 이혼율은 지금보다 훨씬 더 높았을 것이다. 그렇지 않아도 불안한 젊은 부부가 낯선 곳에서 공간적 좌표마저 상실하게 되는 것처럼 공포스러운 일은 없기 때문이다. 시공간에 대한 근원적 불안이 관계의 불안과 함께 몰려오는 것을 견디기란 그리 쉬운 일이 아니다.

지도의 중심은
어떻게 만들어지는가?

회화의 원근법perspective과 더불어 지도의 '투영법projection'은 가장 대표적인 '재현' 방법이다. 계산 가능한 범위 내의 축척이 사용된 지도로 지구를 재현하고, 원근법을 이용해 입체적으로 보이는 그림을 그릴 수 있게 되면서부터 인류 역사는 질적으로 다른 차원으로 발전했다. 그러나 문제가 없는 것은 아니었다.

'곰 한 마리가 A 지점에서 출발해 남쪽으로 1킬로미터 걸어간다. 그리고 그곳에서 방향을 바꿔 동쪽으로 1킬로미터 간다. 그리고 거기서 또다시 방향을 바꿔 북쪽으로 1킬로미터 걸어갔다. 그랬더니 출발점인 A 지점에 다시 도착하게 되었다. 이 곰은 무슨 색일까?'

난센스 퀴즈가 아니다. 수학자 조지 폴리아George Pólya가 진지하게 낸 문제다. 답은 '흰색의 북극곰'이다. 그러나 이 문제에서 중요한 것은 곰의 색이 아니다. 남쪽으로 1킬로미터, 동쪽으로 1킬로미터, 북쪽으로 1킬로미터를 갔는데, 출발점으로 다시 돌아갔다는 사실이다. 지구가 둥근 입체가 아니라 평면이라고 생각하는 맹점을 걸고넘어지는 문제다.

습관적으로 우리는 지구가 평면이라고 생각한다. 3차원의 지구를 2차원 평면에 옮겨놓은 지도 때문이다. 인공위성에서 찍은 지구의 둥근 사진도 3차원이 아니다. 2차원의 둥근 원일 뿐이다. 지도 투영법의 전제가 되는 유클리드 기하학은 애초부터 3차원 공간에는 적용할 수 없는 것이었다.

유클리드가 생각하는 공간이란 비어 있고, 어느 방향으로나 질적으로 동일하며, 평평하다. 따라서 공간을 원, 삼각형, 평행선, 수직선으로 단순화해 계산하는 것이 가능하다고 생각한다. 그러나 지구와 같은 구면체를 평면에 정확히 투영하는 것은 절대 불가능하다.

1820년대 독일의 수학자 가우스Carl F. Gauss는 지구의 모양을 왜곡하지 않고 고정된 축척으로 평면에 옮길 수 없다는 것을 수학적으로 증명했다. 그러나 앞의 '북극곰 퀴즈'가 보여주듯 유클리드 기하학적 사고는 오늘도 여전히 우리의 일상을 지배하고 있다. 세계지도가 실제의 세계를 정확하게 반영하고 있다는 착각이다.

나도 그랬다. 독일 유학을 떠날 때, 독일 국적의 루프트한자Lufthansa 비행기에 비치된 기내 잡지의 세계지도를 보기 전까지 나는 한 번도 지도의 객관성을 의심하지 않았다. 뿐만 아니라, 지도는 각 대륙의 크기와 위치를 정확히 반영하는 것이며, 세계지도는 오직 한 가지뿐이라고 생각했다. 그러나 생전 처음 외국으로 나가는 비행기 안에서 난 아주 낯선 세계지도를 보았다.

세계지도의 중심에 유럽 대륙과 대서양이 있었던 것이다. 내가 이제까지 세계지도 한가운데 있다고 알고 있던 태평양은 둘로 쪼개져 지도

양끝으로 밀려나 있었다. 황당했다. 그러나 이렇게 생긴 지도로 봐야 우리나라가 '극동아시아Far East Asia'에 속하게 된다는 사실을 깨달았다. 중동中東 지방은 근동近東과 극동極東 사이에 놓여 있기 때문이라는 것도 이렇게 생긴 지도로 봐야 제대로 이해할 수 있다. 근동, 중동, 극동과 같은 지역 명칭은 유럽을 중심에 두고 말하는 것임을 그제야 겨우 깨달았던 것이다. 그렇다면 우리가 이제까지 당연한 것으로 여겨왔던, 태평양이 가운데 있는 지도는 언제 만들어진 것일까?

16세기 말 중국에 포교하러 온 마테오 리치Matteo Ricci의 작품이다[사진 1]. 그가 중국의 황제와 귀족들에게 선물하려고 본국에서 가져온 지도에는 중국이 가장자리로 밀려나 있었다. 세계의 중심이라고 여기는 중화中華의 자존심을 건드리는 일이었다. 당연히 중국 사람들을 화나게 했다.

마테오 리치는 재빨리 동경 170도 부근을 중심으로 하는 지도를 만들었다. 또한 중국이 더 크게 보이도록 확대해 중국인들을 안심시켰다.

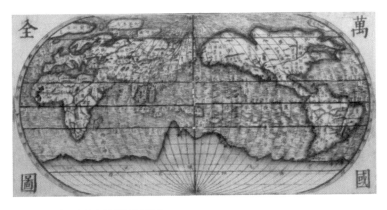

[사진 1] 마테오 리치가 제작한 세계지도
우리에게 익숙한 세계지도. 태평양이 가운데 놓인 지도는 16세기 말 중국에 포교하러 온 마테오 리치의 작품이다. 중국이 변방에 놓인 유럽식 세계지도를 보고 열 받은 중국인들을 달래기 위해서였다.

그 후로 아시아에서는 태평양이 가운데 있는 지도를 사용하게 된다. 그러나 이 지도는 태평양의 위치만 한가운데로 바뀌었을 뿐이다. 극동, 중동과 같은 지역 명칭이 보여주듯, 지도의 중심은 여전히 유럽이었다. 단순한 명칭만의 문제가 아니었다.

지도에서 유럽의 크기는 엄청나게 과장되어 있다

태평양이 가운데 있든 대서양이 가운데 있든, 지도에 나타난 면적은 실제 면적과 큰 차이가 있다. 투영법 자체의 문제다. 우리 눈에 익숙한 대서양 중심의 지도는 대부분 '메르카토르 투영법'에 기초하고 있다. 메르카토르식 투영법에 기초한 지도에는 유럽 대륙이 실제보다 훨씬 크게 그려져 있다[사진 2]. 유럽 대륙의 실제 크기는 남아메리카의 절반에 불과하지만 두 배의 크기로 그려져 있다. 거대하게 그려진 그린란드는 아프리카 크기의 14분의 1에 불과하다. 그러나 메르카토르식 지도상에서 그린란드와 아프리카는 서로 비슷한 크기다. 이 같은 면적의 왜곡이 한두 가지가 아니다.

이를 처음으로 비판한 사람은 독일의 역사학자 아르노 페터스Arno Peters였다. 1973년 페터스는 전 세계 기자들을 모아놓고, 메르카토르식 투영법에 의한 지도를 유럽 중심주의와 식민지주의의 잔재라고 비판했다. 페터스가 제기한 메르카토르식 투영법의 가장 큰 문제는 지도에 나타난 적도의 위치였다. 지도상의 중심선이 되어야 할 적도가 메르카토

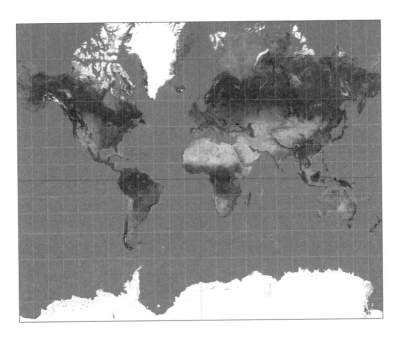

[사진 2] 메르카토르 투영법
태평양이 둘로 나뉘어 지도 양끝으로 밀려나 있는 지도. 나는 유럽이 한가운데 있는 이 같은 지도를 독일로 유학 가던 비행기 안에서 처음 보았다. 이런 지도로 봐야 우리나라가 '극동아시아'에 있는 것이 된다. 지금까지 우리는 태평양이 가운데 있는 지도를 보면서 극동아시아를 이야기해왔다. 그래서 헷갈렸던 거다.

르식 지도에서는 중심보다 훨씬 아래쪽에 놓여 있기 때문이다. 대신 유럽을 지나는 위선緯線이 지도의 중심에 오도록 되어 있다.

메르카토르식 지도의 좌우 중심선 또한 유럽을 지나도록 되어 있다. 결국 가로세로의 중심선이 모두 유럽으로 모이도록 되어 있는 것이다. 그 결과 백인들이 사는 유럽이 과도하게 부각되고, 아프리카와 남아메리카 대륙은 엄청나게 축소되어버린 것이다.

메르카토르식 투영법의 또 다른 문제는 자오선을 직선으로 펴고, 적도에서 멀어질수록 위선의 간격이 길어지게 한 데 있다. 위도와 경도가 만나는 각 부분이 정사각형이 아니라 원칙 없는 직사각형이 되어버린 것이다. 그 결과 위도가 높은 지역의 크기가 과도하게 왜곡되어 보이게 되었다.

이 같은 메르카토르식 투영법에 대한 페터스의 비판은 사실 그리 정확한 것은 아니었다. 일단 지도의 중심선이 적도가 아니라 유럽을 지나가도록 한 것은 당시 선원들이 다니던 유럽 주변의 뱃길을 보다 자세히 보여주려는 의도였다. 유럽 중심주의와는 별 상관없다는 뜻이다.

자오선을 직선으로 펴고, 위선의 간격을 적도에서 떨어질수록 크게 한 것도 아주 실용적인 목적이었다. 메르카토르는 둥근 지구를 평면에 펴서 묘사할 때 생길 수밖에 없는 면적의 왜곡을 받아들였다. 대신 자오선을 직선으로 펴고, 위선의 간격을 넓혀서 방위선이 직선으로 유지되도록 했다. 그렇게 해야만 항해사들이 지도 위에 정확한 방위각을 그릴 수 있었기 때문이다.

어차피 공 모양의 지구를 정확하게 평면으로 옮기는 것은 불가능하기에, 정확하고 안전한 항해를 위해 메르카토르는 지구 표면을 원통형이 되도록 해 지구의 위아래를 넓게 그리는 투시도법을 선택한 것이다. 그러나 당시 메르카토르식 투영법에 대한 페터스의 비판은 매우 큰 반향을 얻었다. 60년대 말 학생운동이 유럽 대륙을 뒤흔든 직후였기에 페터스의 주장은 더 큰 호소력을 가질 수 있었다.

'페터스 투영법'은 모든 대륙의 크기를 정확하게 반영한 '정적도법 equal-area projection'에 기초하고 있다. [사진 3]에서 '면적 충실도'는 페터스 투영법의 핵심이었다. 그 결과 페터스의 지도에는 각 대륙의 면적이 메르카토르식 지도와는 너무나 다른 모습으로 나타났다. 유럽 면적은 거의 절반으로 축소되고, 아프리카와 남아메리카의 면적은 한눈으로 확인할 수 있을 만큼 커졌다. 그러나 면적을 정확히 나타내기 위해 페터스가 도입한 방법도 그리 완벽한 것은 아니었다.

'면적 왜곡'을 고치기 위해 세로 길이를 늘이고 가로 폭을 줄인 페터스의 지도에는 '형태 왜곡'이라는 또 다른 결함이 나타난 것이다. 즉, 남반구 지역들은 길고 가늘게 나타나고, 캐나다와 아시아 지역은 실제보다 압축되어 뚱뚱해 보이게 되었다.

그뿐만이 아니었다. 전문 지도 제작자가 아니었던 페터스가 간과한 지도 제작상의 기술적 약점들이 시간이 지날수록 적나라하게 드러났다. 결국 페터스의 지도는 각 대륙의 면적을 정확히 보여주겠다는 '객관

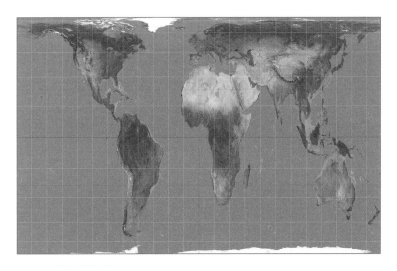

[사진 3] 페터스 투영도법
페터스는 각 대륙의 면적을 정확히 지도에 표현함으로써 메르카토르식 지도의 유럽 중심주의를 극복했다고 주장했다. 그러나⋯.

적 지도'의 목표조차 이루지 못했다. 국가의 면적이 실제와는 너무나 다르게 나타난 곳이 많았던 것이다.

결국 페터스의 지도는 그리 오래가지 못했다. 그가 주장한 정확성과 객관성이 터무니없이 과장된 것으로 드러났기 때문이다. 뿐만 아니다. 메르카토르식 투영법의 유럽 중심주의를 그토록 비판하면서도 자신의 지도가 그리니치를 지나는 본초자오선prime meridian을 여전히 사용하고 있는 것에 대해 설득력 있는 어떠한 해명도 내놓지 못했다.

유럽이 있는 북반구가 왜 항상 지도의 위쪽을 차지하고 있는가에 대한 질문에 관해서도 아무런 설명이 없었다. 오늘날 호주와 같은 남반구 국가들이 제시하는 '뒤집힌 지도' 또한 메르카토르식 지도에 대한 대안으로 얼마든지 가능하다는 것을 페터스는 인정하지 않았다[사진 4].

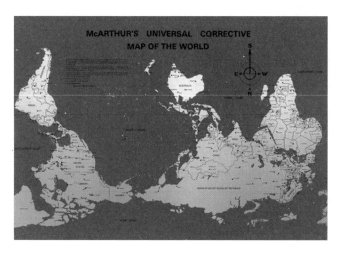

[사진 4] 호주 등 남반구 국가들이 주장하는 '위아래가 뒤집힌 지도'
3차원 공간의 2차원적 재현은 객관성의 딜레마뿐만 아니라 관점의 딜레마로부터도 절대 자유로울 수 없다.

그러나 페터스 지도의 가장 결정적인 문제는 따로 있었다. 페터스는 정확하고 객관적인 지도가 가능하다는 사실주의적·실증주의적 인식론을 여전히 고집했다. 지도는 각 시대의 문화적 가치와 지배이데올로기를 반영할 수밖에 없고, 그렇기에 유럽 중심주의적 메르카토르 지도는 폐기되어야만 한다고 주장하면서도, 자신의 지도만은 시대적 한계를 뛰어넘는 객관적인 것이 될 수 있다는 모순적 신념을 버리지 않았던 것이다. 타인의 가치는 상대적인 것으로 비판하면서, 자신의 가치는 절대적인 것으로 우기는 모순은 오늘날 한국 사회에서도 자주 볼 수 있다.

재현의 시대에서
편집의 시대로

메르카토르식 지도와 페터스식 지도 사이의 논쟁을 통해 사람들은 투영법을 통한 '재현의 한계'를 명확히 알게 되었다. 이는 단순한 지도 제작의 기술적 문제가 아니었다. 60~70년대 유럽을 달궜던 철학과 사회학에서의 실증주의 논쟁, 리얼리즘을 둘러싼 미학적 논쟁 등이 보여주듯 인간 인식 능력의 한계와 가능성, 더 나아가 인간 창조 능력의 범위에 관한 문제였던 것이다.

재현의 문제가 가장 첨예하게 드러난 영역은 회화였다. 지도의 경우보다 훨씬 더 격렬했다. 르네상스 이후, 선원근법을 사용해 3차원의 대상을 평면 위에 똑같이 재현할 수 있다고 믿게 되었을 때 인간은 드디어 신의 영역에 도달했다고 믿었다. 그 후로 수백 년 동안 원근법을 통한 재현은 누구도 거스를 수 없는 시대적 대세였다. 그러나 지도의 경우와 마찬가지로 원근법적 회화 또한 '재현의 한계'가 시간이 지날수록 분명해졌다. 뿐만 아니다. 회화에서는 '주체'의 문제가 지도의 경우보다 훨씬 노골적으로 드러났다.

지도의 경우, 지도 제작자의 시선은 은밀하게 숨겨진다. 이 숨겨진 시선의 문제를 페터스는 아주 정확히 지적했다. 그러나 회화의 경우는 달랐다. 원근법 자체가 처음부터 주체의 시선을 분명히 하고 있기 때문이다. 회화에서 원근법적 재현의 중심이 되는 소실점은 그 대상을 바라보고 있는 주체의 시선이 있어야만 가능하다. 그림 반대편에 서 있는 화가의 시선을 전제해야만 소실점이 성립할 수 있다는 이야기다.

회화에서 '객관적 재현'이란 '주관적 시선'을 전제해야만 가능하다. 절대 객관적일 수 없다는 의미다. 다들 의심하던 이 같은 '벌거벗은 임금님' 문제를 본격 제기한 것은 인상파 화가들이었다. 이에 관한 학자들의 본격적인 토론은 수십 년이 지난 20세기 후반에나 이뤄진다. 그래서 예술이 위대한 거다. 해가 진 다음에야 날기 시작하는 '미네르바의 올빼미'처럼 학자는 모든 일이 일어난 후에 이야기를 시작한다. 그러나 예술가는 다르다. 먼저 느끼고 먼저 표현한다. 그래서 예술가는 무모하고 학자는 비겁한 거다.

소실점으로 환원하는 회화 공간이 실제를 똑같이 재현할 수 있다는 원근법적 신념을 포기한 인상파 화가들은 주관적 느낌을 보다 과감하게 표현하기 시작했다. 선원근법의 포기와 주관적 시선의 노골적 표현에 대한 시대적 저항은 거셌다. 회화에 비해 훨씬 더 객관적이고, 사실적인 사진이 실용화되기 시작하던 때였다. '재현 예술'로서의 회화, 즉 원근법적 재현에 기초한 '정확한 회화'가 설 자리는 점점 좁아지고 있었다.

인상파 화가들의 저항은 사실 제한적이었다. 객관적이고 사실적인 재현은 포기했지만, 시각적 재현의 가능성 자체를 완전히 포기한 것은 아니었다. 그러나 피카소는 달랐다. 시각적 재현의 근거가 되는 관점을 과감하게 해체했다. 그래서 피카소가 위대한 거다.

객관적 재현은 물론이고, 일관되고 통일된 시선 자체가 불가능하다는 것을 피카소는 다양한 방식으로 표현했다. 정면에서 보는 시선과 측면을 보는 시선을 한 얼굴에 그려넣은 〈도라 마르의 초상Portrait de Dora Maar〉과 같은 작품이 바로 그것이다[그림 1].

[그림 1] 피카소의 〈도라 마르의 초상〉
피카소의 위대함은 '관점의 해체'에 있다. 통일되고 일관된 시선은 불가능하다는 것이다.

관점의 해체만이 아니었다. 피카소와 브라크의 큐비즘cubism은 눈으로 인식되는 자연의 대상을 해체하고 기본적인 형태로 재구성하겠다는 시각 혁명을 선언한다. 여기에는 '자연을 원통, 원추, 구체球體로 다루겠다'고 선언한 세잔의 생각이 큰 영향을 미쳤다. 에디톨로지 용어로 표현하자면 원통, 원추, 구체는 대상의 재편집을 위한 '편집의 단위unit of editing'가 된다.

드디어 '재현의 시대'가 끝나고 '편집의 시대'가 시작된 것이다. 19세기 말에 이르면 인상파의 수도인 파리 이외의 지역에서도 다양한 형태의 시각 혁명이 일어나기 시작한다. '재현의 예술'에 머물렀던 회화가 산업 자본주의의 시대적 요구에 부응하면서 전혀 다른 차원으로 이동하기 시작한 것이다.

기존 예술과의 단절을 뜻하는 제체시온Sezession이 바로 그것이다. 뮌헨, 비엔나, 베를린 등과 같은 각 지역에서 제체시온, 즉 분리파가 우후죽순처럼 일어났다. 예술과 산업의 편집 가능성을 탐색하는 아르누보Art Nouveau, 유겐트 양식Jugendstil과 같은 새로운 예술 형식도 나타났다. 이 모든 변화는 1919년 독일 바이마르에 설립된 바우하우스Bauhaus라는 '인류 최초의 창조 학교'에 깔때기의 물처럼 몰려 들어갔다[사진 5].

바우하우스에서는 'Kunst und Technik: eine neue Einheit', 즉 '예술과 기술의 새로운 통합'이라는 시대사적 과제가 발터 그로피우스Walter Gropius라는 천재적 리더의 손에 의해 현실화되었다. 스티브 잡스의 애플은 '바우하우스에서 시작된 혁명적 변화의 21세기적 완성'이라고 해도 좋다. 바우하우스는 재현의 시대에 얻어진 인류의 모든 성과를 해체하고, 창조적 편집 가능성을 모색하는 '편집 학교'였다. 인류 역사상 가

[사진 5] 독일의 바우하우스는 '재현의 시대'를 해체하고 '편집의 시대'를 연 인류 최초의 창조 학교였다.

장 위대한 창조의 시대, 에디톨로지의 시대는 이렇게 시작된 것이다.

　나는 수년 전부터 매년 두 달 가까이 사진작가 윤광준과 함께 유럽을 방문하여 바우하우스의 흔적을 좇고 있다. '위대한 편집의 시기'로 내가 이름 붙인 '인터벨룸Interbellum(두 번의 세계대전 사이between the two world wars)'에 일어난 인식 혁명을 에디톨로지적으로 정리하고 싶어서다. 문명사에서 통합적 설명이 가장 빈약한 부분이다. 독일의 나치즘으로 인해 모든 지적 흐름과 자료가 흩어져버렸기 때문이다. 2019년에 출판할 예정이다.

16 공간편집에 따라 인간의 심리는 달라진다

독일 유학을 마치고 한국에서 막 교수가 되었을 때다. 독일 교수들처럼 학생들과 자유롭게 토론하는 수업을 하고 싶었다. 그런데 아무리 노력해도 잘 안 됐다. 흥미로운 토론 주제를 제시해도 누구 하나 자발적으로 입을 여는 경우가 없었다.

결국 앉은 순서대로 이야기를 시켜야 했다. 자식과 한 번도 진지하게 대화해본 적 없는 아빠가 어느 날 맘먹고 "우리 이제부터 대화하자!" 하고는 한참을 침묵하다가 "자, 너부터 이야기해봐!" 하는 식이었다. 나는 좌절했다.

모두들 지적하듯 주입식 교육의 폐해라고 생각했다. 한국에서의 토론식 수업은 아예 불가능하다고도 생각했다. 그러나 그게 아니었다. 장소를 바꿔 수업을 해보니 학생들의 태도가 전혀 달라졌다. 따뜻한 봄날 잔디밭에 나가 야외 수업을 해보니, 수업의 양상이 강의실과는 전혀 달랐다. 나무 그늘에 아무렇게나 둘러앉은 학생들은 자기 생각을 아주 자연스럽게 꺼냈다. 이제까지 내가 알던 그 강의실의 학생들이 아니었다.

장소에 따라
태도가 달라진다

한국에서 토론식 수업이 불가능한 이유는 강의실 구조 때문이다. 강의실에 앉으면 학생들은 앞쪽 칠판만 바라보게 되어 있다. 학생들끼리의 상호작용은 애초부터 배제되어 있다. 강의실講義室이란 이름부터 '강의하는 방'이라는 뜻이다. 그러니 어찌 배우는 학생들끼리의 토론이 가능하겠는가?

독일 대학의 세미나실에는 책상과 의자가 고정되어 있지 않다. 수업 시작 전, 학생들은 수업에 참여하는 인원에 맞게 그리고 자신들의 취향에 맞게 언제든 공간을 바꿀 수 있다. 책상을 배치하는 과정, 즉 '공간편집'의 과정에서 학생들끼리의 소통은 이미 시작된다. 뿐만 아니다. 학생들끼리 서로 얼굴을 마주 보고 앉게 되면, 교수의 강의를 들으면서도 학생들 간의 소통은 계속된다. 수업 내용에 대한 다른 학생들의 표정과 자세를 언제든 살펴볼 수 있다.

학생끼리의 시선 공유joint-attention가 가능하다는 이야기다. 맞은편의 학생이 조금이라도 의아한 표정을 지으면, 이에 대한 자신의 의견을 바로 표현할 수 있다. 교수의 강의를 듣는 것만이 아니라, 동료 학생들과의 생각을 공유하는 것이 수업 참여의 큰 동기가 된다. 뿐만 아니다. 교수가 어설픈 설명을 하면 바로 지루한 표정을 한다. 이 느낌은 세미나실의 다른 학생들에게 바로 전염된다. 이 같은 상황에서는 교수도 열심히 할 수밖에 없다. 학생들이 강의를 들으며 도대체 무슨 생각을 하는지 감을 못 잡는 교수는 절대 살아남을 수 없다.

세미나실의 책상 배치가 교육의 내용을 결정한다. 한국의 진정한 교육개혁은 교실의 공간편집에서부터 새롭게 시작해야 한다. 어린아이들의 교실 구조부터 바꿔야 한다. 그래야 교사가 아이들을 대하는 태도가 달라지고, 아이들도 다른 아이들을 존중하는 태도를 갖게 된다.

산만해도 된다. 어린아이들이 일사불란하게 집중하는 것이 더 이상한 거다. 초등학교부터 대학 강의실까지 죄다 앞의 선생님만 바라보게 되어 있는 구조로는 경쟁 일변도의 교육에서 절대 벗어날 수 없다. 획일화된 교실 구조를 벗어나지 못하면 '창조 사회'는 꿈도 꿀 수 없다.

공간편집의 중요성을 우리만 잊고 산 것은 아니다. 인간 의식에 공간이 미치는 영향을 깨달은 것은 그리 오래된 일이 아니다. 근대 이후, 인류는 '시간'에만 주목했다. 근대는 '역사의 발명'으로 요약할 수 있다. 상대적으로 '공간'은 잊혀갔다. 지식인들 사이에서 공간을 이야기하면 뭔가 한 급 떨어지는 듯한 분위기도 있었다.

여기에는 독일의 나치즘과 히틀러가 아주 중요한 원인 제공자다. 근대 독일 민족은 공간에 대한 피해의식으로 가득 차 있었다. 히틀러의 나치즘은 독일 민족의 특이한 공간 집착을 교묘하게 이용했다. 이 같은 독일 나치즘의 영향으로 한동안 공간 개념은 국가주의, 파시즘과 연관 검색어였다. 그러나 최근 문화 연구cultural studies에서는 공간이 아주 중요한 연구 주제로 부각되고 있다. 이런 연구 패러다임의 변화를 학자들은 '공간적 전환spatial turn'이라고 부른다.

천장의 높이만 조금 더 높여도 창조적이 된다. 미네소타대학의 조안 마이어스-레비Joan Meyers-Levy 교수는 천장 높이를 30센티미터 높일 때마다 사람들의 문제 해결 능력에 변화가 생기는 것을 발견했다. 공간의 형태에 따라 생각하는 방식도 달라진다. 천장이 높고, 넓은 공간에서는 사람들의 관점이 거시적이 되고, 새로운 아이디어가 잘 나온다. 반면 천장이 낮고, 좁은 공간에서는 사물을 꼼꼼하게 바라보게 되고, 일을 완벽하게 처리하는 경향을 보인다.

미국의 애플이나 구글이 사무 공간을 놀이터처럼 바꾸겠다는 것도 마찬가지 발상이다. 가장 창조적인 행위는 놀이다. 놀이터처럼 사무 공간도 즐거워야 창조적 사고가 가능해진다. 개도 데리고 출근하고, 바닥에서 뒹굴거리거나, 사무실 벽에 공도 차면서 일할 수 있어야 남들 안하는 생각을 할 수 있는 거다. 똑같은 책상 쭉 늘어놓고, 윗사람은 창가에 앉아 부하직원들 뒤통수나 감시하는 방식으로는 현상 유지나 할 수 있으면 다행이다.

문화는
공간편집이다

공간편집, 그 자체가 문화다. 이어령이 말하는 '축소지향적 일본인'도 공간편집의 결과라고 나는 생각한다. 일본 사람들은 참 좁게 산다. 30평 넘는 집에 살면 진짜 부자다. 집 안의 가구도 다 오밀조밀하다. 우리나라 아파트 거실에 놓인 소파 크기는 엄두도 못 낸다. 어떻게 이렇게 좁게 살 수 있나 싶다. 그러나 일본인은 아무도 자신의 공간이 좁다고 생각하지 않는다. 오히려 넓으면 불안해한다.

일본에서는 식당에 혼자 가면 카운터나 구석의 좁은 자리에 앉힌다.

4인용 테이블에 좀 넓게 앉겠다고 하면 아주 큰일 날 것처럼 난감해한다. 의자 밑에는 가방이나 짐을 넣는 바구니가 따로 있다. 밥 먹을 때 팔꿈치를 특히 조심해야 한다. 조금만 방심해도 옆 사람을 건드리게 되기 때문이다.

여자들은 아예 핸드백을 걸 수 있는 작은 고리를 가지고 다닌다. 지하철에서는 사람들이 신문을 A4 사이즈 크기로 접어서 읽는다. 이렇게 좁게 살기 때문에 일본 사람들이 그토록 꼼꼼하고 완벽한 거다. 좁은 공간이 조금이라도 흐트러지면 걷잡을 수 없기 때문이다. 원상태로의 회복이 불가능하다. 바로 공황 상태에 빠져버린다.

공간의 조직 방식, 즉 공간편집이야말로 문화를 결정하는 가장 중요한 요소임을 이론적으로 설명한 학자는 미국의 인류학자 에드워드 홀Edward T. Hall이다. 사는 공간의 크기나 구성뿐만 아니라, 사람들 사이의 거리도 문화에 따라 차이가 난다는 점에 주목한 홀은 '프록세믹스proxemics(근접학)'라는 개념으로 사람들 사이의 거리와 상호작용의 양상을 분류한다.

그의 프록세믹스에 따르면 상호작용의 내용을 결정하는 사람 간의 거리는 다음 네 가지로 나뉜다. '친밀한 거리intimate distance, 개인적 거리personal distance, 사회적 거리social distance, 공적 거리public distance'. 예를 들어 45센티미터 이내의 친밀한 거리에서 보이는 어투와 말의 내용, 표정과 행동 방식은 120~360센티미터의 사회적 거리에서 하는 것과는 전혀 다르다. 물론 각 문화권마다 이 거리는 달라질 수 있다.

홀의 프록세믹스는 아주 구체적으로 작동한다. 예를 들어 별로 가깝지 않은 사람이 친밀한 거리 안으로 들어오면 아주 불쾌해진다. 자신도 모르게 자꾸 뒤로 물러나게 된다. 공식적인 자리에서 권력자와의 물리적 거리 또한 '실세'의 척도가 된다. 권력자가 암묵적으로 가까운 거리를 허용한다는 뜻이기 때문이다. 그래서 권력자 곁에 누가 앉느냐가 그렇게 중요한 것이다.

거리뿐만이 아니다. 앉는 위치와 상대방을 바라보는 시선의 방향에 따라서도 상호작용의 내용이 달라진다. 예를 들어 테이블에서 서로 마주 보고 앉는 경우와 모서리를 끼고 기역자로 붙어 앉는 경우는 대화 내용이나 상호작용의 밀도가 질적으로 달라진다. 홀의 주장을 참조한다면 연인끼리는 마주 보는 것보다 모서리를 사이에 두고 앉는 쪽이 더 좋다. 그러면 대화가 훨씬 농밀해진다.

독립된 침실 공간으로
오늘날의 부부가 탄생되다

공간편집의 영향은 상호작용에만 국한된 것이 아니다. 주택 구조와 가족의 관계는 공간편집에 따라 달라지는 인간 의식을 아주 분명하게 보여준다. 유럽 여행을 하다 보면 각국의 궁전을 매번 들어가게 된다. 그곳을 구경하다 보면 아주 특이한 점이 발견된다. 모든 공간이 문으로 다 연결돼 있다는 점이다. 복도가 따로 없다. 방들이 그저 쭉 이어져 있어, 이 방에서 저 방으로 계속 거쳐 갈 수밖에 없는 구조다. 오늘날 우리가 너무나 당연하게 여기는 침실이나 식당이 따로 구분되어 있지 않다[사진 1].

궁전에 사는 국왕이나 귀족의 삶이 그러했다면 일반인들의 생활은 말할 필요도 없다. 외부인이 방문하면 집 안에서 일어나는 일을 속속들이 들여다볼 수 있었다. 부부의 사생활 따위는 상상할 수도 없는 구조였다. 실제로 침실, 거실 같은 주택 내부 공간을 지칭하는 개념이 나타난 것은 18세기 이후라는 것이 필립 아리에스Philippe Ariès의 주장이다.

　아리에스는 주택의 공간편집과 '아동' 혹은 '따뜻한 가족'이라는 개념이 아주 깊은 상관관계가 있음을 주장한다. 18세기 이후, 주택 내부에 복도가 생기면서 사람들은 매번 이 방, 저 방을 거쳐 이동할 필요가 없게 된다. 외부 방문객의 시선으로부터 자유로운 '우리 가족'만의 공간이 생긴 것이다. 따뜻한 가족은 바로 이러한 독립된 가족의 사생활이 가능해지면서부터 시작되었다.

[사진 1] 괴테가 살던 집
유럽의 주택에 복도라는 공간이 생겨 각 방이 독립된 것은 18세기 이후다. 그전까지는 다른 방으로 가려면 반드시 가운데 방을 지나가야만 했다. 다 들여다보며 다녔다. 부부의 은밀함이란 상상할 수 없었다.

침대가 한곳에 고정되고, 방문객들과 만나는 장소인 살롱이나 식당과 같은 공간이 별도로 생긴다. 즉 식당dining room과 침실bedroom이라는 명칭이 다른 방room들과 구별되어 사용되기 시작한 것이다. 또한 외부로부터 단절된 공간에 부모와 자식만으로 구성된 단란한 가족이 살게 된다. 이제 가족 구성원의 모든 관심은 어린아이에게 집중된다. '보호받고 양육되어야 할 존재'로서의 '사랑스러운 아이'는 이러한 공간편집의 결과로 나타난 것이다.

공간편집은 '가족'이나 '아동'과 같은 추상적 개념에만 영향을 미치는 것이 아니다. 창틀이나 문의 구조와 같은 주택의 구석구석에도 아주 구체적으로 영향을 미친다. 예를 들어 독일의 문이나 창문은 그렇게 튼튼할 수가 없다. 실제로 내가 13년간이나 살았기에 잘 안다.

독일의 창문은 거의 모두 이중창이다. 아주 튼튼하다. 방음은 물론 어지간한 충격에도 깨지지 않는다. 창문 전체를 열 수도 있지만, 위쪽만 살짝 열어 공기 순환만 가능하게 하는 장치도 있다. 몇 년 사용하면 나사가 헐거워지고 창문틀도 어긋날 것 같은데, 십여 년 사용해도 아무런 문제가 없다.

문도 마찬가지다. 엄청나게 무겁지만, 문틀과 정확히 들어맞는다. 한 치의 오차도 없다. 문을 닫으면 아무 소리도 안 들린다. 방 안에서 무슨 일이 일어나는지 전혀 눈치 챌 수 없다. 그럼 정말로 그 안에서 무슨 일이 일어나는지 궁금해진다. 이 튼튼한 독일 문을 독일 특유의 장인 정신으로만 설명하는 것은 너무 안이한 태도다. 독일의 장인들이 그저 실력을 자랑하려고 그렇게 폼 나게 만들었다고 하는 것과 마찬가지이기 때문이다.

독일만큼이나 장인정신으로 인정받는 일본이지만, 문 만드는 기술만큼은 죽었다 깨어나도 독일을 따라가지 못한다. 일본 문은 아주 엉성하고 부실하다. 방음 따위는 전혀 고려하지 않았다. 옆방에서 트림하는 소리도 다 들린다. 밤이 되면 소곤거리는 소리가 들린다. 그러면 아무 소리도 안 들리는 독일 문보다 더 궁금해진다. 그래서 일본인들이 다들 그렇게 조용조용 사는 것이다.

독일이나 일본이나 정밀함으로는 세계 최고지만, 문 만드는 데는 왜 이렇게 큰 차이가 나는 것일까? 왜 일본인은 문과 창문을 만들 때 방음에는 전혀 신경을 안 쓰는 것일까? 반대로 독일인은 문과 창문을 왜 이토록 튼튼하게 만들려고 하는 것일까?

이와 관련해 홀은 아주 설득력 있는 주장을 한다. 독일의 창문과 문이 그토록 튼튼한 이유는 '사적 공간'에 대한 독일인 특유의 편집증 때문이라는 거다. 세계에서 독일 사람들처럼 프라이버시를 중요하게 생각한 민족은 없다. 평생에 걸쳐 세계 각국의 문화를 연구한 그의 의견이니 참조할 만하다.

실제로 내가 겪은 독일도 그랬다. '프라이버시privacy'의 독일어 '프리밧Privat'은 거의 신성불가침이다. 개인의 사생활에는 관심을 가져서도 안 되고, 알려고 해서도 안 된다. 독일인들이 가장 분노하는 것이 바로 사생활 침해다. 이에 대한 독일인의 경계심이 우리와 어떻게 다른가를 실제로 경험한 적이 있다.

베를린자유대학에서 내 박사논문을 지도해준 힐데브란트-닐손 교수를 한국의 우리 집에 초대한 적이 있다. 옛날이야기를 즐겁게 나누며 식사를 하던 중, 아파트 관리실에서 '곧 반상회가 열린다'는 방송이 거실 스피커를 통해 흘러나왔다. 안내 방송은 한 번도 아니고 몇 번에 걸쳐 반복되었다. 순간 지도교수는 눈이 휘둥그레지더니, 도대체 무슨 일이냐고 물었다. 내가 자세하게 설명하자, 그는 도저히 있을 수 없는 일이라는 표정을 지었다.

지진 같은 천재지변이 일어난 것도 아닌데 어떻게 이런 방송이 가능하냐는 거다. 외부의 방송 스피커가 집 안에 설치되어 있는 것도 이해할 수 없고, 집주인 의사와 상관없이 아무 때나 방송하는 것은 더더욱 말이 안 된다는 것이다. 반상회에 불참하면 벌금이 부과된다는 설명까지 하자 지도교수는 '멘붕'에 빠졌다. 사생활 침범 때문에 살인도 수시로 일어나는 독일에서는 도무지 상상할 수 없는 일이 벌어진 것이다. 이처럼 독일과 한국의 공간 의식은 극단적으로 차이가 난다.

우리가 문화 차이라고 생각하는 것들의 많은 부분은 공간 의식의 차이에서 비롯된다. 각 문화의 특징을 가장 빨리 파악하는 방법은 해당 문화의 공간편집 방식을 살펴보는 것이다. 공간편집이야말로 각 문화의 특징을 가장 잘 드러내기 때문이다. 결국 문화를 바꾸는 것은 의외로 간단할 수 있다는 결론이다. 공간편집을 달리하면 된다. 회사의 공간 배치를 바꾸거나 집의 인테리어를 바꾸는 것도 마찬가지다. 공간의 구조가 바뀌면 태도가 바뀐다. 출입문의 위치만 바뀌어도 사람들의 동선이 바뀌고, 공간 내의 상호작용 양상이 변화한다. 문화는 이렇게 아주 구체적으로 작동한다.

17 독일인들의 공간 박탈감이 제2차 세계대전의 원인이다

동물이 자기 영역을 지키려는 것처럼, 인간도 자신의 사적 공간이 침해받았다고 느끼면 평소와는 다른 반응을 보인다. 그건 지극히 동물적인 반응이다. 밀집된 공간에서 자신의 영역을 더 이상 지킬 수 없을 때, 새끼를 죽이고 더 이상 교미를 하지 않고 서로 잡아먹으려고 하는 것과 같은 동물들의 이상행동을 존 캘혼John B. Calhoun은 '행동 싱크behavioral sink'라고 정의한다. 여기서 '싱크'란 음식물 쓰레기를 받는 용기처럼 온갖 행동의 쓰레기가 모이는 것을 뜻한다. 가장 잡스러운 행동을 한다는 것이다.

인간도 마찬가지다. 밀집된 공간에 들어가면 스트레스를 받는다. 나는 앉을 자리도 없이 꽉 찬 아침 좌석버스가 가장 고통스럽다. 특히 겨울에 창문을 꽉 닫고 히터는 잔뜩 틀어놓았는데, 옆의 아저씨한테서 마늘 냄새나 아직 덜 깬 술 냄새가 풍겨오면 아주 미칠 지경이다. 생각만 해도 끔찍하다.

최소한의 품격도 지킬 수 없는 좁은 공간에서 살게 되면 온갖 병리현상이 나타난다. 이를 연구하는 '도시병리학'이라는 분야도 있다. 사적 공간을 박탈당한 개인이 보이는 병리적 현상은 어찌 보면 당연하다. 개인도 이렇게 무서운데, 집단이 그런 행동을 보이면 얼마나 살벌해질까? 실제로 그런 집단이 있다. 영토가 그리 좁지도 않고 별로 박탈당하지도 않았는데, 자신들의 공간이 유난히 좁고, 항상 타민족에게 영토를 빼앗기기만 했다고 생각하며 분노하던 나라가 있다. 바로 독일 민족이다.

히틀러의 레벤스라움과 일본 제국주의의 대동아공영권은 어원이 같다

독일의 국경은 수시로 변경되었다. 잦은 전쟁으로 승전과 패전을 반복했기 때문이다. 특히 제1차 세계대전의 패전은 뼈아팠다. 전쟁이 끝난 후 이뤄진 베르사유조약으로 인해, 독일은 해외 식민지를 모두 잃고 알자스로렌을 프랑스에 반납하는 등 영토의 13퍼센트를 잃었다. 물론 이 땅들 대부분은 이전의 전쟁에서 빼앗아온 것이었다. 하지만 패전에 이은 경제적 어려움으로, 영토를 잃은 독일인들의 박탈감은 이루 말할 수 없었다.

바로 이때 히틀러가 '레벤스라움Lebensraum(생활권)'이라는 개념을 들고 나타났다. 1924년 뮌헨 반란으로 감옥에 갇혀 있는 동안 집필한『나의 투쟁Mein Kampf』에서 독일 민족은 유럽 전체를 독일의 레벤스라움, 즉 독일의 생활권으로 만들어야 한다고 히틀러는 주장한다. 그가 사용한 레벤스라움이라는 개념은 19세기 말 독일의 지리학자 프리드리히 라첼Friedrich Ratzel이 'Leben(생활)'과 'Raum(공간)'을 합쳐 만든 조어다. 다윈Charles Darwin의 진화론을 국가에도 적용해, 국가도 다른 유기체와 마찬가지로 충분히 먹고 자고 숨 쉴 수 있는 공간이 있어야 끊임없이 진화하고 발전할 수 있다는 주장이다.

레벤스라움이 히틀러의 용어가 되는 데는 칼 하우스호퍼Karl Haus-hofer라는 인물의 역할이 결정적이었다. 제1차 세계대전 당시 뮌헨대학 교수였던 하우스호퍼는 어릴 때부터 부친과 친구였던 라첼로부터 깊은 영향을 받았다. 라첼과 마찬가지로 하우스호퍼도 국경은 생명체의 피부처럼 살아 있는 것으로 생각했다. 이러한 그의 생각을 히틀러에게 전달한 사람은 후에 나치 독일의 2인자가 된 루돌프 헤스Rudolf Hess였다. 헤스는 뮌헨대학 재학 당시, 하우스호퍼의 조교였다.

하우스호퍼의 레벤스라움은 나치 독일에만 영향을 미친 것이 아니다. 일본 제국주의를 합리화하는 이데올로기가 된다. 하우스호퍼는 독일과 일본을 왔다 갔다 하며, 두 나라의 제국주의가 닮은꼴이 되도록 가교 역할을 했다. 하우스호퍼는 실제 일본이 한반도를 집어삼키기 바로 직전 해인 1909년에 일본에서 1년간 살았다. 한반도를 식민지로 만들어가는 일본 제국주의의 전략을 지켜보며 자신의 레벤스라움 개념을 가다듬었다.

독일로 돌아온 하우스호퍼는 일본을 극동아시아 레벤스라움의 지배자로 찬양한다. 가는 곳마다 일본을 레벤스라움 이데올로기의 모범 사례로 소개했다. 그의 활동에 감동한 일본은 하우스호퍼의 레벤스라움을 일본 제국주의의 이론적 토대로 받아들였다. 그를 흉내 낸 개념도 만들었다. '대동아공영권大東亞共榮圈'이다. 일본의 대동아공영권은 히틀러가 부르짖은 레벤스라움의 변종이라는 이야기다. 이렇듯 히틀러의 레벤스라움은 지구 정반대 편에 있는 한반도와도 이토록 깊은 관련이 있다. 그 당시에도 세상은 참으로 좁았다.

하우스호퍼를 통해 레벤스라움을 알게 된 히틀러는 이 개념을 자신의 나치 이데올로기에 바로 적용한다. 베르사유조약으로 영토를 빼앗긴 독일은 인구에 비해 영토가 형편없이 부족하다고 주장한다. 또한 자국민을 먹여 살릴 충분한 영토를 얻기 위해서는 폴란드, 우크라이나, 러시아에 사는 슬라브인들의 땅을 빼앗아야 한다고 선전한다. 그들은 독일의 아리안 민족에 비해 열등하기 때문에 그래도 된다는 것이었다. 이때 독일 영토가 지난 수백 년간 어떻게 줄어들었는가를 보여주는 하우스호퍼의 지도는 독일의 레벤스라움이라는 생명체가 어떻게 죽어가고 있는가를 나타내는 아주 효과적인 선전 수단이었다.

히틀러의 레벤스라움 이데올로기에 영향을 미친 또 한 사람이 있었다. 그도 '공간Raum'을 이야기했다. 소설가 한스 그림Hans Grimm이다. 아프리카를 오가며 장사하는 상인이었던 그림은 제1차 세계대전에 참전한다. 그리고 전쟁이 끝나자 독일에 눌러앉아 작가가 된다. 이때 그가 발표한 소설이 『공간 없는 민족Volk ohne Raum』이다.

1926년에 출판된 그의 소설은 당시 독일의 모든 사회 문제는 '공간 부족' 때문이라는 내용이다. 따라서 독일이 산적한 문제를 해결하기 위해서는 공간 확장밖에는 해결책이 없다고 주장한다. 당시 독일인들에게 이처럼 인과관계가 명확한 설명은 없었다. 히틀러가 그림의 소설을 사랑하고, 수시로 언급한 것은 당연했다.

공간 상실에 대한 강박으로 시작한 나치 독일은 또 다시 엄청난 공간 상실로 끝이 났다. 전쟁 후, 동쪽 국경이 오데르–나이세Oder–Neisse 라인으로 그어졌다. 동프로이센을 포함한 독일 고유 영토로 여겨졌던 상당한 크기의 공간을 빼앗긴 것이다. 뿐만 아니다. 남은 독일 영토도 동독과 서독으로 나뉘어 승전국들의 관리를 받게 된다. 독일이 자기 국토를 회복한 것은 채 30년도 되지 않는다.

공간적 전환은
새로운 문화 담론이다

독일 나치즘의 레벤스라움으로 인한 제2차 세계대전 이후, 공간에 관한 담론은 국가주의 혹은 민족주의의 잔재라는 편견이 생겼다. 그 후 사회과학에서 공간은 더 이상 진지하게 다뤄지지 않는다. 내용이 영 우중충해서 전혀 폼 나지 않기 때문이다. 그 빈자리에 '역사'와 '발전'이라는 시간에 관한 담론이 자리 잡는다. 마르크스주의야말로 역사와 발전의 개념을 통합한 가장 폼 나는 이론이었다. 물론 내가 대학에서 공부하던 시절의 아주 오래전 이야기다.

한동안 '시간'을 논해야만 폼 나는 시절이 계속되었다. 아이러니하게도 나치에 협력했던 독일 철학자 하이데거의 『존재와 시간Sein und Zeit』이 시간 담론의 한 축을 담당했다. 하이데거의 실존주의는 제한된 시간을 사는 불안한 존재로서의 인간에 대한 성찰이다.

실존주의와는 또 다른 축에 '역사 발전'과 관련된 시간 담론이 자리 잡는다. 역사 담론은 시간의 흐름에 따라 변화하며 발전하는 인간의 미래에 대한 낙관적 믿음이라고도 할 수 있다. 사회주의든 자본주의든 역사 발전에 대한 믿음은 확고했다. 아울러 그 변화의 양상을 설명하고 예측할 수 있다는 인간의 합리적 사유에 대한 신뢰 또한 확고했다. 그러나 이러한 '시간편집'의 시대는 그리 오래 가지 않았다.

20세기 후반에 들어서면서 합리적 사유의 한계에 관한 '포스트모던 담론'은 역사와 발전이라는 거대 담론을 기초부터 흔들어대기 시작했다. 결정타는 1989년 베를린 장벽의 붕괴였다. 현실사회주의Real Socialism가 몰락하자 대안 없는 미래로 인해 인류는 맥이 빠졌다.

우울한 이야기는 계속되었다. 인간이란 절대 합리적 존재가 아니라는 연구 결과가 심리학이나 경제학 같은 학문 분과에서 지속적으로 보고되었기 때문이다. 인간이 사는 사회는 어느 곳이든 동일한 원리에 의해 설명하고 예측할 수 있다는 이제까지의 사회과학 이론이 더 이상 유효하지 않다는 사실에 사람들은 아주 많이 혼란스러워했다.

더 이상 미래를 계획하며 예측할 수 없다는 것은 견디기 힘든 일이었다. 20세기 후반부터 오늘날까지의 인문·사회과학 분야에서 일어난 이와 같은 혼란을 뭉뚱그려 학자들은 '문화적 전환cultural turn'이라고 일컫는다. 어디서나 동일한 '사회society' 개념으로 시간에 따른 변화를 설명하고 예측하려던 보편 이론의 포기이기도 하다.

독일의 문화학자 도리스 바흐만-메딕Doris Bachmann-Medick은 이 문화적 전환의 내용을 크게 다음의 여섯 가지로 요약한다. 해석학적 전환interpretive turn, 행위적 전환performative turn, 반성적 전환reflexive turn, 탈식민주의적 전환postcolonial turn, 번역학적 전환translational turn, 공간적 전환spatial turn, 도상적 전환iconic turn이 그것이다.

바흐만-메딕의 분류에 따르자면 공간적 전환은 문화적 전환의 한 영역에 불과해 보인다. 그러나 공간적 전환을 이끌고 있는 독일의 역사학자 칼 슐뢰겔Karl Schlögel은 공간의 의미를 '그릇처럼 어떤 것을 담는 용기'의 이미지로 해석하면, 공간 논의가 지리학적인 영역에만 국한된다고 경계한다. 그런 식으로는 공간적 전환의 내용을 제대로 파악할 수 없다는 것이다. 아울러 '담는 용기'를 상상하는 것과 같은 '컨테이너적 공간 이해'는 아인슈타인이 이미 폐기해버린 낡은 개념이라고도 주장한다. 공간의 구성을 다양한 문화적 실천이 일어나는 사회적 과정으로 이해할 때, 공간적 전환을 제대로 이해할 수 있다고 슐뢰겔은 강조한다.

공간적 전환을 가능케 한 또 하나의 결정적 요인은 사이버공간cyberspace이다. 낡은 시대의 공간 이해로는 도무지 접근할 수 없는 아주 새로운 현상이기 때문이다. 가속화되는 세계화globalization와 이에 대한 반작용으로 나타나는 지역화localization, 그리고 이 두 과정의 상호작용으로 나타나는 현지화glocalization의 과정 또한 새로운 공간 개념을 요구한다.

그래서 '공간편집'이다. 구성되고 해체되고 다시 또 다른 방식으로 구성되는 '과정으로서의 공간'을 설명하는 데 공간편집처럼 적합한 개념은 없다. 아울러 컨테이너적 공간 이해의 대안으로도 공간편집은 아주 훌륭한 메타포다.

18 19세기 프로이센 군대와 축구의 공간편집

축구는 동양인에게 그리 유리한 운동이 아니다. 축구는 키도 크고 다리도 긴 사람에게 기본적으로 유리한 운동이다. 다리 짧은 아르헨티나의 메시는 그저 예외일 뿐이다. 만약 근대 세계사에서 한국이 주도권을 가졌다면, 아마 '월드 제기차기 대회' 같은 것이 생겼을 것이다. 제기차기는 '숏다리' 동양인에게 훨씬 더 유리하다. 동양인이 생물학적으로 월등한 체력을 가진 서양인과 축구로 경쟁해서 이기기란 그리 쉬운 일이 아니다. 그러나 체력적인 문제는 2차적이다. 보다 근본적인 문제는 축구의 본질과 관련되어 있다.

잘 생각해보라. 축구는 '놀이'다. 다 큰 어른 스물두 명이 사람 머리만한 공을 정신없이 쫓아다니며 공을 발로 차서 골포스트 안으로 넣어야 하는, 정말 유치하기 짝이 없는 놀이다. 손을 쓰면 벌까지 받는다. 아무리 전 세계인이 주목하는 엄청난 월드컵 경기라 해도 축구의 본질은 아주 '유치한 놀이'다. 그 놀이에서 이기려면 완전히 몰입할 수 있어야 한다.

축구의 본질은 놀이다
그것도 아주 유치한 '땅따먹기' 놀이다!

몰입하려면 어린애들처럼 혼이 쏙 빠지게 즐겨야 한다. 노는 게 너무 재밌어서 오줌 싸는 줄도 모르며 놀 수 있어야 하는 거다. 그런 즐거운 놀이에 '자랑스러운 태극전사, 대한민국을 위해 싸워라' 식의 애국심을 강요하는 것은 정말 오버! 몰입에 오히려 방해가 된다.

국가의 명예를 걸고 싸운다는 것도 사실은 재미를 극대화하기 위해서다. 국가끼리 싸우는 척하는 '가상 놀이as-if'일 뿐이다. 축구에 졌다고 나라가 망하는 일은 절대 없다. 국가끼리 싸우는 척해야 더 많은 사람이, 더 재미있게 즐길 수 있기 때문이다. 세계 각국의 자국 내 축구 리그가 지역 연고를 갖는 것도 마찬가지 이유다. 그런 놀이에 애국심과 투쟁심으로 무장하지 않았다고 욕하는 것은 정말 한심한 일이다. 이거야말로, 예능 하는데 다큐 하자고 덤비는 거다. 우리 축구 선수들이 이기지 못하는 진짜 이유는 제대로 즐기는 축구를 하지 못했기 때문이다.

축구는 놀이다. 더 정확히 말하면 바둑과 같은 '공간편집 놀이'다. 감독은 축구 경기장을 4-2-3-1 혹은 4-3-3과 같은 다양한 포메이션으로 나눈다. 각 팀의 공간편집 방식이 서로 부딪힐 때, 축구는 인지적 몰입을 동반하는, 바둑과 같은 아주 수준 높은 두뇌 게임이 된다.

공격은 고참들만 하고 수비는 쫄따구들만 하는, 그리고 아주 가끔 게으른 고참도 수비하는 군대식 '뻥축구'가 재미없는 이유는 이런 공간편집이 원천적으로 불가능하기 때문이다. 그래서 군대 축구는 죄다 싸움으로 끝나는 거다. 대개는 지고 있던 팀이 경기 도중 싸움을 건다. '보름

달 빵과 베지밀 내기'를 파투 놓기 위해서다. 내가 겪었던 80년대 초반의 군대 축구는 죄다 그런 식이었다.

스스로 경기장의 모든 움직임을 해석하며 예측하는 인지적 참여가 있어야 진짜 축구팬이다. 축구 해설자의 역할은 그 해석의 자료를 제공하는 데 있다. 이러한 축구의 역동성을 좌우하는 공간편집은 감독 고유의 영역이다. 감독의 전술이란 선수들 개개인의 신체적·심리적 능력을 고려한 공간편집 능력을 의미한다. 아무리 뛰어난 상대 선수라도 수비 포메이션을 이용해 꼼짝 못하게 할 수 있다.

축구는 더 이상 개인 경기가 아니다. 뛰어난 몇몇 선수에 의해 좌우되던 축구가 감독의 전술 게임으로 바뀐 가장 결정적인 계기는 오프사이드 규칙의 도입이다. 오프사이드 규칙은 동네 조기 축구처럼 선수들이 상대편 골대 앞에만 몰려 있는 것을 막기 위해 1863년에 처음 도입됐다. 그 후 1925년에 규칙이 수정된다. 골대와 공격수 사이에 상대편 수비 선수가 세 명이 있어야만 오프사이드가 아닌 것으로 판정했던 것을 두 명만 있어도 오프사이드가 아닌 것으로 규칙을 바꿨다. 그 결과, 공격수들이 활용할 수 있는 공간이 확연하게 늘어났다. 한 번에 길게 골대 앞으로 공을 찔러주는 롱패스의 쾌감도 맛볼 수 있게 되었다.

한국 축구의 중흥 방법,
축구 중계를 폼 나게 하면 된다

오프사이드 규칙은 최근까지도 공격수에게 유리한 방식으로 조금씩 개정되었다. 그래서 예전에 자주 보았던 '오프사이드 트랩offside trap'이 요즘에는 거의 보이지 않는다. 어설프게 오프사이드 트랩 작전을 펼쳤다가는 바로 뚫리는 까닭이다. 세련된 오프사이드 규칙이 도입된 후, 축구는 세계인을 사로잡는 스포츠가 되었다. 공간을 편집하는 다양한 포메이션 전략이 가능해졌기 때문이다. 오프사이드 규칙은 축구가 공간편집 놀이임을 분명히 한다. 그러나 단지 오프사이드 규칙의 도입만으로 현대 축구가 재미있어진 것은 절대 아니다.

오프사이드 규칙만큼이나 중요한 것은 경기장에서 일어나는 감독의 공간편집 전략을 한눈에 보여줄 수 있는 시각적 매체다. 축구가 전 세계인의 스포츠가 될 수 있었던 결정적인 이유는 TV 중계 때문이다. 월드컵이 개최될 때마다 아주 새로운 중계 방식이 나타난다. 일단 축구 중계에는 여타 스포츠에 비해 월등하게 많은 카메라가 동원된다. 최소한 20~30대의 카메라가 경기장을 둘러싼다. 카메라의 종류도 다양하다. 스테디캠, 스카이캠, 크레인카메라, 고공 무인 컨트롤러와 같은 다양한 장치가 사방에서 선수들의 아주 작은 움직임과 세세한 표정을 잡아낸다. 클로즈업된 화면에는 선수들의 땀구멍까지 보인다.

골대 뒤에는 미니카메라가 설치되어 있어 골인이 되면 그물의 출렁임을 반복해서 보여준다. 보고 있자면 정말 가슴이 철렁한다. 흥분하지 않을 수 없다. 경기장 곳곳에 설치된 마이크는 공 차는 소리, 선수들의 몸 부딪치는 소리, 고통스러워하는 소리, 거친 숨소리까지 모두 들려준다. 높은 하늘 위에서 내려다보도록 설치된 카메라는 경기장의 모든 움직임을 한눈에 볼 수 있게 해준다.

뿐만 아니다. 경기 해설자는 다양한 CG를 이용해 선수들의 움직임을 예측하고 분석하고 평가한다. 흥미로운 장면은 수십 번 반복해서 보여 준다. 슬로모션도 동원된다. 각기 다른 위치의 카메라가 잡은 모습이라 볼 때마다 새롭다. 그래서 경기장에서 축구를 직접 볼 때도 중간중간 스마트폰의 중계 화면을 들여다봐야 한다. 그래야 더 재미있기 때문이다.

한국 축구가 다시 살아나는 방법은 아주 간단하다. K리그 경기를 월드컵처럼 아주 많은 카메라를 동원해서 중계하면 된다. 실황중계가 힘들면 스포츠 뉴스만이라도 다양한 각도에서 촬영한 경기 화면을 박진감 있게 보여줘야 한다. 고작 두세 대의 카메라로 찍은 게으르기 짝이 없는 화면을, 그것도 아주 성의 없게 편집해 내보내면서 세계 수준의 축구를 기대하면 진짜 나쁜 사람들이다.

80~90년대에 내가 독일 유학할 당시, 매일 저녁 봤던 독일 분데스리가의 중계 화면은 지금의 월드컵 중계에 전혀 뒤지지 않았다. 그날 경기의 하이라이트를 보여주는 뉴스 화면은 그 어떤 액션 영화보다도 흥미진진했다. 축구팬이 아니어도, 선수들의 특징은 물론 감독의 전략까지 훤히 들여다볼 수 있었다.

요즘은 인터넷을 통해 스페인의 프리메라리그, 영국의 프리미어리그, 이탈리아의 세리에와 같은 유럽 리그의 경기를 세계 어디서나 실시간으로 볼 수 있다. 그들의 중계 화면은 거의 월드컵과 같은 수준이다. 그렇게 화려한 화면을 보다가 K리그의 성의 없는 화면을 보려니 다들 짜증 내며 돌아서는 거다. 한국 축구의 문제는 선수들 잘못이 절대 아니다. 동기부여가 안 되는 시스템 탓이다.

축구를 보여주는 방식이 바뀌면 선수들의 경기 내용도 달라진다. 공간을 읽는 축구를 할 수 있게 된다. 물론 축구팬들의 태도도 바뀐다. 월드컵 때만 TV 앞에 달라붙어 "대-한민국!"을 외치는 '애국 축구'에 멈추지 않는다. 화면의 다양한 자료를 통해 선수들을 평가하며, 감독의 전략을 즐기게 된다. 축구팬들이 축구를 이해하는 수준이야말로 그 나라의 축구 수준이다. 애국 축구로 세계 수준을 기대하는 것은 어림 반 푼어치도 없다.

군대는 왜 죽어라
제식훈련만 시킬까

공간편집이라는 측면에서 보면 축구와 군대는 상당히 닮아 있다. '군대 축구' 이야기를 하려는 게 아니다. 무의미한 공간을 의미 있게 만드는 편집 전략에 관한 이야기다. 텅 빈 공간은 아무 의미가 없다. 그 공간에 아주 작은 점 하나라도 찍혀야 의미 있는 공간이 된다. 그러나 공간에 점을 하나 찍는 것만으로 의미를 만들어내기는 어렵다. 두 개 이상의 점을 찍어야 한다. 그러면 우리는 점과 점 사이를 연결하는 심리적 선을 스스로 만들어낸다. 공간을 통제하기 위해서다.

별자리가 그 예다. 그 무한한 공간에, 셀 수 없이 많은 별을 도무지 감당하지 못해 사람들은 별자리를 만들어냈다. 아무 관계없이 공간적으로 서로 떨어져 있는 별들을 이어 선을 긋고, 그 선들을 모아 그림을 그려낸 것이다. 곰, 물고기, 쌍둥이, 사자 등등. 하늘에 다양한 그림이 그려지자, 사람들은 그 막막하고 캄캄한 밤하늘을 더 이상 두려워하지 않게 되었다.

별자리를 통한 밤하늘의 편집은 낭만적이다. 전혀 그렇지 않은 경우도 있다. 군대다. 인류 역사에서 점과 선을 통한 공간편집을 가장 진지하게, 목숨 걸고 했던 조직은 군대다. 군대는 군사들의 위치를 연결하여 대형을 유지하며, 공간을 통제하는 전략·전술을 발전시켜왔다. 축구는 이러한 군대의 공간편집을 일상의 놀이로 변형시킨 것이다. 축구의 포메이션은 군대의 전투 대형과 같은 맥락에서 이해해야 한다.

'군대는 줄이다!' '군대는 각이다!' 군대를 다녀온 사람이라면 누구나 흠칫하게 되는 말이다. 입대하면 공포에 떨며 제일 먼저 듣게 되는 말이기 때문이다. 군인은 둘 이상 모이면 무조건 대형隊形을 갖춰 움직여야 한다. 연병장에서 훈련할 때만이 아니다. 밥 먹으러 갈 때도 대형을 맞춰야 한다. 심지어 잠을 잘 때도 대형을 갖춰 자야 한다. 20여 년 동안 제멋대로 살던 젊은이들을 한곳에 몰아넣고, 매번 대형을 갖춰 움직이도록 하는 것은 그리 간단한 일이 아니다. 그래서 입대하면 제일 먼저 '제식훈련'부터 죽어라 시키는 거다.

일본에서는 군대 축구만큼이나 뜬금없는 제식훈련을 일반인들도 받는다. 제2차 세계대전에서 패한 이후, 군대가 없어진 일본에서는 학생은 물론 회사원들도 절도 있고 통일된 대형을 유지하는 연습을 한다. (물론 모든 회사가 그런 것은 아니다.) 이른바 '집단행동集團行動'이다. 아예 '집단행동 경연대회'까지 있다. 초등학생부터 직장인에 이르기까지 다양한 단체들이 나와 매스게임처럼 그동안 갈고 닦은 집단행동을 자랑한다. 보고 있자면 아주 기가 막힐 정도로 훈련된 동작에 탄성을 멈출 수가 없다. 우리나라 사관생도들의 분열을 뛰어넘는 수준이다.

주말이면 TV에서 집단행동 경연대회 중계도 해준다. 우승해서 상을 타면 죄다 운다. 상을 못 타도 억울해하며 운다. 아주 집단적으로 운다. 한국인이 가지고 있는 집단행동의 이미지는 상당히 부정적이다. 폭력, 무질서, 분노 등과 연관된다. 그러나 일본에서는 그 의미가 전혀 다르다. 절도, 통일, 일치 등과 같은 긍정적 이미지다. 그러니까 그렇게 죽어라 하고 줄 맞추는 훈련을 하는 거다.

대형을 갖춘 집단은 무섭다. 무기를 들고 대형을 갖춘 군대는 더 무섭다. 아무리 병사 개개인이 형편없다고 하더라도, 그들이 대형을 갖춰 움직이면 전혀 다른 모습이 된다. 군대가 대형을 갖춰야 했던 가장 큰 이유는 무기 때문이었다. 무기의 효과적인 운용을 위해 대형을 유지해야 했다. 무기에 따라 달라지는 공간편집 방식이, 지휘관이 운용하는 전술의 실제 내용이었다.

1575년 6월 29일, 오다 노부나가織田信長는 나가시노長篠 전투에서 다케다 가쓰요리武田勝頼의 기마 군단에 맞서 산단우치三段擊ち 혹은 삼단철포三段鐵砲라고 불리는 전략을 구사했다. 당시 조총을 장전하고 쏘는 데는 시간이 많이 걸렸다. 이러한 조총의 근본적인 한계를 극복하기 위해 노부나가는 산단우치란 일종의 3열 발사 전법을 사용했다. 군사들을 세 줄로 나눈 뒤 순서대로 총을 장전하고, 화약에 불을 붙이고, 발사하도록 한 것이다. 삼단철포 전략 덕분에 노부나가의 군대는 대승을 거뒀고, 이 나가시노 전투는 일본의 전국시대를 끝내는 결정적인 계기가 되었다. (물론 전설 같은 이야기라 사실관계를 확인할 수는 없다.)

사실 삼단철포와 같은 전략은 노부나가만 생각한 것이 아니었다. 각 시대마다 사용하는 무기에 적합한 전투 대형이 있었다. 고대 그리스·로마의 군대도 일정한 대형을 훈련해 긴 창, 방패, 짧은 칼과 같은 무기를 효과적으로 사용했다. 노부나가와 비슷한 시기에 네덜란드의 마우리츠 판 나사우Maurits van Nassau도 삼단철포와 같은 전략을 구사했다. 마우리츠는 스페인과의 전쟁에서 소총의 느린 장전 속도를 보완하기 위해 군사들을 3열로 배치해 열을 바꿔가며 번갈아 사격하도록 하는 일제 사격법volley을 개발했다.

　탄환을 총구로 집어넣고 도화선을 사용해 격발하는 초기 머스캣 소총이나 그것이 변형된 동양의 조총이 효과적인 무기가 되기 위해서는 마우리츠나 노부나가의 군대처럼 3단으로 군사들을 나누어 대형을 이루는 효율적인 공간편집 전략이 필요했다. 창이나 칼의 경우처럼 군사가 제각기 뛰어나가서는, 조총이 가진 위력을 제대로 발휘할 수 없기 때문이다. 실제 근접전이 시작되면 조총은 그저 딱 한 번 발사하고는 쇠몽둥이로나 써야 할 형편이었다. 조총의 효과적인 사용을 위해 군사들은 어떠한 상황에도 흔들리지 않고 발사 대형을 유지하도록 훈련을 받았다. 바로 제식훈련이다.

　그러나 조총보다 한층 더 효율적인 무기가 개발되면서 군대에서 제식훈련이 갖는 의미는 줄어든다. 조총은 총구로 탄환을 장전해야 한다. 앞으로 장전해야 하기 때문에 장전 속도가 느린 것이다. 그러나 탄환 뒤에서 장전하게 되면서부터 총의 장전과 발사 속도는 비교할 수 없이 빨라졌다. 더 이상 대형을 맞춰 진군하며 총을 발사할 필요가 없어진 것이다.

　제식훈련으로 무장한 구식 군대는 뒤로 장전하는 총을 가진 군대에 형편없이 무너지고 만다. 용감함은 무모함으로 바뀌었다. 기관총이 발명된 후로, 군대는 더 이상 대형을 갖춰 진군할 필요가 없어졌다. 아니,

대형을 갖춰 진군했다가는 그대로 몰살이다.

기관총이 나오자 군대는 참호를 파고 지하로 들어간다. 참호전의 시작이다. 제1차 세계대전은 이 같은 참호전이었다. 그러자 땅속에 숨어 있는 군인을 잡으려고 수류탄을 던지고, 공기보다 무거워 지면으로 가라앉는 독가스를 사용했다.

무기의 양상이 현저하게 달라진 현대 군대에서 이제 제식훈련은 더이상 필요 없다. 물론 군대 전술·전략의 본질은 여전히 공간편집에 있다. 그러나 조총을 쓰던 군대처럼 군사들의 대형으로 공간편집을 하던 전략은 더 이상 사용하지 않는다. 비행기, 탱크, 대포의 운용으로 공간편집이 이뤄지는 전술·전략으로 바뀐 지 오래다. 그런데도 신병 훈련소에서는 여전히 제식훈련을 한다. 왜일까?

규칙과 규율의 내면화를 위해서다. 규율 없는 군대는 성립 불가능하다. 그런 군대를 전문용어로 '당나라 군대'라고 한다. 군기와 같은 외부 권력에 의해 강요되는 규칙과 규율은 논리적으로 설명해서 받아들여지는 것이 아니다. 머리로 이해해서 익힐 수 있는 것이 아니라는 말이다.

강제된 규율을 익히는 가장 강력한 수단은 몸으로 배우는 것이다. 몸으로 배우면 결코 잊지 않는다. 자전거 타는 법을 한번 배우면 절대 잊어버리지 않는 것과 마찬가지다. 군대를 갔다 온 사내들은 나이 마흔이 넘어서도 군대 가는 꿈을 꾼다. 그리고 식은땀을 흘리며 깬다. 아들이 군대 갈 무렵에나 그런 악몽에서 겨우 해방된다. 그만큼 몸을 통해 내면화된 규율은 무섭다. 오늘도 신병훈련소에서 우리 아들들은 죽어라 "좌향 좌, 우향 우"를 한다.

19 제식훈련과 제복 페티시

네덜란드의 마우리츠는 군대의 제식훈련을 체계화시킨 사람이다. 마우리츠는 그리스·로마 시대 중장갑 보병의 밀집대형을 응용해 군사들에게 대형 유지 전술을 훈련시켰다. 분해와 결합을 반복하는 제식훈련이다. 여기에는 절도와 규율에 따라 움직이는 신체 훈련부터 대형을 유지하며 움직이는 행진 등이 포함된다.

지휘관의 명령에 부대가 하나의 몸처럼 움직이는 일사불란함을 위해서도 이 같은 제식훈련은 필수적이다. 그래서 전투 시 밀집대형을 유지할 필요가 전혀 없는, 현대식 무기를 사용하는 오늘날에도 제식훈련은 계속되는 거다.

절도와 규율을 갖춰야 군대다. 아무리 뛰어난 개개인이 모인 무리라고 해도 훈련된 군대 앞에서는 꼼짝없이 당하게 되어 있다. 그 대표적인 예가 사이고 다카모리西鄕隆盛가 일으켰던 세이난 전쟁西南戰爭이다.

메이지 유신의 핵심 인물이었던 다카모리는 권력에서 소외되자, 지방의 사무라이들을 동원해 자신이 세웠던 메이지 정부의 군대와 맞선다. '프로 싸움꾼' 사무라이들과 징병된 평민들 간의 전쟁이었다. 누가 봐도 다카모리 쪽의 압도적인 승리일 게 분명했다. 그러나 결과는 정반대였다. 다카모리의 반군은 대부분 처참하게 죽임을 당하고, 다카모리는 동굴에 들어가 자결하고 만다.

아무리 용맹하고 개개인이 뛰어난 사무라이라 할지라도, 절도와 규율을 훈련받고 대열을 유지하는 메이지 정부의 신식 군대에는 당할 수 없었던 것이다. 흥미롭게도 다카모리가 메이지 정부에 반기를 들게 된 결정적인 이유는 징병제徵兵制 때문이었다. 징병제의 도입은 전문 싸움꾼인 사무라이의 밥줄을 끊는 일이기 때문이었다.

아시아의 다른 나라들에 앞서 일본 군국주의는 이렇게 징병제라는 근대식 군대 시스템을 도입했다. 그러고는 훈련된 군대를 앞세워 단기간에 청나라와 러시아를 꺾고, 아시아 대부분을 집어삼켰다. 야스쿠니 신사 입구에 하늘 높이 세워진 동상의 주인공이 '일본 육군의 아버지'라고 불리는 오무라 마스지로大村益次郞인 것도 우연이 아니다. 그는 국민개병제國民皆兵制, 즉 징병제를 주장하다가 사무라이들에 의해 암살당했다.

오늘날 일본과 독일이
사뭇 비슷한 이유는?

제식훈련을 통한 대형 유지라는 군대식 공간편집이 가능하기 위해서는 징병제가 필수다. 장기적이고 반복적인 훈련을 위해 평상시에도 군사들을 병영에 주둔시켜야 하기 때문이다. 뿐만 아니다. 병사들은 매번 바

뛰어도 지휘 체계의 연속성은 유지되어야 한다. 군인을 평생 직업으로 하는 장교가 있어야 한다는 말이다. 귀족이 급하게 장교복으로 갈아입고, 평민을 동원해 전쟁에 내모는 방식으로는 군대의 대형이 유지될 수 없다. 군대에는 '직업군인'이 있어야만 한다.

제식훈련과 징병제 그리고 직업군인, 이 세 가지는 근대적 군대 시스템의 필수 조건이다. 이 세 요소는 네덜란드 마우리츠의 군대 개혁에서 시작되어, 스웨덴의 구스타프 아돌프Gustav Adolf의 군대를 거쳐 프로이센 군대에서 완성된다. 특히 수준 높은 군사교육을 받은 프로이센의 직업군인인 '작전참모Generalstab'는 20세기 들어 두 차례에 걸친 독일 주도의 세계대전에서 본격 실력을 발휘한다.

흥미롭게도 프로이센 군대는 술만 먹으면 군대 축구 이야기를 하는 한반도의 중년 사내들과도 아주 밀접한 관계가 있다. 징병제 때문만은 아니다. 마우리츠의 군대 개혁은 프로이센 국왕 프리드리히 2세Friedrich II에 이르러 빛을 발한다. 프리드리히 2세는 마우리츠의 군대 시스템을 받아들여 명령과 규율, 그리고 어떠한 상황에서도 흐트러지지 않는 대열 유지를 특징으로 하는, 강하고 민첩한 프로이센 군대를 육성했다. 이후 북부 유럽의 보잘것없던 프로이센은 오스트리아, 프랑스에 버금가는 강력한 나라가 되고, 비스마르크 시대에 이르러서는 유럽에서 가장 강력한 군대를 갖게 된다.

프로이센 군대가 여타 유럽 국가의 군대에 비해 월등했던 이유는 장교, 즉 직업군인의 탁월함에 있었다. 직업군인들의 전문 조직인 작전참모 제도는 프리드리히 2세의 군대에서 시작되었다. 당시 전쟁은 무기의 특성으로 인해 대형을 유지한 채 사격하면서 진군하는 방식이었다.

작전참모는 군대의 행군로를 탐색하고, 전투 지역을 결정하고, 숙영지를 선택하는 임무를 맡았다. 이후 작전참모의 임무는 군용 지도 제작, 작전 계획 및 전투 지휘 체계의 수립, 전투력 유지를 위한 병참 등의 영역으로 확대된다. 한마디로 프로이센 군대의 작전참모는 공간편집을 총체적으로 책임지는 전문가였다.

비스마르크의 독일 통일 과정에서 프로이센 군대의 작전참모는 아주 결정적인 역할을 한다. 프로이센의 참모총장 헬무트 폰 몰트케Helmuth von Moltke가 지휘하는 참모본부는 탁월한 작전 수립을 통해 프로이센-오스트리아 전쟁(1866), 프로이센-프랑스 전쟁(1870~1871)에서 압도적으로 승리했다. 이렇게 독일의 참모본부는 독일 통일을 가로막는 장애물을 하나씩 제거해나갔던 것이다.

흥미로운 것은 오늘날 독일 문화를 설명할 때 언급되는 대부분의 특징이 프로이센 군대에서 나왔다는 사실이다. 독일어에는 지금도 'generalstabsmäßig(작전참모적인)'이라는 표현이 있다. '철저한 계획을 세우고, 그 계획대로 정확히 실천하는 태도'를 가리키는 단어. 정확, 신뢰, 규율과 성실, 충직과 같은 단어는 독일 문화의 긍정적 측면을 이야기할 때 빠지지 않고 언급된다. 이러한 가치들이 바로 이 프로이센의 작전참모 제도와 밀접한 관계가 있다는 것이다.

민족국가 성립이 다른 유럽 국가들에 비해 상당히 뒤처진 독일로서는, 이제까지 제각기 흩어져 산 게르만 민족을 '독일 국민'이라는 하나의 공동체로 묶어낼 필요가 있었다. 이때 프로이센의 작전참모적 가치는 하나의 독일 민족을 만들어내는 데 아주 훌륭한 매개체였다.

19세기 메이지 시대의 일본이 근대화 과정에서 제일 먼저 흉내 낸 것은 바로 이 프로이센의 군사 제도였다. 일본 군국주의가 근대 일본 문화에 미친 영향을 생각할 때 '근면, 성실, 신뢰'와 같은 가치들을 독일과 일본이 서로 유사하게 공유하고 있는 것은 결코 우연이 아니다. 그래서 일본인과 독일인은 서로 은근히 참 좋아한다. 뭔가 비슷하다고 느끼는 까닭이다.

사실 메이지 시대 초기의 일본 지도자들은 프랑스 군대 시스템과 프로이센 군대 시스템 가운데 어느 쪽을 흉내 낼지 오락가락하고 있었다. 초기에는 프랑스식 군대 쪽에 더 관심을 가졌다. 그러나 일본의 젊은 장교들이 구미 시찰을 돌다가 목격하게 된 프로이센-프랑스 전쟁 이후 프로이센 군대 쪽으로 완전히 돌아선다.

일본은 프로이센의 군대 시스템을 아주 구체적이고도 세밀하게 도입했다. 실제로 프로이센의 몰트케 참모총장은 자신의 부하인 클레멘스 빌헬름 야콥 메켈Klemens Wilhelm Jacob Meckel이라는 장교를 일본에 파견해 일본 군대의 근대화를 구석구석 지도했다. 특히 일본 군대는 프로이센의 참모본부를 그대로 흉내 내 군령을 총괄하고 작전 계획을 체계적으로 입안하는 참모본부를 설치했다.

뿐만 아니다. 일본 군대는 폼 나는 프로이센의 제복도 그대로 흉내 냈다. 일단 군대는 보기에 폼 나야 했다. 당시 간단하면서도 품위 있고 실용적인 프로이센의 군복은 서양 흉내 내기에 급급했던 일본인들의 눈에 참으로 멋있어 보였다.

제복과 교복,
그리고 페티시

제2차 세계대전에서 패한 후, 일본 군대에서 프로이센의 흔적은 대부분 지워졌다. 군대가 아예 사라졌기 때문이다. 대신 치안 유지를 위한 명목으로 만든 자위대自衛隊의 형태가 지금까지 유지되고 있다. (최근 '남을 공격할 수 있는 나라'로 다시 돌아가려는 아베의 시도는 자위대를 군대로 되돌려놓겠다는 의도다.)

오늘날 일본 자위대에서 프로이센 군대의 흔적을 찾기는 어렵다. 그러나 제복은 다르다. 오늘날까지도 프로이센의 제복은 일본인들의 삶 곳곳에 여전히 영향을 미치고 있다. 일본의 식민지를 겪었던 우리나라에도 그 흔적이 남아 있다.

현대 일본 자위대의 군복은 우리나라와 마찬가지로 미국식이다. 그러나 학생 교복은 다르다. '가쿠란學ラン'이라 불리는 일본 남학생 교복에는 메이지시대에 들여왔던 프로이센 군복의 흔적이 그대로 남아 있다. 검정색 바탕에 굵은 띠 모양의 목칼라와 금색 단추로 장식된, 단순하지만 아주 강렬한 인상을 주는 복장이다. 우리의 경우, 교복 자율화 이후 이런 모양의 교복은 모두 사라졌지만, 일본에는 이 군복식 교복이 여전히 남아 있다.

일본 학생 교복의 시작은 군국주의 일본이 학생들에게도 프로이센식 군복을 입히면서부터다. 목을 꽉 조여 어깨를 펴도록 하는 군복 형태의 교복을 당시 일본인들은 '쓰메에리詰襟'라고 불렀다. 교복의 특이한 목 밴드칼라 때문이었다. 여학생들은 해군 복장을 변형한 '세일러복'을 입었다.

　80년대 교복 자율화 이전에 중·고등학교를 다녔던 한국의 중장년 사내들도 죄다 이 '에리(목칼라의 일본식 표현)'의 교복을 입었다. 해방된 이후에도 일상에 남아 있던 식민지시대의 흔적은 상당히 오래 지속됐다. 학생들은 에리가 잘 서도록 하얀 플라스틱 조각을 목칼라 안에 계속 끼워 넣고 다녔다. 플라스틱 조각이 부드럽게 길이 들기 전까지는 상당히 아팠다. 그래도 꾹 참아야 했다. 학교에 입학할 때 산 교복은 졸업할 때까지 3년 내내 입었다. 옷은 낡아도 에리칼라만큼은 항상 빳빳하게 서 있어야 했다.

　마오쩌둥毛澤東이 즐겨 입었던 중국의 인민복도 사실은 이 프로이센 군복을 흉내 낸 학생복에서 유래한다. 쑨원孫文이 일본에서 유학할 당시, 교복의 간편함에 반해 스스로 디자인해 입은 것이 인민복의 시작이다. 그 인민복을 김일성, 김정일도 즐겨 입었고, 요즘은 참 철없이 용감한 김정은도 자주 입는다. 19세기 지구 반대편에 있었던, 우리와는 아무 상관없어 보였던 프로이센 군대는 오늘날까지도 동아시아의 구석구석에 이런 식으로 영향을 미치고 있는 것이다.

　나도 한때 프로이센식 군복 스타일의 옷을 입고 TV에 자주 출연했다. 사실 내겐 전혀 다른 이유가 있었다. 독일 유학을 마치고 한국에 들어오니, 매일 넥타이를 매고 나가야 했다. 답답한 넥타이를 매는 것도 싫거니와, 죄다 똑같은 옷을 입는 것도 마음에 안 들었다. 나름 대안으로 생각해낸 것이 독일 성악가들의 옷이었다. 유학 당시, 목까지 칼라가 올라오는 옷을 입고 무대에 선 독일 성악가들이 참으로 멋져 보였기 때문이다.

독일 성악가의 사진 한 장을 인터넷에서 찾아내 동네 양복점에 보여주고 비슷한 옷을 만들어달라고 했다. 그런데 아뿔싸, 양복점 주인이 그 옛날 고등학생 교복을 만들어놓은 게 아닌가. 그 사람 눈에는 사진 속 그 옷이 고등학생 교복으로 보였던 모양이다. 그러나 그것을 양복점 주인의 실수라고 따져 물을 수는 없는 노릇이다. 독일 성악가 복장이나 교복이나, 결국 프로이센 군복에서 유래된 것은 마찬가지기 때문이다.

오늘날 일본은 여전히 제복문화가 지배하는 나라다. 단체에 소속된 사람들은 제복을 즐겨 입는다. 일본인에게 제복은 존재 확인의 수단이다. 해마다 봄이 되면 똑같은 모양의 검은색 양복을 입은 젊은 남자들과 똑같은 모양의 검은색 투피스를 입은 젊은 여자들이, 아주 똑같은 가방을 들고 단체로 돌아다닌다. 회사에 막 취직한 이들이다. 대학을 졸업하기 직전, 취업 준비를 하면서부터 일본의 젊은이들은 죄다 똑같은 옷을 입고 다닌다. 회사에 들어가 신입사원 꼬리표를 뗄 때가 되어야 다른 복장을 할 수 있다.

제복은 '심리적 대형'을 유지하기 위한 수단이다. 군대식 공간편집이 제복을 통해 심리적 공간편집으로 이식되는 것이다. 군대와 학교는 이 같은 규율의 내면화라는 모더니티가 체계적으로 실시되는 공간이다. 이때, 제식훈련과 제복은 필수다. 그러나 저항할 수 없는 강제적 통제와 욕구좌절의 경험은 주체의 내면에 깊은 흔적을 남긴다.

'제복 페티시'가 바로 그것이다. 정신분석학에서 말하는 '페티시fetish'란 인간 이외의 사물에 성적 흥분을 느끼는 것을 뜻한다. 제복 페티시란, 군복과 같은 제복만 보면 성적으로 흥분하는 현상을 말한다. 제복 페티시는 왜곡된 권력에 대한 충동이다. 타인을 완벽하게 제압하거나,

반대로 타인의 통제에 완벽하게 제압될 때 성적으로 흥분한다. 현실에서 권력 충동이 좌절되고 억압될 때, 제복만 보면 흥분하는 제복 페티시가 나타난다. 이러한 제복 페티시가 더 전개되면 사디즘, 마조히즘이 된다. 때리고 맞아야만 흥분하는 것이다.

일본의 변태 아저씨들에게만 나타나는 현상이 아니다. 술만 먹으면 공격적이 되고, 예비군복만 걸치면 모든 통제로부터 자유로워지려는 한국 사내들의 행동도 제복 페티시의 일종이다. 정치 이야기만 나오면 무조건 편을 나눠 싸우려고 달려드는 한국 중년 사내들의 심리상태도 큰 틀에서 보자면 제복 페티시다. 왜곡되고 좌절된 권력충동으로 인해 나타나는 현상이기 때문이다.

19세기 공간편집을 체계화하기 위해 개발된 프로이센 군대의 제식훈련과 제복은 지구 반대편에 사는 한국 중년 사내들의 권력에 대한 비정상적 충동과 제복 페티시에 숨겨져, 100여 년이 지난 오늘날까지 이렇게 영향을 미치고 있다.

20 분류와 편집의 진화, 백화점과 편집숍

내가 현재 살고 있는 곳은 교토 외곽의 아라시야마嵐山다. 내가 다니는 예술대학이 이곳에 있어 근처에 집을 구했다. 아라시야마는 일본 황실의 온천지로 유명하다. 그러나 관광객이 몰리는 도게츠교渡月橋를 벗어나면 바로 시골이다. 집 주변은 제대로 된 맛집 하나 없는 깡촌이다. 30분 정도면 교토 시내에 갈 수 있지만, 그리 자주 가진 못한다.

어쩌다 교토 시내로 나가면 꼭 들르는 곳이 있다. 내가 좋아하는 물건만 모아 놓은 가게다[사진 1]. 그런데 무엇을 파는 매장인지 정체가 불분명하다. 그 매장에 진열된 물건을 대충 나열하면 이렇다. 오래된 파카 만년필이나 라미 만년필, 디자인이 특별한 세이코 시계, 브라운 시계, 이세이 미야케 시계, 티볼리 라디오, 서부영화에서나 볼 법한 가죽 줄이 포함된 면도기 세트, 이태리제 가죽 슬리퍼, 커피 주전자, 특이한 디자인의 넥타이, 우산, 선글라스, 책상 위에 올려놓는 각종 문구용품, 돋보기, 모자, 가방 등등.

한 번 들어가면 몇 시간을 홀린 듯 들여다보게 된다. 어쩜 이렇게 내가 좋아하는 물건들만 모아 놓았나 싶다. 이곳에 진열된 상품들을 내가

일일이 돌아다니며 찾으려면 족히 며칠은 걸린다. 이런 식의 정체불명 매장에 대한 사전적 정의를 찾아보니 일본어로는 '셀렉토쇼프セレクトシ ョップ, select shop'란다.

백화점은
상품의 도서관이다

의류 매장이나 문방구 가게 같은, 기존의 매장 분류로는 개념화할 수 없 는 곳이다. 그저 매장 주인이 좋아하는 물건들을 모아 놓고 파는 곳이

[사진 1] 언젠가부터 무슨 매장인지 도대체 정의가 안 되는 정체불명의 매장이 생겨나기 시작했다. 한 국에서는 '편집숍'. 일본에서는 '셀렉토쇼프', 즉 '셀렉트숍'이라 부른다.

[사진 2] 바이마르대학 도서관
'계층적 분류'에 기초한 백화점은 철저하게 도서관적이다.

다. 그래서 '셀렉트숍'이라고 하는 듯하다. 일본에서는 60~70년대부터 교토의 긴자를 중심으로 시작되었고, 한국에서는 최근 강남의 가로수 길이나 홍대 앞에 많이 생겼다. 한국에서는 '셀렉트숍'이라는 단어보다는 '편집숍'이라는 표현을 더 많이 쓴다. 에디톨로지적으로 볼 때, 셀렉트숍보다는 편집숍이 훨씬 더 훌륭하다.

젊은 사람들은 백화점보다 편집숍을 더 선호하는 듯하다. 물건 구경하는 재미가 쏠쏠하기 때문이다. 그러나 100여 년 전 백화점이 처음 생겼을 때, 사람들이 경험한 충격은 편집숍에 비할 바가 아니었다. 세계 최초의 백화점이라고 하는 프랑스 파리의 봉 마르슈Le Bon Marche는 1852년에 세워졌다. 일본에는 미쓰코시三越가 1904년에 처음 생겼고, 한국에는 2년 뒤인 1906년에 미쓰코시 서울 지점이 최초의 백화점으로 문을 열었다.

'수백 가지 제품을 판다'는 의미의 '백화점百貨店'은 'department store' 의 일본식 한자 번역이다. 한자로는 백화점의 본래 의미가 잘 드러나지 않는다. 서양 개념의 한자 번역이 뛰어났던 일본 근대 지식인들답지 않게 '백화점'의 번역은 많이 엉터리다. 백화점의 원어가 가지고 있던 의미가 완전히 누락되었기 때문이다. 'department store'는 '부서'가 나뉘어 있는 매장을 뜻한다. 즉 상품의 분류와 전시가 체계적으로 되어 있는 매장을 뜻한다[사진 2].

백화점이 생기기 전, 물건을 사려면 제각각 흩어져 있는 가게들을 일일이 찾아다녀야 했다. 구매 방식도 지금과 달랐다. 손님은 절대 왕이 아니었다. 주인이 왕이었다. 사고 싶은 물건을 주인에게 말하면, 주인이 창고로 가 그 물건을 찾아왔다. 물건이 맘에 안 들어도 불평하기 힘들었다. 못된 주인을 만나면 아주 구걸하듯 물건을 사야 했다.

백화점은 달랐다. 일단 구입 가능한 물건이 한 건물에 모두 들어와 있다. 그리고 아주 잘 분류되어 있다. 물건의 상위 카테고리, 즉 남성복, 여성복, 귀금속 등과 같은 상품 분류만 잘 알고 있으면 바로 해당 매장을 찾아갈 수 있다.

백화점이 가져온 문화 충격은 진열과 전시 방식에 있었다. 조금 더 구체적으로 설명하자면 백화점의 문화 충격은 '상품 분류'에 대한 충격이었다. 사람들은 세상의 모든 물건이 이토록 분명하고도 간결하게 공간적으로 분류되어 자리 잡고 있음에 감동했다. 산업사회가 가져온 대량생산과 그 기초가 되는 표준화의 결과였다.

근대는 '분류의 체계화'로 완성된다. 상품 생산과 소비의 모더니티를 대표하는 백화점의 본질은 분류다. 백화점이 나오기 전까지의 분류는 도서관, 박물관 등과 관계된 일부 특권층만 경험할 수 있는 특권적 지식이었다. 그러나 이제 대중도 세상의 모든 상품이 일목요연하게 정리되어 있는 분류 체계를 백화점이라는 구체적 공간에서 몸으로 체험할 수 있게 된 것이다.

분류 체계를 손에 넣는 순간 권력이 생긴다. 고객은 백화점에 들어서는 순간부터, 계층적 분류에 따라 체계적으로 배치되어 있는 공간의 주인이 된다. 드디어 고객이 왕이 된 것이다. 세계 어느 백화점에 가도, 원하는 물건을 못 찾아 헤매는 경우는 없다. 백화점의 공간 자체가 계층적 분류 체계를 그대로 반영하고 있기 때문이다. 백화점에 들어서는 순간 고객은 '책상마다 조직도가 깔려 있는 관청의 최고 책임자'처럼 백화점이라는 소비 공간의 권력자가 되는 것이다.

백화점은 계층적이고
편집숍은 네트워크적이다

편집숍은 태생이 권력적인 백화점과 근본적으로 다른 공간이다. 편집숍의 상품은 백화점의 상품 분류를 따르지 않는다. 고전적인 계층적 분류와는 다르다는 뜻이다. 예를 들어, 백화점에서는 전혀 다른 층에 진열되어 있는 시계와 커피 주전자, 모자 같은 물건들이 편집숍에서는 같은 진열대에 놓여 있다. 편집숍의 상품 분류는 철저하게 네트워크적이다.

예를 들면 이런 식이다. 만약 '원숭이' '호랑이' '바나나'를 백화점에서 진열한다면, 원숭이와 호랑이는 1층, 바나나는 2층에 둘 것이다. 계층적 분류 체계에 따르자면 원숭이와 호랑이는 동물이라는 카테고리에 속하고, 바나나는 식물에 속하기 때문이다. 간단한 구분 방식이다. 편집숍에서는 다르다. 원숭이와 바나나가 같은 층에 있고, 호랑이는 다른 층에 진열된다. 원숭이가 먹는 것은 바나나이기 때문이다.

편집숍에서는 상품 구매만이 목적이 아니다. 매장 주인의 독특한 분류 방식을 즐기는 것도 쇼핑의 큰 즐거움이다. 상품 진열은 매장 주인의 기분에 따라 언제든 바뀔 수 있다. 그 변덕스러움을 즐기는 것이 진정한 의미의 '윈도쇼핑'이다. 매번 똑같은 분류, 변화가 없는 전시는 지루하다.

백화점이 생기기 전, 구식 매장의 권력은 주인에게 있었다. 백화점이 나오면서부터 권력은 고객에게 넘어갔다. 그러나 일방적 권력이라는 점에서 구식 매장과 백화점의 차이는 없다. 편집숍은 다르다. 상호작용적이다. 어느 한쪽에 권력이 집중되지 않는다. 물건을 꼭 사지 않아도 된다. 편집숍의 주인은 고객이 자신의 편집을 즐기는 것만으로도 행복하다. 편집숍의 즐거움은 에디톨로지적이다. 그래서 편집숍이 늘어서 있는 신사동 가로수길이나 홍대 앞을 걷는 것이 재미있고 즐거운 거다.

계층적 분류 체계와 달리, 네트워크적 지식은 각 정보들의 관계가 고정적이지 않다. 유동적이며 변화무쌍하다. 맥락에 따라 관계가 매번 달라진다. 일시적으로 계층구조의 형태를 보일 때도 있지만 이내 사라진다. 자연에는 이런 네트워크식 관계가 언제나 있어 왔다. 그러나 계층적 지식에만 익숙해 있던 인류는 네트워크식으로 관계 맺는 세계를 달리 개념화할 방법을 찾지 못했다.

인류가 네트워크적 관계를 실천적으로 조작 가능한 지식 체계 안으로 끌어들인 것은 비교적 최근의 일이다. 앞서 설명했듯, 마우스로 클릭하면 전혀 다른 지식 체계로 바로 이동하는 하이퍼텍스트가 나타난 이후에나 가능해진 일이다. 본질적으로 권력적일 수밖에 없는 계층적 분류가 전부였던 지금까지의 지식과는 전혀 다른 원리의 지식이다. 편집숍은 이 같은 네트워크적 지식이 공간편집을 통해 구체화된 곳이다.

편집숍의 네트워크적 전시와 백화점의 계층적 분류가 서로 모순관계이기는 하지만, 적대적 모순은 아니다. 어느 한쪽이 다른 한쪽을 완전히 배제하거나 대체할 수 있는 관계가 아니라는 뜻이다. 마오쩌둥은 이를 '비적대적 모순'이라고 했다. 편집숍에 젊은이들이 몰리고, 백화점에는 중국 관광객들이 몰린다고 해서, 편집숍이 백화점을 완전히 대체할 수는 없다.

우리가 해외여행을 가서 하는 일의 대부분은 그곳의 분류, 전시의 에디톨로지를 즐기는 데 있다. 백화점과 편집숍의 비적대적 모순관계를 통해 다양하게 진화하는 국내 상품 분류, 전시의 에디톨로지를 지켜보는 일은 아주 즐겁다.

요즘은 유럽이나 일본보다 한국의 상품 전시나 분류의 에디톨로지가 훨씬 더 훌륭하다. 편집숍의 본류라고 할 수 있는 일본 긴자 거리나 오모테산도의 숍들도 우리나라 홍대 앞처럼 다양하지 않다. 이런 젊은 변화를 지켜보는 일은 엄청난 즐거움이다. 이 같은 변화가 '창조경제'의 진짜 내용이다.

마음과 심리학의
에디톨로지 ╳ **3**

21 '개인'은 편집된 개념이다

프랑스의 역사학자 필립 아리에스Philippe Ariès의 대표작 『아동의 탄생 L'Eenfant et la vie familiale sous l'Ancien Régime』은 기가 막히게 훌륭한 책이다. 한마디로 요약하면 '아동은 없었다!'는 주장이다. 오늘날 우리가 그렇게 사랑하고 아끼고 걱정하는 우리의 아이들은 철저하게 문화적인 구성물 이라는 것이다. 원래부터 있던 것이 아니라 어느 날 갑자기 편집되었다는 이야기다.

일단 아동을 중심으로 하는 '가족'의 표상 자체가 철저하게 근대적 산 물이라는 것이 아리에스의 주장이다. 근대 이전의 가내수공업을 기반 으로 하는 사회에서 가족이란 '사랑의 공동체'가 아니었다. 가족은 재화 의 생산을 위한 '경제단위'일 뿐이었다. 결혼하고 아이를 낳는 목적은 노동력을 확보하기 위한 것이었다. 물론 부모는 그때나 지금이나 아이 를 사랑한다. 그러나 그 사랑의 구체적 내용과 방식은 다르다.

문화심리학자 비고츠키Lev Semenovich Vygotsky는 일부일처제에서의 '사랑과 질투'의 감정과 일부다처제에서의 '사랑과 질투'의 감정이 질적 으로 다른 감정이라고 주장한다. 마찬가지로 아동에 대한 부모의 사랑

또한 시대에 따라, 문화에 따라 달리 편집되는 감정이다.

요즘처럼 아이를 겨우 한둘 낳고 사는 핵가족 시대에 아이는 언제나 가족의 중심이다. 모든 관심과 사랑이 아이에게 집중된다. 그러나 아이가 생기는 대로 낳는 아프리카나 남미의 가난한 나라에서 아이의 존재는 전혀 다른 문화적 의미를 갖는다. 영유아 사망률이 높은 나라에서는 '모성' 또한 우리가 생각하는 것과 전혀 다른 방식으로 구성된다. 이런 나라에서 '모성은 타고나는 것'이라고 하는 것은 또 다른 폭력일 수 있다.

멀리 떨어져 있는 낯선 나라를 구태여 살펴볼 필요도 없다. 형제가 다섯, 여섯은 기본이었던 우리의 부모 세대만 봐도 알 수 있다. 아기는 언제든 죽을 수 있는 존재였다. 그만큼 열악한 환경이었다. 애초부터 부모가 그리 큰 정서적 몰입을 할 여유가 없었다. 물론 아이가 아프면 부모의 마음은 괴로웠고, 아이가 죽으면 못 견디게 슬펐다. 그러나 그 슬픔은 바로 잊어야 하는 '거추장스러운 정서'였다. 한 아이가 죽어도 다른 아이들은 여전히 먹고 입고 살아야 했기 때문이다.

아이에 대한 사랑만이 아니다. 부부의 관계도 마찬가지다. '사랑해서 결혼한다'는 오늘날 지극히 당연한 '사랑=결혼'이란 등식 또한 근대 들어 새롭게 나타난 이데올로기일 뿐이다. 오늘날 여성 잡지에서 끝없이 반복되는 주제인 '사랑과 섹스의 관계' 또한 그리 오래되지 않은 역사적 편집물이다. '사랑해야 섹스한다'라는 강박은 '생산 단위로서의 가족'이 해체되고, 새롭게 편집된 '애착 관계로서의 가족'을 유지하기 위한 이데올로기에 불과하다는 뜻이다.

동양에는
'개인'과 '사회'가 없었다

아동이나 가족, 부부의 개념이 문화적 산물이라면, 보다 보편적인 '개인'과 같은 개념은 어떨까? 이 또한 문화적 구성물일까? 물론이다. 개인 혹은 사회, 문화라는 개념들은 모두 어느 날 갑자기 만들어졌다.

서구의 근대를 가능케 한 'culture' 'society' 'individual'에 조응하는 개념이 과거 동양에는 없었다. 이들 개념의 번역인 '문화' '사회' '개인'과 같은 단어는 일본 메이지시대 지식인들이 만들어냈다. 이 개념들을 오늘날처럼 자연스럽게 사용하게 된 것은 고작 100여 년에 불과하다.

일단 문화의 개념부터 살펴보자. '문화文化'는 후쿠자와 유키치福澤諭吉의 '문명개화론文明開化論'의 축약어다. 유키치는 서구화와 문명화를 동일시했다. 문명의 발달을 일원론적으로 해석한 서구 문명화 개념을 단순 수입해 문명개화론을 주장했다.

문화는 그나마 쉬운 개념이었다. 일상에서는 거의 사용되지 않았지만 '문명文明'과 '문화文化'의 한자는 어느 문헌 한구석에 존재했기 때문이다. 그러나 '사회社會'와 '개인個人'은 달랐다. 일본어 번역 역사에 관해 치밀한 분석을 하고 있는 야나부 아키라柳父章의 책 『번역어의 성립翻譯語成立事情』을 보면, 이 같은 단어들이 얼마나 우연하게 만들어졌는가를 알 수 있다.

영어로 된 문헌에서 자주 등장하는 'society'라는 단어를 일본의 메이지시대 지식인들은 처음에는 '인간교제' '사社' '회會' 등으로 번역했다. 중국에서 사용한 결사 조직의 이름인 '백련회白蓮會' '백련사白蓮社'에서 따온 것이다. 그러다 어느 순간부터 자연스럽게 '사社'와 '회會'가 서로 달라붙어 '사회社會'가 된 것이다. 'individual'의 번역은 더 어려웠다. 주체 성립의 서구 근대사가 이 한 단어에 다 수렴되어 있기 때문이다.

한번 생각해보라. 오늘날 우리가 너무나 당연하게 여기는 개인과 사회라는 단어가 없었다는 것이 도대체 상상이 되는가? 개념이 없다는 것은 개인과 사회에 관한 의식 자체가 없었다는 말이다. 이 같은 개념의 구성사를 살펴보려면 사전을 잘 이용할 수 있어야 한다.

사전 찾기는 공부의 기본이다. 어학 사전을 말하는 게 아니다. 각종 지식의 편집 과정을 보여주는 전문 사전을 뜻한다. 독일에서 유학을 시작했을 때, 시도 때도 없이 『두덴DUDEN 사전』을 펼치는 독일 학생들의 모습이 무척이나 생소했다. 자기 나라 말인데 왜 매번 사전을 들추나 싶었다.

총 열두 권의 『두덴 사전』은 정서법에서부터 동의어, 외래어, 어원 등으로 구성되어 있다. 동일한 단어가 각기 다른 열두 가지 맥락으로 설명된다. 애매한 상황이면 사전을 찾고 정확한 뜻을 확인해야만 하는 독일인 특유의 강박적 태도가 오늘날 독일의 치밀한 기계, 자동차 산업을 가능케 했다고 나는 생각한다. 의뢰자의 의중을 정확히 파악해야만 제대로 된 물건을 만들 수 있기 때문이다.

정확한 의사 전달을 위해서만이 아니다. 사전은 언어가 어떻게 구성되어왔는가를 보여준다. 언어로 표현되는 개념, 지식이 어떻게 편집되어왔는가를 보여주는 것이다. 일본에도 독일만큼이나 다양한 사전이 존재한다. 일본 사전의 치밀함과 정확함은 결코 독일에 뒤지지 않는다. 개인이란 단어에 관한 문화사적 편집 과정을 추적하며 난 또다시 탄복하게 된다. 이와나미 서점岩波書店에서 나오는 『코우지엔広辞苑』도 훌륭하지만, 총 열두 권으로 된 『일본국어대사전日本國語大辭典』은 각 단어가 도대체 어느 맥락에서 처음 사용되었는지 해당 연도와 날짜까지 정확히 밝히고 있다.

예를 들어, 내가 지금 알고 싶어 하는 '개인'의 역사적 구성 과정을 『일본국어대사전』에서 찾아보면 이렇게 설명되어 있다. '국가나 사회 또는 어떤 단체 등에 있어서 그것을 구성하는 개개인의 사람, 일개인 또는 그 사람의 지위나 직업 등의 측면을 분리한 인간으로서의 한 사람.'

이 같은 설명에 이어서 바바 고쵸우馬場狐蝶의 『유수일기流水日記』라는 작품의 3월 3일자 기록에 나타난 '인류는 영원히 존재하지만 개인은 확실히 썩어가는 것인가?'라는 문장을 '개인'이라는 개념이 첫 번째로 사용된 예로 소개한다. 나쓰메 소세키夏目漱石의 『나는 고양이로소이다 吾輩は猫である』라는 작품에 나오는 '이것은 단지 개인을 위한 혈기정신병의 행동이 아니다'와 같은 문장을 소개하며 개인이라는 용어가 그 외의 맥락에서 어떻게 사용되었는가를 구체적으로 소개하고 있다. 엄청난 사전이다.

싸울 때마다 "너 몇 살 처먹었어?"라고 하는 이유

'society'의 경우와 마찬가지로 메이지시대 초기의 지식인들은 거의 모든 서구 문헌에 등장하는 'individual'을 어떻게 번역해야 할지 몰라 헤맺다. 사회를 구성하는 개인, 주체로서의 개인을 의미하는 'individual'에 대응하는 개념이 일본에는 존재하지 않았던 까닭이다.

그들은 'individual'을 독일개인獨一个人, 독일개인獨一個人, 독일자獨一者, 일척수一隻獸, 일체一體, 일물一物 혹은 히토리ひとり(혼자) 등으로 제각각 번역했다. 그중에서 유키치가 처음 사용한 '독일개인獨一個人'이 주로 사용되다가, 일정 기간이 지난 후에 '독獨'이 먼저 떨어져나가고, 이어 '일一'까지 탈락되어 오늘날 '개인'이 'individual'의 번역어로 자리 잡게 된다.

유키치와 더불어 서구 문화 소개에 앞장섰던 니시무라 시게키西村茂樹는 'individual'을 '일신의 품행'으로, 'society'는 '동료와의 교제'로 번역했다. 서구 근대 문명을 구성하는 두 개의 큰 개념 축인 사회와 개인의 편집 과정을 고려한다면, 유키치의 '개인'보다는, 시게키의 '일신의 품행'이 'individual'의 화용론적 맥락에 더 근접해 있다고 할 수 있다. 서구의 개인이란 '문명화 과정의 개별적 반복', 즉 발달과 성장의 산물을 뜻하기 때문이다.

문명화civilization의 어원인 'civil'은 원래 '예절 바른'을 뜻한다. '사회적인social'이라는 단어와는 거의 동의어로 쓰였다. 문명화란 말 그대로 품위 있고, 예의 바른 행동으로의 발전을 뜻한다. 문명화 과정의 핵심 내용인 '합리화rationalization'란 본능적 감정이 사회적으로 허용되는 세련된 표현으로 자리 잡아가는 과정이라는 것이 노르베르트 엘리아스 Norbert Elias의 주장이다.

합리적인 문명사회는 각 개인이 예절 바른 교양인이 되어야 함을 전제로 한다. 서구 근대에서 아동 개념의 탄생은 이러한 교양 교육의 맥락과 깊은 관계가 있다는 것이 엘리아스의 주장이다. 그저 '작은 어른'일 따름이었던 아이들이 별도의 교육을 받게 된 가장 큰 이유는 '원시적 감정'을 억제할 수 있는 합리적 성인으로 성장해야 하기 때문이다. 이렇게 합리적인 성인으로 발달하는 과정에 있는 존재를 '아동'이라고 부른 것이다.

자기통제가 가능한 성인이 되도록 콜레주college나 아카데미와 같은 교육기관이 아동의 양육을 책임졌다. 아이들이 학교에서 입어야 했던 옷은 군대 제복과 비슷했다. 이는 교육목표인 자기통제의 상징적 표현이었다.

아동 개념이 형성되고 이에 상응하는 아동 교육기관이 생겨나면서 근대 교육 이데올로기는 점차 세련되어졌다. 무엇보다 아이들을 연령에 맞춰 분류하기 시작한 것이다. 연령에 따라 학급을 분류하고, 각 학급의 수준에 맞는 발달 목표도 제시했다. 가만히 생각해보면 나이가 같다는 이유만으로 아이들을 무조건 한 학급에 모아 동일한 발달단계를 거치도록 하는 근대 교육원리는 매우 무모하고 성급한 일반화다.

근대 이전의 문헌에서 각 개인의 연령이 정확히 기록된 경우는 거의 없다. 개인의 나이 따위는 한 개인을 설명하는 데 그리 중요한 카테고리가 아니었다. 동양에서도 마찬가지였다. 나이는 윤리적 범주였을 뿐, 한 개인의 아이덴티티와는 그리 큰 상관이 없었다. 그러나 오늘날 우리는 자신과 관련된 모든 문서에 가장 먼저 나이를 기록해야 한다. 심지어는 길거리에서 싸움이 일어나도 자기 나이를 대야 한다. 다들 싸움이 시작되면 그러기 때문이다.

"너 도대체 몇 살 처먹었어?"

근대 이전의 개인은 항상 어떤 집단에 속한 개인이었다. 그러나 단독자
單獨者로서의 개인은 연령으로 구별할 수밖에 없었다. 집단에서 분리된
한 개인을 달리 특징 지을 방법이 없었다. 특히 성인이 되기까지 아동의
아이덴티티는 오직 연령으로만 확인되었다. 연령에 따라 모든 상호작
용의 내용도 결정되었다. 20세기에 들어서면서 아동의 연령 구분은 더
욱 세분화된다. 아동과 성인 사이에 '청소년青少年'이란 또 다른 개념이
만들어진 것이다.

청소년은 처음부터
'비행 청소년'이었다

영어의 'adolescence' 혹은 'youth', 독일어로는 'Jugend'를 번역한 '청소년'
은 '청년'과 '소년'의 합성어로, 주로 우리나라에서 사용되는 개념이다.
일본에서는 '청년青年'이라는 개념을 더 많이 사용한다. 보다 일상적인
개념으로는 '사춘기思春期' 혹은 '청춘青春'과 같은 개념이 있다. 인생을
사계에 빗대어 설명하는 중국 고전의 '청춘青春' '주하朱夏' '백추白秋' '현
동玄冬'에서 파생된 단어들이다. 그러나 봄으로 비유되는 청춘이나 청년
의 개념은 서구적 단선론적 발달 개념과는 큰 차이가 있다. 겨울이 봄에
비해 더 처지거나 발달한 상태라고는 할 수 없기 때문이다.

아동 개념에 이어 청소년 개념을 만들어 심리학의 발달 모델에 포함
시킨 이는 하버드대학 교수를 거쳐 클라크대학의 학장을 역임한 그랜
빌 스탠리 홀Granville Stanley Hall이다. 그는 독일 라이프치히대학에 유학

을 가 심리학의 창시자 빌헬름 분트Wilhelm Wundt로부터 발달과 성장이라는 심리학적 근대 이념을 배웠다. 미국에 돌아온 후, 홀은 에른스트 헤켈Ernst Haeckel의 발생반복설recapitulation theory에 근거한 진화론적 발달론을 '발달심리학'의 이름으로 구체화한다. 미국식 발달심리학은 그렇게 탄생했다.

아동과 마찬가지로 청소년 또한 교육을 받아야 할 대상이다. 그러나 실제 내용은 아주 다르다. 아동 개념에는 그래도 '사랑스러움'이나 '귀여움'과 같은 긍정적 정서가 동반된다. '사랑과 관심의 공동체'로서의 가족이라는 사회적 표상social representation에는 항상 아동이 부부 사이에 있다. 그러나 청소년은 달랐다.

청소년은 처음부터 불량한 개념이었다. 청소년의 또 다른 이름 'juvenile'은 거의 '청소년 범죄juvenile delinquency'의 축약어로 쓰인다. 홀은 이 청소년기를 '질풍노도Strum und Drang'의 시기로 명명하며 그 불안정한 특징을 더 노골화했다. 이 같은 방식으로 청소년 개념을 편집할 사회구조적 필요성이 있었기 때문이다.

무엇보다도 급격한 산업화 때문이다. 일단 대량생산과 대량소비를 위해 훈련된 노동력이 급하게 필요했다. 그러나 기존의 소규모 도제제도와 같은 교육 방식으로는 당시 사회가 필요로 하는 대규모 노동력을 키워낼 수 없었다. '사랑의 공동체'가 되어버린 가족 또한 더 이상 교육의 기능을 수행할 수 없었다. 자연스럽게 가족에서 교육의 기능이 떨어져나갔다. 교육은 모두 학교에 맡겨졌다.

학교는 자신들이 담당해야 할 교육의 필요성을 정당화해야 했다. 바로 이러한 맥락에서 불안하고, 위험하고, 도무지 어디로 튈지 모르는 청소년의 표상이 만들어진 것이다. 즉, '청소년은 매우 불안하고 위험한 존재이기에 반드시 학교에서 교육받아야 한다'는 이데올로기다.

한국에서의 청소년 개념도 비슷한 경로로 자리 잡았다. 1991년 청소년기본법이 제정된 후 청소년지도사, 청소년상담사와 같은 자격증이 만들어졌다. 아울러 이를 위한 전문 교육기관이 대학에 정식으로 설립되었다. 그러나 '청소년 지도' '청소년 상담'과 같은 개념은 '청소년은 반드시 지도와 상담이 필요한 불안한 존재'라는 근대적 표상을 전제하고 있다. 그래서 한국어의 청소년 개념 또한 항상 '비행-청소년' 아니면 '청소년-문제'로만 연결되는 것이다. (청소년 개념이 달리 연결되는 것을 보았는가?)

아동과 청소년의 개념은 근대 이후 탄생한 '개인'이 어떠한 방식으로 편집되었는가를 잘 보여준다. 근대적 주체가 그 산업사회적 존재 양식에 따라 어쩔 수 없이 '객체화'라는 '소외Entfremdung 현상'을 동반하듯, 근대적 개인은 각 연령에 따라 아동, 청소년과 같은 각 발달단계로 귀속되어 또 다른 형태의 소외된 아이덴티티를 얻게 된 것이다.

21세기에 들어서는 또 다른 연령대의 개인이 새롭게 편집되기 시작했다. '노인'이다. 이제까지의 발달은 성인이 되면 완성되는 것이었다. 성인이 되어 생산 활동을 하다가 은퇴하면 바로 죽었기 때문이다. 평균수명이 그만큼 짧았다. 더 이상의 발달은 필요 없었다. 그러나 이제는 은퇴한 이후에도 수십 년을 더 살아야 한다. 평균수명이 100세에 가까워지고 있다. 개인의 발달이 성인 단계에서 끝나서는 안 된다는 새로운 편집의 내적 필연성이 생긴 것이다. 계속 발달하지 않으면 죄다 '성질 고약한 노인네'가 되기 때문이다.

성질 고약한 노인네는 비행 청소년만큼이나 위험하다. 그래서 요즘의 발달심리학에서는 '전생애발달life-span-development'을 이야기한다. 죽을 때까지 끊임없이 발달해야 한다는 거다. 근대 이후 생겨난 개인은 이와 같은 방식으로 필요에 따라 끊임없이 해체되고 재구성되는 편집의 과정을 겪고 있다.

에디톨로지의 원조 이론가, 엘리아스와 아리에스

'개인은 편집된 것'이라는 인식을 가능케 한 대표적 이론가로는 『문명화 과정Über den Prozeß der Zivilisation』을 쓴 독일의 엘리아스Norbert Elias와 프랑스의 아리에스Philippe Ariès를 들 수 있다.

'문명과 야만'이라는 이분법에서 비롯되는 서구의 상상적 발달관이 궁정의 식탁 예절과 같은 구체적 행위를 통해 실재하는 현상으로 구현되는 과정에 관해 탁월하게 서술한 엘리아스의 문명사 서술 방식과, 왕과 국가 혹은 사회구조의 변동 등을 서술하는 기존의 역사 서술과는 전혀 다른 '사소한 삶'의 역사 인식을 가능케 한 아리에스의 역사 서술 방식은 서로 매우 닮아 있다.

강단 사학파들로부터 '일요일의 역사가'라는 다소 모멸적 명칭을 얻은 아리에스의 역사 서술을 '심성사心性史, Histoire des Mentalites'라고 부르지만 '문화심리사文化心理史'라고 부르는 게 훨씬 적합하다는 게 내 생각이다. 얼핏 이름도 비슷하게 들리는 엘리아스와 아리에스는 '발달'이란 서구 역사에서 구성된 아주 우연적인 개념이라는 인식을 공유하고 있다.

인간의 의식을 가능케 하는 각종 근대적 개념이 역사의 어느 한 귀퉁이에서 편집되었다는 것이 에디톨로지적 인식론이다. 일어난 사건을 그대로 객관적으로 서술해야 한다는 역사관과, 역사의 내용은 언제나 편집되고 구성된다는 에디톨로지적 인식론은 근본적으로 다른 철학이다.

역사적 사건은 물론 인식을 가능케 하는 정신의 도구, 즉 개념들이 역사적으로 편집되었다는 관점을 갖게 되면 주체적 행위의 가능성과 한계를 정확히 파악할 수 있다. 이 같은 구성주의 혹은 구조주의적 서술은 실증주의적 역사 서술의 근본 전제를 상대화하는 메타적 방법론이다. 개념들의 '생성'에 관한 엘리아스와 아리에스의 메타적 편집 테크닉은 미셸 푸코Michel Foucault의 지식계보학 혹은 지식고고학에서 절정에 이른다.

실제로 푸코는 아리에스가 없었다면 자신의 책을 출판할 수조차 없었다. 지금도 여전히 현재진행형으로 읽히고 있는 푸코의 대표작『광기의 역사Histoire de la folie à l'âge classique』는 당시 대부분의 유명 출판사로부터 퇴짜를 당했던 원고다. 마침 플롱 출판사에서 출판 기획을 맡고 있던 아리에스가 우연히 그의 원고를 읽고, 반대를 무릅쓰며 출판을 고집한다. 그 결과 푸코의 첫 저작인『광기와 비이성: 고전주의 시대 광기의 역사Folie et Déraison』가 출간될 수 있었던 것이다.

아리에스와 엘리아스는 '죽음의 역사'에 관한 경쟁적 저서를 발표하기도 했다. 아리에스가 쓴『죽음 앞의 인간L'Homme devant la mort』은 서구 사회에 죽음의 의미가 역사적으로 어떻게 구성되어왔는가를 아주 흥미롭게 서술하고 있다. 근대 이전에 인간의 죽음은 사회적으로 공개

되고, 삶의 일부로 자연스럽게 경험되는 것이었다. 우리가 처음부터 죽음, 시체, 해골 등을 무서워한 게 아니었다는 말이다.

근대 이후, 죽음은 은폐되고 지극히 개인적인 차원으로 환원된다. 그 결과, 죽음은 일상의 삶과 전혀 다른 차원의 것이 되어버렸다. 이 같은 한 죽음의 개인화는 성장과 퇴화에 관한 근대의 단선론적 발달관과는 아주 긴밀한 이념적 연관이 있다는 게 내 문화심리학적 추론이다.

엘리아스는 아리에스의 이론에서 한 걸음 더 나아가 '죽음의 개인화'는 죽음의 공포, 죽음의 고통을 만들어낸다고 주장한다. 오늘날 우리가 공포영화를 비롯한 다양한 문화 콘텐츠를 통해 매개되고 재생산되는 죽음에 관한 다양한 두려움은 결국 역사적 편집의 결과라는 이야기다.

22 '나'는 내 기억이 편집된 결과다

"1962년생으로 고려대학교 심리학과를 졸업했다. 독일 베를린자유대학에서 석·박사 학위를 취득한 후, 독일 베를린자유대학교의 전임강사로 초빙되어 강의와 더불어 발달심리학, 문화심리학과 관련된 여러 연구 프로젝트에 참여했다. 이때 문화심리학의 세계적 석학들과 함께 『문화심리학Kultur in der Psychologie』이라는 책을 책임 집필하기도 했다. 현재 명지대학교 여가문화연구센터소장으로 여가산업과 관련된 다양한 프로젝트를 수행하면서, 「동아일보」 「중앙일보」 등에 고정 칼럼 기고를 비롯해 각종 언론 매체와 방송에서 휴테크의 중요성을 역설하고 있다."

2003년 내가 처음 낸 『휴테크 성공학』이란 책에 소개된 내 이력이다. 대부분의 대학교수들이 자신을 소개하는 방식이다. 별로 특별할 것도 없는 이력을 폼 나게 보이려고 애쓴 흔적이 역력하다. '세계적 석학'은 뭐고, '다양한 프로젝트' '각종 언론 매체와 방송'은 또 뭔가. 얼굴이 다 화끈거린다. 책은 고작 2만 부 정도 팔렸다. 책 내용도 부끄러워 일찌감치 내 스스로 절판시켰다. 이 촌스러운 저자 소개와 2009년에 출간된

『나는 아내와의 결혼을 후회한다』의 저자 소개를 비교해보자.

상황이 달라지면
'내가 기억하는 나'는 달라진다

"1962년 서울 태생으로 고려대학교 심리학과를 졸업하고, 독일 베를린 자유대학교에서 박사 학위를 받았다. 베를린자유대학교 심리학과 전임 강사를 거쳐 현재는 명지대학교 교수로 재직 중이다. 아니, 이런 거창한 프로필 따위는 다 잊어도 좋다. '김정운'은 팔뚝 굵은 아내가 차려준 아침 밥상에 감사하며, 아침마다 그날 가지고 나갈 만년필 고르기에서 삶의 즐거움을 찾고, 거리의 망사스타킹을 보면 가슴이 뛰어 낚시가게 그물만 봐도 흥분하고, 자동차 운전석에서 슈베르트의 가곡을 목 놓아 따라 부르며 주책없이 울기를 좋아하는 사십 끝줄의 대한민국 남자다. 귀가 얇다 못해 바람만 불어도 귓바퀴가 귓구멍을 덮을 정도고, 한번 폭발하면 대로변에서 삿대질도 일삼는 욱하는 성격이지만, 한번 마음에 담아두면 며칠 밤 잠 못 자며 고민하는 소심남이기도 하다."

2003년의 저자 소개는 물론 2009년의 저자 소개 모두 내가 쓴 것이다. 그러나 불과 6년 사이에 '인간 김정운'에 관한 '자기 서사'는 이렇게 달라졌다. 좀 더 자세하게 분석해보자. 2003년에 작성된 김정운의 이력에는 한국 심리학계에서 자신의 학문적 업적을 인정받고자 하는 욕구가 절절하게 느껴진다.

심리학과 교수가 되는 데는 실패하고 비록 교양학부의 교수로 있지만, 스스로가 학문적으로 그리 만만한 사람이 아니라는 것과 자신이 문화심리학cultural psychology이라는 새로운 영역의 전문가임을 인정하라고 거의 윽박지르는 수준이다. 지금 읽어보니 당시 내 심정이 떠올라 참 많이 쓸쓸해진다.

2009년의 김정운은 심리학계에서 인정받는 것은 이제 거의 포기한 듯 보인다. 자신의 기본 이력만 간략히 소개하고, 나머지는 자신의 인간적 약점을 노골적으로 드러내고 있다. 대학교수지만 수컷으로서는 여타 중년 사내들과 하나 다를 것 없음을 서술하고 있다.

자신의 텍스트를 어떤 사람들이 읽을 것인가를 분명히 알고 있기 때문이다. 사회적 체면과 지위에 갇혀 자신의 솔직한 이야기를 꺼낼 수 없는 이들에게 보다 적극적으로 자기 이야기를 하자고 말을 건네려는 것이다. 원초적인 수컷으로서의 내 이야기는 2003년에 비해 훨씬 더 많은 사람들을 설득하는 데 성공했다.『나는 아내와의 결혼을 후회한다』는 지금까지 30만 부가 넘게 팔리고 있다.

'텍스트text'는 항상 해당 '콘텍스트con-text(맥락)'에서 기록된다. 따라서 모든 텍스트는 반드시 그 텍스트가 쓰인 문화적·역사적 콘텍스트를 포함할 수밖에 없다. '2003년의 김정운'에 관한 텍스트는 여전히 심리학이라는 학술적 콘텍스트를 의식하고 쓴 것이다. 반면 '2009년의 김정운'에 관한 텍스트는 한국 사회의 중년이라는 문화적 콘텍스트에서 쓰인 것이다. 2009년의 텍스트가 훨씬 설득력 있다. 2003년의 텍스트는 뭔가 구질구질하다.

덧붙이자면, 사회적 경력·학력을 제외하고 자신을 설명할 수 있는 사람은 참 행복한 사람이다. 학력·경력 없이도 자신의 정체를 확인할 수 있다는 뜻이기 때문이다. 상당히 깊은 자기성찰이 있어야 가능한 이야기다. 명함을 내보이지 않고 자신을 얼마나 자세하게, 그리고 흥미롭게 서술할 수 있는가가 진정한 성공의 기준이다.

자신에 관한 이야기는 항상 '일리' 있다

인간은 텍스트를 통해 자신을 드러낸다. '내가 이야기하는 나'가 바로 '나'다. 심리학에서는 이를 아이덴티티identity, 즉 자기 정체성이라고 정의한다. 내가 이야기하는 나를 자기 자신으로 동일시identify하는 과정에서 자아가 구성된다는 거다. 앞서 내가 쓴 저자 소개를 분석하듯, 누구나 자신에 관한 서술을 분석해보면 내가 어떤 존재인지 분명해진다.

자기 이야기, 자신에 관한 서술, 자기 서사 등으로 번역할 수 있는 내러티브 심리학narrative psychology은 '자신에 관한 텍스트'가 바로 자신의 실체라는 정의에서 출발한다. 자신에 관한 텍스트는 하늘에서 떨어지는 것이 아니다. 자신의 과거 이야기, 즉 기억으로 구성된다. 나는 '과거 기억의 편집'이다. 문제는 그 기억이란 항상 자의적이고 편파적이라는 사실이다.

나는 지금까지 56년을 살았다. 잘 때를 제외하곤 항상 무슨 일이든 하고 있었다. 그러나 내가 기억하는 순간은 그리 많지 않다. 중요한 순간만 기억한다. 그 '중요한 순간'조차도 지극히 주관적이다. 내가 중요하다고 여기는 것만 기억에 포함시킨다.

뿐만 아니다. 내가 기억하는 나의 구체적 내용은 상황에 따라 달라진다. 콘텍스트에 따라 '전혀 다른 나'가 편집된다는 소리다. 예를 들어, 여인들 앞에서는 내가 청년 시절 얼마나 터프하고 사내다웠는가를 침이 마르도록 떠들어댄다. 주로 학창 시절 싸우다가 정학당한 이야기, 데모하다 제적당한 이야기, 군대 시절 특공무술 이야기 등등. (착한 여인들은 이미 다른 수컷들에게서 수십 번도 더 들은 내용일지라도, 마치 처음 듣는 것처럼 놀란 표정, 겁먹은 표정으로 들어준다. 복 있을진저, 그때 그 여인들!)

학회 뒤풀이 자리나 교수회의 이후의 식사 자리에서 다른 교수들과 대화할 때는 전혀 다른 내가 새롭게 편집된다. 학창 시절부터 내가 얼마나 공부를 창의적으로 했는가를 다양한 사례를 들어 설명한다. 거기다 독일에서의 공부가 얼마나 빡셌는가를 최대한 '겸양의 표현'을 써가며 설명한다. 그러나 그 내용은 항상 내가 얼마나 훌륭한 학자인가와 관련되어 있다.

터프한 나와 학구적인 나, 모두 내 실체다. 내가 그렇게 기억하고 있기 때문이다. '어떤 나'는 진실이고, '어떤 나'는 거짓일 수 없다. 나에 관한 텍스트는 다 '일리一理'가 있다. 단지 서로 다른 콘텍스트에서 편집된 결과일 뿐이다. 모든 콘텍스트로부터 자유로운 '객관적인 나'는 존재하지 않는다. 나에 관해 하는 이야기가 모두 '진리眞理'일 수는 없단 거다. 그래서 가장 성숙한 의사소통 방식은 상대방의 이야기가 가지고 있는 일리를 인정해주는 것이다.

"그래, 네 말도 일리가 있다!"

이른바 '일리의 해석학'이다. 이를 내러티브 심리학에서는 베리시밀리튜드verisimilitude라고 정의한다. 국어로는 여실성如實性 혹은 핍진성

逼眞性으로 어색하게 번역된다. '아주 그럴듯하다'는 뜻이다. 상담이나 정신치료에서 이야기하는 '래포rapport'의 본질도 바로 이 일리의 해석학에 있다. ('일리'와 '진리'의 구별은 철학자 김영민의 책에서 배웠다. 서양어에서는 찾아볼 수 없는, 아주 좋은 개념적 구분이다.)

상대방의 일리를 이해하려면 상대방이 처한 콘텍스트에서 구성되는 텍스트 형성 과정에 관한 이해와 통찰이 있어야 한다. 이는 거저 얻어지는 것이 아니다. 과거 기억으로부터 다양한 방식으로 편집되는 자아에 대한 성찰을 통해 가능하다. 다시 말해 2003년의 김정운과 2009년의 김정운은 같으면서도 전혀 다른 존재라는 사실을 인정해야만 '타인의 일리'를 받아들일 수 있다는 말이다. 그런 점에서 자기성찰과 일리의 해석학의 심리학적 구조는 같다.

현대 심리학의 '일관된 자아'에 대한 요구는 자아 구성 과정에 관한 무지에서 나온다. 내 안의 나는 항상 많다. 당연히 그런 것이다. 그렇다고 괴로워하거나 노여워하는 것은 '오버'다. 일관된 자아에 대한 오버는 '억압'을 낳는다. 자아에 대한 억압된 기억은 타인의 내러티브를 왜곡하고 부정한다.

스티브 잡스 이야기가 빌 게이츠 이야기보다 훨씬 재미있는 이유

스티브 잡스 사후 발간된 전기는 거의 모든 나라에서 베스트셀러 1위가 되었다. 왜 사람들은 잡스의 내러티브에 그토록 관심을 가지는 것일까?

영웅의 내러티브에는 항상 특별함이 있다. 극적인 전환이 많다. 듣다 보면 흥분하기도 하고 감동하기도 한다. 예술가나 혁명가의 내러티브는 불연속적이고 좌충우돌하는 이야기로 충만하다. 그러나 과학자의 내러티브는 연속적이고 일관된 이야기가 대부분이다. 열심히 해서 훌륭한 과학자가 되었다는 과학자의 전기는 아주 지루하다.

잡스의 내러티브는 매우 예술가적이다. 이리 튀고 저리 튄다. 그의 평생 라이벌이었던 게이츠의 내러티브와 비교해보면, 잡스의 내러티브가 갖는 매력은 아주 분명해진다. 2005년 스탠퍼드대학 졸업식에서 잡스가 한 연설과 2007년 빌 게이츠가 하버드대학 졸업식에서 한 연설을 한번 비교해보자.

"Stay hungry, stay foolish! 계속 갈망하라, 우직하게 나아가라!"

잡스의 이 연설은 당시 모든 언론의 각광을 받았다. 그러나 심리학자의 눈으로 보면, 교만하기 그지없는 연설이다. 스탠퍼드대학이라면 미국 최고의 명문 대학이다. 그 자부심에 가득 찬 스탠퍼드대학의 졸업생들과 교수들 앞에서 잡스는 대학을 중간에 집어치운 것이 자신이 내린 최고의 결정 중 하나였다고 강조한다.

뿐만 아니다. 졸업을 축하하는 자리에서, 대학에서 가르치는 과목이란 죄다 쓸모없고, 고작 '서체 수업' 하나 쓸 만했다고 쿨하게 말한다. 아무리 생각해도 심했다. 그 모욕적인 이야기를 졸업생과 교수들은 그저 참고 들어야 했다. 잡스였기 때문이다. 그는 대학만 우습게 만든 것이 아니었다. 자신의 삶도 희화화했다. 잡스는 자기 삶의 시작을 이렇게 설명한다.

"이야기는 제가 태어나기 이전으로 거슬러 올라갑니다. 저의 생모는 어린 미혼모로, 대학원생이었으며, 저를 입양 보내기로 결정했습니다. 생모는 저를 대학 교육을 받은 부모에게 입양시켜야겠다고 생각했습니다. 그리고 제가 태어나면, 어느 변호사 부부에게 입양되기로 모든 준비를 마쳤습니다. 그러나 제가 막 세상에 나왔을 때 이 변호사 부부는 어떤 여자 아기를 입양하기로 마지막 순간에 결정을 바꿨습니다. 덕분에 대기자 명단에 올라 있던 저의 양부모는 한밤중에 전화를 받게 됩니다. '착오가 생긴 남자 아기가 있는데, 입양하시겠습니까?'"

사람들은 웃었지만, 전혀 웃을 일이 아니었다. 이어 자신이 만든 회사에서 쫓겨난 이야기, 암에 걸린 이야기 등으로 좌충우돌하던 잡스의 연설은 "누구나 죽는다!"로 끝난다. 이제 막 대학을 졸업하며 희망과 자부심에 가득 찬 그 젊은 대학생들에게 "죽음이야말로 삶의 가장 훌륭한 발명품"이라고 말하는 그의 연설은 심통 그 자체다.

반면 2년 후 하버드대학 졸업식에서 게이츠가 한 연설은 전혀 다른 느낌이다. 일단 자기처럼 중퇴하지 않고, 정상적으로 대학을 졸업하게 된 학생들을 축하한다. 자신도 드디어 졸업장을 받게 되어 영광이라고도 한다. 비록 중퇴했지만 하버드대학에서 자신은 정말 중요한 것들을 많이 배웠다고 이야기한다. 격조 있는 연설이다.

잡스와 비교해보라. 얼마나 큰 차이인가. 잡스는 건방지고, 게이츠는 겸손하다. 잡스는 뭔가에 쫓기며 꼬여 있는 느낌이지만, 게이츠는 여유롭고 자신만만하다. 더 큰 차이는 결론에서 나타난다. 잡스의 연설은 죽음을 이야기하며 '허무한 삶이지만 무모하게라도 버텨라'로 끝나지만, 게이츠는 '가진 자들의 타인을 위한 희생'을 강조한다.

"여기 하버드 지식의 리더이신 학장님과 교수님들께 요청합니다. 여러분이 새로운 교수를 영입하거나, 종신 교수권을 받거나, 교과과정을 검토하거나, 각 학위에서 요구하는 사항들을 결정할 때, 스스로에게 물어보십시오. 우리가 가진 최고의 두뇌가 인류의 가장 큰 문제를 해결하기 위해 쓰이고 있는가를. 하버드 교수들이 세계 최악의 불평등을 직시하고 고민하도록 가르치고 있는가를. 하버드 학생들은 전 지구적 빈곤이나 기아, 수질 오염, 배울 권리를 갖지 못한 여학생들, 그리고 치료 가능한 질병으로 죽어가는 아이들에 관해 배우고 있는가를. 지구상에서 가장 큰 특권을 가진 사람들이 가장 가난한 이들의 삶에 대해 배우고 있는가를."

'창조적 자본주의creative capitalism'를 선언하며, 빈곤 퇴치와 기업의 사회적 책임, 환경문제 등을 언급한 게이츠의 연설은 가히 도덕 교과서의 원형을 보는 듯하다. 실제로 게이츠는 엄청난 규모의 기부 단체를 설립하는 등 자신의 주장을 구체적으로 실행하고 있다. 이 세상에 빌 게이츠를 감히 비난할 수 있는 사람은 없다.

게이츠의 이야기는 백 번 옳다. 훌륭하다. 그리고 존경할 만하다. 그러나 문제는 하나도 안 재미있다는 거다. 별로 흥미롭지 않다. 안 들어도 다 아는 이야기 같다. 반면 기부나 노블레스 오블리주에 관해 어떠한 이야기도 한 적 없는 잡스의 연설은 뭔가 감동이 있다. 울림이 크다. 듣고 싶어진다. 도대체 무슨 차이일까?

'계몽'이다. 게이츠는 청중 스스로 연설의 의미를 편집할 수 있는 기회를 빼앗는다. 일방적으로 완성된 이야기를 한다. 그래서 재미없는 거다. 상호작용이 불가능한 내러티브는 진리를 강요할 뿐, 일리의 해석학이 빠져 있다. 반면 잡스의 내러티브는 상호작용적이다. 편집 가능성이 있다는 이야기다.

잡스의 정서적·모순적·자극적 내러티브는 듣는 이들의 적극적인 해석을 필요로 한다. 사람들은 그의 이야기가 갖는 의미를 주체적으로 편집해낼 수 있는 기회를 얻는다. 의미는 스스로 만들어낼 때만 의미 있다. 남이 만들어주는 의미는 전혀 의미 없다. 진리를 계몽하던 시대는 지났다. 듣는 이로 하여금 '주체적 편집의 기회'를 제공해야 상대방의 마음을 사로잡을 수 있다.

한국 기업 CEO의 이야기에서 이런 감동을 얻고 '의미편집'의 기회를 얻을 수 있어야 진정한 선진국이 되는 거다. 한국 정치인의 연설에서 눈물 흘리며 삶의 가치와 사회변혁의 용기를 스스로 편집해낼 수 있어야 내 나라가 자랑스러워지는 거다.

23 우리는 왜 백인에게는 친절하고, 동남아인에게는 무례할까?

1989년 일어난 베를린 장벽의 붕괴는 독일의 통일만 뜻하는 것이 아니었다. 근대를 이끌어온 사상적 동력인 역사 발전의 이데올로기가 붕괴됨을 뜻했다. 인간의 모든 행위를 역사 발전과 관련된 행위로 해석하던 근대 해석학적 체계는 자동적으로 해체되었다.

근대 해석학이란, 주체 형성에 따른 공간적·시간적 좌표 설정과 깊은 관계가 있다. 이어 시간의 축에서 일어나는 세상의 변화를 주체의 행위에 의한 발전 과정으로 해석하는 단선론적 역사 발전의 세계관이 나타났다. 이때 '의도성intentionality'을 가질 수밖에 없는 각 개인의 행동은 역사 변혁을 위한 혁명적 행위이거나 반동적 행위로 설명된다.

사람들은 역사란 한 방향으로 발전하는 것이라고 생각했다. 이 같은 '단선론적 발달관'이란 이 세계의 모든 변화가 단 하나뿐인 시간의 축에서 발전하는 것으로 이해하는 방식이다. 인류 역사를 봉건주의, 자본주의를 거쳐 사회주의 혹은 공산주의 사회로 발전해간다고 해석하는 마르크스주의가 가장 전형적인 단선론적 발달관이다.

막스 베버Max Weber는 마르크스식의 구체적 발전 단계를 거부한다.

그러나 역사를 뒤로 돌이킬 수 없는 '합리화rationalization' 또는 '지성화 intellectualization'의 과정으로 파악한 그의 몰가치적 사회학 또한 단선론적 발달관에서 크게 벗어나지 않는다. 일관성과 연속성에 기초한 '하나의 역사'에 대한 신념을 포기하지 않기 때문이다.

그러나 역사의 시간은 언제나 동일하게 흐르지 않는다. 빠른 시간도 있고, 느린 시간도 있고, 거의 정지한 듯 흐르지 않는 시간도 있다. 방향도 정해져 있지 않다. 누구도 오직 한 방향으로의 역사 발전을 강요할 수 없다. 이 같은 역사 발전의 복수성에 관한 비판적 통찰은 독일 통일 이후에 나타난 새로운 역사 인식의 키워드다.

사회인가,
문화인가?

'사회Gesellschaft'와 '문화Kultur'의 개념 차이 또한 역사적 시간을 단수로 보느냐, 복수로 보느냐의 차이에서 출발한다. 사회라는 개념은 시간의 복수성을 제거한 개념이다. 인간이 모여 사는 방식은, 뉴욕이든 서울이든 아프리카 어디든 보편적 특징을 가진다는 것이다. 각 사회의 발전 수준은 동일한 시간의 축에서 그 위치가 정해진다.

그러나 문화는 이러한 보편성을 제거한 개념이다. 이 같은 문화 개념에 기초해서 사회과학 이론을 살펴보면, 보편성을 전제로 하는 사회라는 개념 자체가 또 하나의 문화적 특수 사례일 뿐이라는 추론이 가능해진다.

각 나라의 문화나 사회는 역사 발전 단계의 어떤 위치에 있는지 알 수 있으며, 그 수준의 차이는 쉽게 비교될 수 있다는 단선론적 발달관은 근대 이후 끊임없이 재생산되어왔다. 이것은 아주 일상적으로 경험된다.

예를 들면 이런 식이다. 유학 당시, 독일 사람들이 나를 일본인이냐고 물어볼 때가 아주 가끔 있었다. 그러면 나는 "나인, 이히 빈 코레아나!Nein, Ich bin Koreaner!"라고 눈에 힘주고 말하곤 했다. 그러나 속으로는 그리 불쾌하지 않았다. 그들의 눈에 비친 일본은 단선론적 발달단계에서 독일을 능가하는 상당히 수준 높은 국가였기 때문이다.

사실 독일 사람들은 내게 베트남이나 인도네시아에서 왔냐고 물어볼 때가 더 많았다. 그러면 속으로 상당히 불쾌해졌다. 그들의 눈에 베트남이나 인도네시아는 일본에 비해 한참 처지는 나라였기 때문이다. 사실 대한민국이 도대체 어느 구석에 붙어 있는지도 모르는 그들에게 대한민국이나 베트남이나 아무런 차이가 없었다. 그들은 남한과 북한조차 구별하지 못했다. 그러나 나는 대한민국의 발달 수준이 적어도 베트남이나 인도네시아보다는 위에 있다고 생각했다. 그 자부심에 상처를 입었기에 불쾌해했던 것이다.

내 스스로도 의식하지 못하는 가운데, 근대 서양인들이 일방적으로 한 줄로 세워놓은 단선론적 발달단계론을 그대로 받아들이고 있었던 것이다. 발달의 정점에는 미국과 일본, 유럽 국가들이 있고, 중간 어딘가에 한국이 있다. 그리고 가장 밑에는 동아시아 국가들과 아프리카 국가들이 있다. 나는 이를 아주 당연하게 생각하고 있었다.

경제적 부를 문화적 수준과 동일시하고, 세계의 나라들을 일렬로 세우는, 참으로 한심하고 부끄러운 세계관이다. 그러나 세계화를 외치는 오늘날에도 이따위 단선론적 발달관은 여전히 강력하게 기능한다.

내가 마르크스주의에 기초한 '비판심리학Kritische Psychologie'을 포기하고 비고츠키의 문화심리학으로 '전향'했을 때, 이유 없이 친근하게 느껴졌던 학자들이 있다. 어빙 고프만Erving Goffman, 필립 아리에스Philippe Ariès, 노르베르트 엘리아스Norbert Elias, 게오르그 짐멜Georg Simmel, 미하일 바흐친Mikhail Bakhtin, 발터 벤야민Walter Benjamin 등이다.

20세기 초·중반 기세등등하던 마르크스주의적 경제사관이나 베버식의 보편적 사회체제론과 같은, 유럽 문명이 지나온 과거를 기초로 만들어진 단선론적 발달 개념에 치여 서구 학계의 주변부로 밀려나 있던 이들이다. 물론 이들 또한 당시의 시대정신Zeitgeist이었던 보편사적 발전 모델에서 자유로울 수는 없었다. 그러나 이들의 연구 결과는 오늘날 '문화의 상대성'에 관한 이론 전개의 토대가 된다.

한마디로 정리하면 이렇다. 서구 사회과학에는 두 방향의 상반된 이론적 흐름이 존재한다. 한쪽에는 '발달Entwicklung' 개념에 기초한 '사회Gesellschaft'가 있고, 다른 한쪽에는 '구성Konstruktion' 개념에 기초한 '문화Kultur'가 있다.

사람들이 모여 사는 방식의 보편성을 전제로 한 사회 변화를, 합리성으로의 발전이라고 규정하는 사회 개념은 '역사 발전'이라는 근대 이념과 깊은 상관이 있다. 반면 서구 문화의 변화 양상이야말로 특수한 것이며, 각 문화의 삶의 방식은 서로 다른 방식으로 구성된다고 설명하는 문화구성주의는, 마르크스주의의 현실적 효용성이 사라지는 20세기 후반에 이르러서야 사회과학적 논의의 중심에 선다.

각기 다른 방식으로 구성되는 다양한 삶의 내용과 의미들을 해석하는 것은 이 구성주의적 문화 연구의 중심 내용이 된다. 오늘날 '문화연구cultual studies'라는 이름으로 이뤄지는 다양한 문화 담론이 바로 그것이다.

피아제의 인지발달 이론과
헤켈의 발생반복설에 숨겨진 폭력

'사회는 한 방향으로 발전한다'는 총론 차원의 단선론적 발달관은 피아제식 발달심리학에서 각론이 완성된다. 피아제의 발달심리학, 더 정확히 표현하면 '인지발달심리학'은 근대 발달 이념의 완성이라고 할 수 있다. 일단 피아제의 심리학은 정서를 거의 다루지 않는다. 다룬다고 해도 인지 과정과 관련될 때만 다룬다. '정서는 비합리적'이라고 여겼기 때문이다.

요즘 유행하는 '행동경제학behavioral economics'은 지난 한 세기 동안 인문 사회과학에서 제외되었던 비합리적 인간관의 복원이다. 그 추세의 주동자인 대니얼 카너먼Daniel Kahneman이 심리학자인 것도 우연은 아니다.

데카르트의 심신이원론 이후로, 인간의 정서 영역은 통제되지 않으면 위험한 것으로 여겨졌다. 불명확한 감정의 영역을 파고드는 프로이트 이론이 불편하게 여겨져 강단 심리학에서 소외되는 이유도 바로 이 때문이다. 문명화 과정이란 이 위험한 정서나 감정을 사회적으로 통제하고 관리하는 과정이라고 엘리아스는 설파한다. 원시적 감정을 우아하고 세련되게 다스리는 다양한 의례가 문명의 내용이라는 것이다.

문명화 과정을 통해 수립된 정서의 외적 통제 방식을 각 개인이 내면화하는 것이 각 개인의 사회화 과정이라고 엘리아스는 주장한다. 정리하자면, 집단적 정서 통제가 문명화 과정이고, 개인적 정서 통제가 사회화 과정인 것이다.

피아제는 이 위험하고 비합리적인 정서나 감정의 영역을 인지 과정의 종속변수로만 다룬다. 예를 들어, 도덕성 발달을 '규칙을 인식하는 수준'과 같은 인지적 차원으로 환원시키는 방식이다. 대신 각각의 문화적 환경과는 전혀 상관없는 아동의 보편적 인지발달을 주장한다. 근대 이후, 서유럽을 기준으로 하는 보편적 역사 발전 이론이 어느 정도 자리 잡자, 그동안 막연히 상상해왔던 보편적 인간발달론을 구체화한 것이다.

심리학을 공부하게 되면 누구나 달달 외워야 했던 피아제식 인지발달론은 다음과 같은 단계로 진행된다. '감각 운동기-전조작기-구체적 조작기-형식적 조작기'. 피아제의 인지발달 이론에 따르면 추상적 사고, 보편적 사고가 가능한 형식적 조작기는 15세 정도에 완성된다. 대략 이 수준에는 올라야 문명화되었다고 말할 수 있는 것이다.

피아제의 인지발달론을 따르자면, 문화적 차이는 인지발달 수준의 차이가 된다. 열등한 문명과 고등 문명의 차이는 인지능력의 차이로 설명되는 것이다. 따라서 고등 문명은 열등한 문명을 계몽해야 할 책임이 있는 것이다. 이런 주장은, 무지한 자를 깨우쳐줘야 한다는 도덕적 명령으로까지 이어진다.

서구의 식민지 지배의 윤리적·논리적 정당성은 이런 식으로 간단히 획득된다. 피아제식 발달론의 원형은 에른스트 헤켈Ernst Haeckel의 "개체의 발달 과정은 계통의 발달 과정을 반복한다Ontogeny recapitulates phylogeny"는 '발생반복설recapitulation theory'이다. 피아제는 아주 오래된 헤켈의 발생반복설을 이렇게 은밀하게 반복하고 있는 것이다.

사실 헤켈의 발생반복설은 생물학적으로도 그리 치밀한 이론이 아니다. 그러나 그의 이론은 열등한 문화와 고등 문화를 판단할 때, 아주 훌륭한 이론적 근거가 된다. 서양인들에게 한국 문화를 설명하다 보면 그런 반응을 자주 경험하게 된다. "우리도 옛날에는 그랬어." 그럴 때마다 아주 맥 빠진다. 그러나 이 같은 헤켈의 발생반복설은 아주 치명적인 논리적 결함이 있다.

개체발생이 계통발생을 반복한다면, 도대체 '새로운 것'은 어떻게 나타날 수 있느냐는 것이다. 새로 태어나는 개체는 이미 있었던 발달 과정을 반복할 뿐인데, 도대체 어떻게 새로운 종의 탄생이 가능하냐는 의문이다. 새로운 종이 끊임없이 나타나면서 오늘날까지 이어진 종의 변화가 어떻게 가능했느냐는 질문에 도무지 대답할 방법이 없다.

오늘날 사람들은 헤켈의 발생반복설과 다윈의 자연선택설에 기초한 진화론을 자주 헷갈려한다. 그러나 이 둘의 차이는 분명하다. 헤켈의 이론에는 발달 방향이 정해져 있는 반면, 다윈의 진화론에는 발달이 어느 방향으로 이뤄질지 전혀 예상할 수 없다. '자연선택'과 '돌연변이'의 원리에 따라 그때그때 변화의 방향이 바뀌기 때문이다. 다윈에 따르면, 생명의 발전이란 마치 나뭇가지가 갈라져 나가듯 상황에 따라 달라지는 지극히 우연적인 현상이다[그림 1].

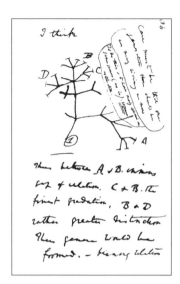

[그림 1] 다윈이 그린 진화나무
다윈의 진화론에는 발전의 방향이 정해져 있지 않다.

헤켈의 발생반복설은 사실 진화론과는 아무 상관없는 이론이다. 새
로운 종의 출현을 설명할 수 없다는 논리적 결함과 더불어, 헤켈이 그림
으로 제시한 발생반복설의 증거조차 조작과 위조로 드러났다. 발생반
복을 주장하기 위해 헤켈이 제시한 [사진 1]은 배아의 발달이 인간의 전
체 진화 과정을 반복한다는 것을 보여주고 있다. 헤켈은 배아의 발달 과
정에 물고기 아가미나 원숭이 꼬리 같은 것이 나타난다고 주장한다. 그
러나 헤켈이 실제로 그러한 장면을 확인한 적도 전혀 없고, 그림도 제멋
대로 조작했다는 사실이 후에 적나라하게 드러난다. 그럼에도 불구하
고 헤켈의 발생반복설은 오늘날까지 아주 상식처럼 받아들여진다. 왜
그럴까?

일본인이냐고 물어보면 그리 불쾌하지 않고, 필리핀에서 왔느냐고
물어보면 사뭇 불쾌해지는 어처구니없는 내 반응이 헤켈의 발생반복설

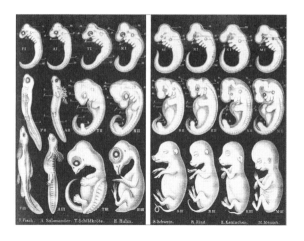

[사진 1] 개체발생은 발생반복을 반복한다는 증거로 헤켈이 제시한 배아 그림은 위조투성이였다.

을 반복하기 때문이다. 한국의 문화 수준은 일본보다는 조금 처지기는 하지만 이제 거의 따라잡았고, 필리핀이나 태국보다는 훨씬 높다는 편견이 단선론적 발달관을 지속적으로 확인시켜준다.

　허연 서양 백인에게는 그렇게 친절하면서 까무잡잡한 동남아시아 사람들에게는 그렇게 무례할 수 없는 우리의 행동을 통해, 오늘도 헤켈의 발생반복설에 기초한 단선론적 발달관은 끊임없이 재생산되고 있다.

24 천재는 태어나지 않는다 편집될 뿐이다

서구 역사에는 한때 '위대한 개인의 시대'가 있었다. 절대왕정이 무너지고 시민사회가 형성되던 시기다. 그 위대한 개인을 우리는 '영웅' 혹은 '천재'라 불렀다. 오늘날은 더 이상 위대한 개인의 시대가 아니다. 다들 일찍 죽지 않고, 오래오래 살기 때문이다. 영웅이 되려면 무조건 일찍 죽어야 한다.

세계사의 모든 영웅은 일찍 죽었다. 큰 업적을 남기고는 바로 죽어야 영웅이 된다. 멀리는 알렉산더 대왕부터 가까이는 이소룡과 잡스에 이르기까지, 죄다 일찍 죽었다. 늙은 영웅은 없다. 일찍 죽어야 사람들은 영웅의 느닷없는 죽음을 안타까워하며 그에 관해 이야기하기 시작한다. 불완전하게 끝난 그의 이야기를 어떻게든 완성해야 하기 때문이다. 길게 행복하게 오래오래 사는 방식으로는 절대 영웅이 될 수 없다. 그에 관한 이야기가 이미 완성되었기 때문이다. 할 이야기도 없다. 결말이 뻔하다. 전혀 재미없다.

만약 오래 살면서도 영웅이 되고 싶으면, 말년에는 사람들이 전혀 기억하지 못하도록 은둔의 삶을 살아야 한다. 아니면 넬슨 만델라Nelson

Mandela처럼 젊어서는 죽어라 고생하고, 늙어서는 위대한 일을 하든가. 그래서 신은 공평한 거다. 돈이든 명예든 장수든 하나만 누리라는 거다.

천재는 사회적 필요에 의해 편집된 개념이다

천재도 그렇다. 뭔가 결핍되어야 한다. 대부분 천재의 삶에는 행복이 빠져 있다. '행복한 천재'는 없다. 대신 유명하다. 행복은 아주 평범한 사람들의 수식어다. 천재면서 행복하기까지 바라면 안 된다. 그래서 영재 교육을 쫓아다니는 부모들을 보면 참 안타깝다. 원하는 대로 자기 자식이 유명한 사람은 될 수 있을지 몰라도, 행복한 사람은 되기 어렵기 때문이다. '유명한 자식'보다는 '행복한 자식'을 바라는 게 모든 부모 마음 아니겠는가?

영재나 신동으로 불리던 아이가 성인이 되어서도 큰 족적을 남기는 천재로 살아가는 경우는 별로 없다. 이래저래 영재교육은 아이를 키우는 같은 부모 입장에서 그리 추천할 만한 일이 아니다. 그래도 자식이 신동 소리를 듣고, 커서도 천재로 살기를 바란다면, 우선 아이를 학교에 보내지 말아야 한다. 정규 과정 그대로 학교에 다니고, 성실하고 모범적으로 졸업했다는 천재의 이야기를 들어본 적 있는가?

없다. 체계화된 정규교육을 충실하게 받으면서, 동시에 천재가 된다는 것은 논리적 모순이다. 정상 분포 곡선의 평균치에 가장 근접해 있는 교육을 받으면서, 동시에 정상 분포 곡선에서 가장 멀리 떨어진 생각을 하는 것은 절대 불가능하기 때문이다.

사람들은 천재의 능력은 타고나는 것이라고 생각한다. 물론 영재나 신동은 타고난다. 그러나 그들이 반드시 천재가 되는 것은 아니다. 나이가 들어서도 그들의 특별한 능력이 사회적 요구와 맞물려 빛을 발할 수 있어야 천재가 되는 것이다.

나도 특정 분야의 천재가 될 자질은 충분히 가지고 태어났다. '우기기'다. 난 어릴 때부터 우기는 데는 천부적인 재능이 있었다. 내가 우기면 아무도 못 당했다. 지금도 내 우기기는 탁월하다. 내 이야기를 들으면 대부분 설득당한다. 다들 집에 가서 가만히 생각해보면 뭔가 이상하다는 느낌이 들지만, 얼굴을 맞대고 내 말을 듣고 있을 때 아주 그럴듯하다고들 한다.

요즘도 수천 명이 모인 자리에서 강연을 하면, 내 피가 먼저 끓는다. 나 스스로 먼저 흥분하고 내가 먼저 내 이야기에 설득당하면, 내 이야기를 듣는 사람들도 반드시 설득당하게 되어 있다. 사기꾼도 마찬가지다. 남을 속이려 애쓰는 사람은 절대 남을 속일 수 없다. 스스로 자신에게 먼저 속아야 남을 속일 수 있다. 이게 바로 설득의 심리학에 숨겨진 비밀이다.

우기기의 특별한 능력을 가진 내가 DJ나 YS가 활약했던 '웅변의 시대'에 활동했다면, 누구 못지않게 세상을 뒤흔들 수 있었을 것이다. 여의도광장이나 장충단공원에 수십만 명을 모아놓고 연설할 수 있는 사회문화적 맥락이었다면, 난 정말 대중을 뒤흔드는 천재적 데마고그 demagogue가 되었을 것이다. 그러나 오늘날 그런 대중 선동의 데마고그가 설 자리는 없다. 요즘 그러면 완전 코미디다. (물론 그런 천재적 데마고

그가 못 되었다고 전혀 아쉬울 건 없다. 난 행복한 글쟁이로 오래오래 살고 싶기 때문이다.)

천재도 이와 같다. 천재의 문화·사회적 맥락이 따로 있다. 태어나는 게 아니라 만들어진다는 뜻이다. 아무리 뛰어난 능력을 갖고 태어나도, 그 능력을 발휘할 수 있는 사회·문화적 필요가 형성돼 있지 않으면 아무 소용없다.

천재는 사회·문화적 편집의 결과다. 천재의 사회·문화적 필요가 극대화된 시기가 바로 단선론적 발달관이 형성되던 근대 초기다. 봉건으로부터 시민사회로의 이행기는 성숙한 주체, 능력 있는 개인에 대한 신념에 기초하고 있었기 때문이다. 즉, 위대한 개인의 시대가 열린 것이다. 역사 발전은 이 같은 위대한 개인에 의해 이뤄진다고 믿었다.

'개인'과 '발달'은 함께 시작된 개념이다. 위대한 개인, 주체의 특별한 완성을 뜻하는 천재가 전제하고 있는 개념적 전제 또한 발달이다. 이때 천재는 일반인들과 다른 특별한 발달 과정을 거쳐야 한다. 새로운 발달의 지향점이 되어야 하기 때문이다. 아울러 이 천재에게는 특별한 시대적 과제가 주어진다. '계몽Aufklarung'이다. 발달단계에서 뒤처진 이들을 끌어올리는 역할이다. '발달-계몽(또는 교육)'의 개념적 긴장 관계에서 천재는 탄생하는 것이다.

계통발생, 즉 문명 발달의 단선론은 계몽으로 이어지고, 개체발생의 단선론은 근대 교육제도의 확립으로 이어진다. 그러나 앞서 설명한 헤켈의 '발생반복설'에 근거한 근대의 발달 개념에서 천재는 설 자리가 없다. 논리적 모순이기 때문이다. 개체발생은 계통발생을 반복한다는 순환론에서 '아주 새로운 존재'인 천재가 도대체 어떻게 나타날 수 있는가를 설명할 방법이 없다. 빠져나갈 방법은 한 가지뿐이다. 생물학적 환원론이다. 천재는 유전자가 다르다고 설명하는 방식이다. 그러나 이렇게 설명하기 시작하면 이미 발생반복설은 폐기된 거다.

생물학적 환원론 또한 발생반복설만큼이나 무책임한 설명이다. 요즘의 생물학적 진화론이나 뇌과학을 인문 사회과학의 영역에까지 넓히려는 시도 또한 마찬가지다. 처음에는 그럴듯한데, 한참 따라가다 보면 모든 사회 문화 현상이 유전자로 환원된다는 의심을 지울 수 없다.

사람의 성격을 뇌의 구조로 환원하여 설명하는 것은 그래도 견딜 수 있다. 그러나 범죄자의 유전자나 동성애자의 유전자가 따로 있고, 음악적·미술적 유전자나 창조적 유전자가 따로 있다는 방식의 설명을 듣고 있자면 많이 황당해진다. 도대체 인간 사회가 존재하는 이유는 뭐고, 온갖 문화적 행위의 의미는 어디에 있다는 말인가?

심리학에서 한때 유행했던 '생득론' 또한 마찬가지다. 태어날 때부터 다 가지고 있다면, 인간의 상호작용은 도대체 무슨 의미가 있단 말인가? 아무리 타고났다 해도 그것이 성장 과정에서 제대로 구현되지 않으면, 그 능력을 가지고 태어났다는 사실을 도대체 누가 알 수 있다는 말인가?

아무리 생득적으로 가지고 있어도 제대로 구현되지 않으면, 안 가지고 태어난 것과 마찬가지다. 암의 원인과 같은 의학적 설명이라면 얼마든지 수긍할 수 있다. 그러나 사회·문화적 현상을 생물학적으로 환원하여 설명하는 것은 아무리 생각해도 막힌 길이다. 아주 꽉 막힌 길이다.

계몽주의 시대의 편집된 천재,
모차르트

『문명화 과정』이라는 새로운 문화사 서술을 가능케 했던 엘리아스는 모차르트라는 계몽시대의 천재를 '천부적 재능'이라는 생물학적 환원론으로 설명하는 방식을 신랄하게 비판한다. 생물학적 환원론을 따르자면 천부적 재능을 보인 신동은 모두 천재로 남아야 한다는 거다. 그러나 흔적도 없이 사라져간 신동들이 얼마나 많던가.

천재의 시대적 맥락이 따로 있다는 것을 엘리아스는 자신의 저서 『모차르트Mozart』에서 아주 흥미롭게 보여준다. 물론 모차르트에게는 아주 특별한 능력이 있었다. 그가 유년기의 연주 여행에서 보여주었던 뛰어난 즉흥연주 기술이 그것이다. 그러나 그 정도 능력은 사실 당시 음악가라면 누구나 갖고 있는 것이었다. 단지 모차르트는 다른 이들에 비해 월등히 어렸기 때문에 신기했을 따름이다. 모차르트의 연주 여행이 처음에만 인기를 끌고, 두세 번째 연주 요청은 극히 드물었다는 사실이 이를 증명한다. 맨 처음에만 신기했다는 뜻이다. 원래 모차르트는 한때 반짝하다 사라지는, 요즘의 아이돌 스타 같은 운명이었던 거다.

신동 모차르트의 이런 즉흥연주 능력 또한 생득적이라고는 할 수 없다는 것이 엘리아스의 주장이다. 일단 모차르트의 아버지 레오폴드 모차르트Leopold Mozart는 아들에게 아주 혹독한 도제식 훈련을 받게 했다. 걷기 시작할 때부터 유럽의 유명하다는 선생은 다 만나게 했다. 그는 자기 아들이, 새롭게 형성되고 있던 시민사회에서 신분 상승의 기회를 얻길 원했다. 음악가였던 레오폴드 모차르트는 궁정 사회의 하인 신분에 불과한 자신의 처지를 아들이 똑같이 반복하는 것을 원치 않았다.

물론 아버지의 사랑을 독차지하고 싶어 한 어린 모차르트의 성격도 한몫한다. 모차르트는 누구에게나 관심받고, 사랑받고 싶어 했다. 그래서 아버지의 그 혹독한 훈련도 견뎌낼 수 있었다. 죽을 때까지 애정 결핍에 시달린 모차르트의 성격적 특징은 방탕했던 그의 아내 콘스탄체 베버Constanze Weber와의 관계에서도 잘 드러난다.

신동은 나이가 들면 더 이상 특별한 존재가 아니다. 어려서 유럽이나 미국에 유학을 떠난 한국의 음악 신동들이 나이가 들수록 지극히 평범한 음악가로 주저앉는 이유도 마찬가지다. 악보를 달달 외우고, 작은 손가락으로 그 큰 악기를 기계처럼 다루는 연주 실력에 관객들은 처음에만 감동할 뿐, 곧 심드렁해지기 때문이다.

신동 모차르트가 성인이 되어서도 천재로 남을 수 있었던 이유는 '수공업자의 예술'에서 '예술가의 예술'로의 전환이라는 시대적 맥락이 있었기 때문이라는 것이 엘리아스의 통찰이다.

바흐나 헨델의 경우를 보자. 교회나 궁정의 음악가였던 그들의 사회적 지위는 숙련된 수공업자에 불과하다. 그들이 작곡한 음악도 자율적 주체의 '창조적 행위'라기보다는 교회나 궁정의 의례에 맞춰 끊임없이 생산해야 하는 '수공업적 행위'의 결과였다. 바흐의 푸가fugue와 같은 다양한 대위법 형식만 하더라도, 보다 쉽게 작곡하기 위한 일종의 '스킬'이었다. 좀 더 효율적인 음악 생산을 위해 고안된 수공업적 '꼼수'였을 혐의가 짙다는 거다. 물론 내 가설이다. 그래서 바흐나 헨델을 천재라고 부르기가 좀 어색한 거다. 게다가 그들은 아주 오래 살았다.

좌우간 오래 살면 천재고 영웅이고 다 포기해야 한다. 후세의 사람들은 아주 오래 산 그들을 차마 천재라고 할 수는 없었다. 그래서 바흐를 '음악의 아버지', 헨델을 '음악의 어머니'라고 부른다. 그러나 그런 호칭은 순전히 일본인들의 농간이다. 독일에서 그런 호칭은 들어본 적이 없다. 그런 식으로 호칭을 붙이기 시작하면 한도 끝도 없다. 그럼 '음악의 고모'는 누구고, '음악의 외삼촌'은 누구인가?

모차르트에 비해 14년 늦게 태어난 베토벤을 우리가 천재라고 부르는 데 약간 주저하는 이유도 마찬가지다. 57년을 살았으니 요절한 것도 아닌 데다, 베토벤은 출판과 연주만으로 먹고살 수 있는 '예술가의 예술'을 할 수 있었다. 그래서 베토벤은 "사람들은 이제 나와 흥정하려 하지 않는다. 내가 요구하면 그들은 지불한다"며 자신의 확립된 예술가적 위상을 자랑하기도 했다.

반면 모차르트의 사정은 많이 달랐다. 한편으로는 궁정 사회에서 인정받고, 재정적 후원을 받기 위해 귀족들의 주문에 맞춰 작곡해야 하는 수공업자로서의 삶을 살아야 했다. 그러나 또 다른 한편으로는 다양한 실험을 통해 자신의 예술적 상상력을 마음대로 펼칠 수 있는 주체적 예술가로서의 삶을 끊임없이 시도했다. 이런 이중적 삶이 모차르트를 천재로 만들었다.

그의 때 이른 죽음도 이런 시대 상황에서 비롯된 내적 갈등의 결과라고 할 수 있다. 그래서 인간은 항상 역사적 존재인 것이다. 결국 신동 모차르트가 천재로 영원히 살아남을 수 있었던 것은 절대군주제에서 시민사회로의 이행이라는 사회·문화적 구조가 있었기 때문이라는 결론이다.

안정된 사회에서 천재는 나타나기 어렵다. 안정된 사회란 발달 과정이 정형화된 사회를 뜻하기 때문이다. 천재는 한 사회에서 다른 사회로의 이행기에 집중해서 나타난다. 피카소의 천재적 예술 작품은 '표상 representation'으로서의 미술이 사진이라는 기계적 수단에 의해 위협받던 시대의 산물이고, 잡스와 같은 천재는 아날로그와 디지털의 경계가 아주 우연하게 한 개인에게 깔때기처럼 모인 결과다.

천재는 사회 문화의 변동이 한 역사적 개인에게 편집되어 나타나는 우연적 결과다. 따라서 자식이 신동이라 해도 천재로 만들겠다고 달려들 이유가 전혀 없다. 어차피 모든 부모에게 자기 자식은 신동이다. 자식이 사회적으로 인정받는 천재가 되면 요행이고, 안 되면 다행이다. 천재는 일찍 죽거나, 혹시라도 오래 살면 죄다 불행해지기 때문이다.

25 미국은 국가國歌로 편집되는 국가國家다

내가 13년 동안 살았던 베를린을 그 후에 가끔씩 방문하면 매번 놀라게 된다. 모든 게 그대로이기 때문이다. 그곳을 떠난 지 벌써 10여 년이 지났지만, 지금까지 변한 게 거의 없다. 물론 동·서독을 가로지르던 베를린 장벽 주변은 아주 새로운 모습이다. 그러나 내가 '산책Spaziergang'이라는 문화적 행위를 처음 배운 크로이츠베르그Kreuzberg를 가로지르는 슈프레Spree 강 주변 분위기는 언제 가도 한가롭고 따뜻하다.

봄날의 강가 노천카페에서의 늦은 아침 식사는 행복이 어떻게 구체적으로 경험되는가를 내게 알려준 곳이다. 아, 그곳은 언제나 똑같은 모습으로 날 기다리고 있다. 눈을 감으면 슈프레 강의 봄 냄새, 바람 소리가 기억난다. 이렇게 각인된 구체적 감각을 '문화적 기억Kulturelles Gedächtnis'이라고 한다. 내 존재는 이런 문화적 기억의 앙상블ensemble이다.

지난 수십 년간 한국은 엄청나게 변했다. 유학을 마치고 돌아왔을 때 느낀 문화적 충격은 독일에 처음 유학 갔을 때보다 더 심했다. 그토록 그리워했던 한국의 문화적 기억은 어디서도 확인할 수 없었다. 존재의 기반이 흔들리는 경험이었다. 지난 세기, 이렇게 빨리 변한 나라는 찾아

볼 수 없다.

서구인들은 분당이나 일산 같은 수십만 명의 도시가 하루아침에 생길 수 있다는 사실을 상상조차 못한다. 도시는 단순히 건물과 상·하수도, 도로만으로 만들어지는 게 아니기 때문이다. 골목길을 돌아나가면 만나게 되는 오래된 풍경과 같은 문화적 경험은 도대체 어떻게 가능하냐는 거다. 문화가 빠진 존재가 어떻게 가능하냐는 질문이기도 하다. 그러나 한국 사람들은 어쨌든 해냈다. 하루아침에 생겨난 고층 아파트 사이로 편집되는 문화적 기억이 어떤 것인지 확인하기 어렵지만, 어떤 방식으로든 한국인들은 자신의 존재를 매 순간 확인하며 살아가고 있다. (존재의 기반이 되는 '문화적 기억'이 빠져 있는 그 자리에 분노, 공격성, 적개심이 자리하고 있을지도 모른다.)

한국의 신도시를 볼 때마다 서구인들이 보이는 놀라움 뒤에는 비웃음이 섞여 있다. 문화는 그렇게 인위적으로 갑자기 만들어지는 게 아니라는 거다. 근대를 지나며 세계사를 이끌었던 유럽식 자부심이다. 오만함일 수도 있다. 그러나 유럽 내에서도 이 문화적 자부심은 사뭇 양상이 다르다.

자유와 평등의 근대 이념을 가능케 했던 프랑스는 유럽에서 근대 형성이 가장 늦었던 독일을 아주 우습게 본다. 지금이야 유럽에서도 가장 처지는 나라로 몰락하고 있지만, 프랑스보다 앞서 근대국가를 꾸렸던 영국은 이런 프랑스를 또 비웃는다. 물론 제일 뒤에선 르네상스의 이탈리아가 뒷짐을 지고 웃고 있다. 이들의 시선으로 볼 때, 한국의 신도시는 정말 말도 안 되는 짓이다. 그러나 한국보다 훨씬 앞서 정말 황당한 짓을 꾸민 나라가 있다.

미국이다. 거긴 한국처럼 도시 몇 개의 수준이 아니다. 그 엄청난 대륙에 그 어떤 문화적 족보도 없는 '제국'을 만들었다. 오늘날 유럽의 나라들은 미국 문화의 천박함을 비웃는다. 그러나 도대체 뭔 소리를 하는지 알아들을 수도 없는 미국식 랩을 흥얼거리고, 할리우드 영화에 열광하는 자신의 젊은 세대를 보며 많이 씁쓸해한다. 이젠 많이 기울었다고 하지만 여전히 미국이 대세다. 우리 세대가 눈뜨고 있을 동안에는 절대 끝날 것 같지 않은 '팍스 아메리카나'다.

민족의 개념 없이
만들어진 미국

서울 시내 후미진 곳을 재개발하려 해도 그 저항이 말도 못한다. 도로 하나를 새로 내는 것조차 그리 만만한 일이 아니다. 하물며 이전 세대의 정신적 가치, 물질적 토대를 뒤집는 유럽의 근대화는 어떠했을까. 수없이 반복된 혁명과 반혁명은 당연한 것이었다. 유럽 대륙을 들끓게 했던 피의 갈등을 피해 새로운 문명의 실험이 미국에서 시작된다.

미국은 근대 서구 문명의 실험장이었다. 유럽 근대화의 모든 유산이 신대륙으로 몰려가 새롭게 시작되었다는 뜻이다. 그러나 미국은 유럽과는 전혀 다른 토대에서 출발해야 했다. 일단 유럽의 근대국가 형성을 가능케 했던 '민족'이라는 개념이 미국에서는 처음부터 성립 불가능했다.

민족은 근대 이후에야 기능하기 시작한 가공의 이념이다. 그 이전에는 왕의 국가, 신의 국가였을 따름이다. 절대왕권이 사라진 이후, 국가를 지속하게 할 이념으로 민족이라는 '상상의 공동체'가 나타난 것이다. 한국에서도 마찬가지다. 조선왕조가 무너지기 시작했던 1900년대 이후에나 민족 개념이 나타났다. 일본 제국주의에 맞서기 위한 저항의 이념으로 우리의 '민족' 개념은 편집되었다고 보는 게 옳다. 오늘날 세계화의 과정에서 민족이라는 상상 공동체는 해체되고 있다. 민족 개념 자체가 부정적 개념으로 변하고 있다. 그 화용론적 생명이 다했기 때문이다.

베를린 장벽이 무너졌을 때다. 당시 독일인들은 "우리는 한 민족이다!Wir sind ein Volk!"라고 장벽 앞에서 외쳤다. 그러나 통일되기 몇 달 전만 하더라도 동독 사람들은 동독 공산당에 민주화를 요구하며 "우리가 바로 그 인민이다!Wir sind das Volk!"라고 외쳤었다. 공산당의 주체인 바로 그 '인민Volk'이라는 주장이다.

정관사das에서 부정관사ein로 바뀌면서, '프롤레타리아의 인민'이 '독일 민족'으로 바뀐 것이다. 당시 독일 지식인들은 독일 민족주의의 부활을 경계하기도 했다. 그러나 독일의 한 민족, 즉 'ein Volk'는 세계화라는 대세에 부응해 몇 년 후 유럽연합의 유러피언european으로 변신한다.

유독 우리나라만 여전히 '반만년 유구한 역사의 한민족'이다. 남북 분단 때문이다. 그래서 빨리 통일이 되어야 하는 거다. 한 민족이 헤어져 살아서는 안 된다는 이산가족의 당위는 더 이상 유효하지 않다. 헤어진 가족을 만났다고 울며불며 기뻐할 수 있는 사람들이 이제 그리 많이 남아 있지 않다.

'이산가족 찾기'라며 전쟁 때 헤어졌던 가족들이 수십 년 만에 다시 만나게 되어 온 나라가 감격했던 적이 있다. 우리 집안에도 그런 일이 있었다. 전쟁 때 사라졌던 아버지의 가까운 친척이 나타난 거다. 감격한 아버지는 내게 생전 처음 보는 이들을 소개하며 삼촌, 형, 동생이라 부르라고 했다. 그러나 그 이후 한동안 우리 가족은 너무 괴로웠다. 그 삼촌이라는 이가 도박 중독, 알코올 중독이었다. 매번 아버지를 찾아와 돈을 내놓으라고 행패 부리고 협박했다. 그가 객사한 후에야 우리 가족의 모든 것이 원래대로 돌아왔다.

물론 드문 예일 수 있다. 그러나 헤어졌던 가족이 다시 만난다고 바로 '그리고 행복하게 오래오래 살았습니다'와 같은 옛날이야기가 되는 것은 절대 아니다. 또 다른 방식의 '지지고 볶는' 삶이 시작될 뿐이다. 독일의 경우도 마찬가지다. 통일 후, 다시 만난 가족이 지속적으로 왕래하며 행복하게 잘 지내는 경우는 아주 드물다.

민족 통일의 기쁨은 아주 추상적이고, 체감하는 현실은 지극히 구체적이다. 독일의 민족 개념이 변증법적 해체의 과정을 걷는 것처럼 민족이라는 낡은 이념도 발전적으로 극복하지 못하면, 우리에게 더 이상 새로운 시대가 열리지 않는다. 그래서 빨리 통일이 되어야 하는 거다. 이 낡은 '민족' 개념의 해체를 위해서다.

저출산 문제는 '아기를 많이 낳자'고 홍보하고, 출산 지원금을 손에 쥐여준다고 해결될 문제가 아니다. 적극적인 이민정책으로만 해결 가능한 문제다. (이것은 대한민국의 미래를 위해 정말 중요한 문제다. 이젠 통째로 다 드러내놓고 토론해야 할 주제다.) 그러나 한민족의 민족주의가 해체되지 않는 한, 적극적 이민정책이 자리 잡기란 그리 쉬운 일이 아니다. 이래저래 통일이 안 되면 대한민국은 참 어려워지게 되어 있다.

한 세기 전 이민정책으로 성공한 나라가 있었다. 미국이다. 지난 세기에 미국이 잘나간 것은 바로 민족이라는 상상의 공동체가 부재했기 때문이다. 미국은 세계 각국에서 이민 온 사람들로 만들어진 나라다. 민족의 이념으로 도무지 묶이지 않는다. 혈연, 지연을 떠난 새로운 인간관계에 대한 이념이 필요했다. 미국의 국가적 표어가 1955년까지 '에 플루리부스 우눔E Pluribus Unum'인 이유가 여기 있다. 1781년 미국 의회가 채택한 것으로 '여럿으로 이루어진 하나the one from many'라는 뜻의 라틴어다.

1956년부터는 국가적 표어가 '우리는 하나님을 믿는다In God We Trust'로 바뀌었다. 오바마가 대통령이 된 후, 이 국가적 표어를 이전 것과 혼동하는 바람에 미 하원에서 국가적 표어를 재확인하는 결의안을 통과시키는 해프닝도 있었다. 그러나 슬로건을 부르짖는 방식만으로는 문화적 배경과 삶의 방식이 전혀 다른 사람들을 하나로 묶어낼 수는 없다.

한 민족의 국가가 아닌 또 다른 공동체로서의 국가가 구체적으로 작동할 수 있는 방법론이 필요했다. 이 과정에서 민족이나 역사 등의 문화적 배경과는 무관한, 독립된 개인을 연구하는 '미국식 심리학'은 아주 유능한 도구로 기능하게 된다. 바로 행동주의behaviorism다!

심리학의 시작으로 여겨지는 독일 빌헬름 분트의 '민족심리학Völkerpsychologie'에서 미국 심리학자들은 실험 방법론만 빼내 발전시킨다. 분트가 연구하고자 했던 '내성법Introspektion'에 의한 심리학 연구는 '과학적'이 아니라는 이유로 심리학에서 제외된다. 인간의 주관성은 객관적 심리학의 방해 요인일 따름이다. 이드, 자아, 초자아 따위로 인간 내면을 편집하는 '황당한' 프로이트의 정신분석학은 당연히 아웃이다.

인간 심리의
광대한 편집 실험실, 미국

미국의 심리학자들은 인간의 내면을 연구하는 대신 '자극input'과 '반응 output'이라는, 눈에 보이고 통제할 수 있는 요인만을 심리학 연구대상으로 삼는다. 왓슨John Watson이나 스키너Burrhus F. Skinner의 행동주의 심리학에서는 자극과 반응 사이에 무엇이 일어나는지 알 수도 없고, 알 필요도 없다. 통제할 수도 없고, 객관적으로 증명할 수도 없기 때문이다. 어떤 요인을 건드리면 어떤 행동이 나오는가만 알면 된다.

행동주의는 러시아의 생리학자 파블로프Ivan P. Pavlov의 그 유명한 '침 흘리는 개'를 획기적으로 변형시킨 이론이다. 먹이를 줄 때마다 종소리를 듣게 하면, 나중에 종소리만 들어도 침을 흘린다는 그 파블로프의 개는 지극히 수동적인 존재다. 그저 묶여서 먹이를 받아먹고, 종소리를 들을 따름이다. 침도 가끔 흘리고.

반면 '스키너 상자'에 갇힌 쥐는 수동적인 존재가 아니다. 벽의 지렛대를 눌러야만 먹이를 얻어먹을 수 있다. 먹이를 먹으려면 반드시 주인이 원하는 행동을 해야만 한다. 이렇게 보상과 처벌이라는 '강화 reinforcement' 시스템을 도입함으로써 유기체의 행동을 통제할 수 있다는 미국식 이데올로기가 확립된 것이다. 심리학에서는 스키너의 이 같은 행동주의를 '조작적 조건화Operant Conditioning'라고 하여, 파블로프의 '고전적 조건화Classical Conditioning'와는 확실하게 구별한다.

스키너의 행동주의는 미국식 자본주의의 암묵적 토대가 된다. 즉, 성과에 따른 보상과 처벌을 다양한 방식으로 부여함으로써, 인간의 행동을 통제할 수 있다는 자본주의적 자신감을 심어준 것이다. 느닷없이 나타난 '듣보잡' 미국식 경영학이 오늘날 대학의 최고 인기 분야가 된 것도 바로 이 스키너식 행동주의를 빼고 설명하기 어렵다. 오늘날 경영학의 중요 영역인 인사관리·평가 시스템이란 그 근본을 들여다보면 스키너의 행동주의에서 크게 벗어나 있지 않다.

행동주의 심리학이 미국에서 꽃피운 가장 결정적인 이유는, 증명할 수 없는 가설들로 인간 심리를 이해하려 애쓰지 않았기 때문이다. 그저 원하는 행동을 이끌어내는 확실한 방법론을 찾아내려 했을 따름이다. 인간 행동을 수치화하고, 실험실 조작을 통해 행동을 관찰하고 예측할 수 있는 계량화된 방법론이다.

어린 아들이 엄마를 차지하려고 아버지와 경쟁하려 한다는 '오이디푸스 콤플렉스' 같은 프로이트의 '구라'와 한번 비교해보라. 얼마나 확실하고 분명한가. 또한 얼마나 실용적인가. 아울러 내가 의도하는 대로 다른 사람의 행동을 조작할 수 있다는 것을 한번 상상해보라. 전제군주식 억압이나 파시즘의 천박한 선동과는 비교할 수 없는, 아주 세련된 방법이다. 어찌 흥분하지 않을 수 있을까.

이후 미국 심리학은 더욱 과감해진다. 실험심리학 방법론에서는 실험실에 인간이 살고 있는 실제 사회를 그대로 재현해야 한다. 그러나 아무리 애를 써도 이는 불가능한 일이다. 미국 심리학은 아예 전제를 뒤바꿔버린다. 사회를 축소하여 실험실로 들여오는 대신, 실험실을 확대하여 사회 전체를 아예 심리학 실험실로 만들어버린 것이다. 심리학 방법론의 코페르니쿠스적 전환이다. 문화와 역사가 미천한 신생국 미국이었기에 가능했던 일이다.

당시 미국은 급속한 산업화 과정을 밟고 있었다. 서양의 근대화를 수십 년 만에 이뤄낸 한국의 압축 성장이 수많은 문제를 양산했듯, 당시의 미국 역시 이전에는 볼 수 없었던 복잡하고 다양한 사회문제가 나타났다. 게다가 미국은 다양한 문화적 배경을 가진 이민자의 나라다. 문화적 차이로 인한 갈등도 엄청났다.

미국식 심리학은 이를 극복해낼 방법론을 차근차근 개발해나간다. 일단 사회변동의 과정에서 야기된 다양한 사회심리학적 문제를 개인의 정신병리적 차원으로 환원한다. 임상심리학, 상담심리학 분야가 미국에서 급속히 성장한 이유다. 제2차 세계대전을 겪으면서는 병사들을 평가하고 진단하는 심리검사 또한 다양한 방식으로 개발된다.

학교에서 학생들을 객관적으로 평가하기 위한 지능검사도 세련된 방식으로 거듭 개발된다. 내 초등학교 시절 그 어설픈 미국식 지능검사를 한국에 들여와 전국의 초등학생에게 일제히 실시했다. 당시 한국의 모든 학교에서 행해졌던 그 지능검사에 따르면, 내 아이큐는 평균에 조금 못 미치는 109였다. 오늘날의 내 지적 자부심에 크게 손상이 가는 수치다. 당시의 그 문항들을 자세히 살펴보면 가당치도 않은 것들이 부지기수다.

객관화, 표준화, 합리화라는 유럽식 모더니티 이데올로기가 인간의 내면을 평가하고 측정하는 미국식 심리학 방법론에서 활짝 꽃피게 된 것이다. 통계학이 심리학의 필살기로 자리 잡게 되는 것도 이때부터다. (단언컨대 사회과학, 인문과학, 자연과학을 통틀어 통계학을 제일 잘하는 이들은 심리학과 박사과정생이다. 통계학 전공자들의 수준을 뛰어넘는다. 방법론 이외에는 달리 내세울 것이 없는 '이론이 사라진 심리학'의 현실이다.)

인간의 복잡한 내면을 숫자로 표현할 수 있다는 것은 하나의 혁명이었다. 이제부터 인간의 마음은 얼마든지 통제 가능한 것이 되기 때문이다. 물론 환상에 불과한 생각이다. 그 숫자들이 인간 마음을 그대로 나타내는 것이 절대 아니기 때문이다. 그러나 인간의 마음을 통계학적으로 처리할 수 있다는 과학적 심리학의 믿음은 그때나 지금이나 확고하다.

'자유와 평등'의 아메리카 이념을 각 개인에게 심어주기 위해 심리학 이론에 기초한 다양한 교육 방법론도 개발된다. 뿐만 아니다. 매스미디어, 스포츠 등을 통해 반복되는 미국식 의례는 그 어떤 민족주의보다도 확고한 '국가주의'로 무장한 '아메리칸'을 양산한다. 전 세계에 미국인들처럼 시도 때도 없이 국가를 부르는 나라는 없다.

미국의 야구, 미식축구 등 모든 운동경기는 반드시 국가를 부르고 시작한다. 이 같은 대중심리학적 조작은 그 어떤 세뇌 방법보다도 강력하다. 오죽하면 미국과는 아무 관계없는 나조차 "Oh, say can you see"로 시작하는 미국 국가를 듣게 되면 가슴이 벅차오를까. 젠장, 어떤 때는 감동해서 눈물까지 나오려고 한다. 국가가 빠지지 않는 미국식 영화, 드라마에 너무 많이 노출된 탓이다. 미국은 심리학으로 흥한 나라다. 이제 그 막강한 문화권력을 통해 전 세계인을 '미국인화'하고 있다. 방법론은 지난 수십 년 동안 이미 완벽하게 개발되었다. 심리학이다.

26 심리학의 발상지 독일에서 심리학은 흥행할 수 없었다

나는 속이 아주 깊다. 그런데 내 속이 깊은 줄 사람들은 잘 모른다. 워낙 좁아서 그렇다. 속이 한없이 깊지만, 동시에 아주 좁은 나는 대인관계에 항상 문제가 있다. 그래서 인생이 자주 꼬인다. 그러나 내가 지금까지 아주 잘 버틴 것은 결정을 잘해서다. 쫀쫀하고 비겁하지만, 결정적인 순간에 스스로도 놀랄 정도의 과감한 결정을 내리곤 한다.

선택과 결정은 개인에게만 해당되는 문제가 아니다. 한 국가나 사회도 매 시기마다 결정해야 할 순간이 있다. 시대의 변화를 설명하고 해석해야 하는 지식인 사회도 마찬가지다. 빌헬름 분트로 시작된 근대 심리학이 독일의 대표 학문이 되지 못하고, 미국에서 꽃피운 이유도 결국 당시 시대적 상황에 따른 결정의 결과였다.

당시 독일 학자들은 '근대적 개인'이라는 새로운 시대정신에 그다지 관심이 없었다. 그들은 개인의 내면에 일어나는 정신적 과정을 심리학이라는 새로운 학문틀로 접근하기보다는 기존의 철학이나 사회학으로 충분히 규명할 수 있다고 생각했다. 실험심리학의 창시자인 분트조차 자신이 속한 라이프치히대학의 심리학과 신설을 반대했다. 철학이면 충분한데 구태여 신설할 필요가 있겠냐는 것이다. 어차피 그는 심리학 방법론을 개발해 철학과 교수가 되는 것이 목표였다.

독일, 프랑스 등의 지식인 사회의 철학적 깊이와 권위에 눌린 당시 미국이라는 후진국의 유학생들에게 신설 학문인 심리학은 아주 매력적이었다. 일단 학위 받기가 다른 학문에 비해 훨씬 수월했다. 수백 년에 걸쳐 형성된 유럽 대륙의 개념적 사고를 좇아가기보다는 실험을 통해 확인된 '팩트'와 숫자를 논하는 것이 훨씬 간단했기 때문이다. 아울러 급격한 도시화, 산업화의 미국 자본주의는 심리학과 같은 개인주의에 기초한 새로운 학문이 절실하게 필요했다. 심리학은 당시 미국 사회의 이런 요구를 아주 적절하게 채워줬다.

개인주의에 기초한 심리학으로의 과감한 선택이 오늘날의 미국 사회를 가능케 했다는 거다. 미국식 경영학이 오늘날 이토록 강력한 영향력을 발휘하는 것도 '심리학주의'로의 과감한 전환이 있었기 때문이다. 미국식 경영학은 심리학적 지식의 실천적 변용이다. 그러나 전성기가 오래되면 반드시 문제가 생긴다. 모든 성과를 개인의 능력으로 환원하는 미국식 심리학 전성시대는 오늘날 '피로사회Müdigkeitsgesellschaft'라는 포스트모던 사회의 모순으로 이어진다.

나치의 역사 때문에
다르게 편집되어야만 했던 독일의 '개인'

20세기 전반에 걸쳐 독일 학계가 신흥 학문인 심리학을 도외시하고 여전히 사회학, 철학에 의지할 수밖에 없었던 또 다른 이유가 있다. 바로 나치즘이다. 독일 지식인들에게 나치즘이라는 야만은 오늘날까지도 정리가 안 되는, 도무지 어쩌지 못하는 트라우마다. 독일은 괴테와 쉴러, 베토벤의 나라다. 그 아름다운 문화를 꽃피운 나라에서 어떻게 홀로코스트와 같은 야만이 가능할 수 있었는가에 관해 독일 지식인들은 여전히 납득할 만한 설명을 내놓지 못하고 있다.

나치즘은 절대 개인의 심리로 환원해서는 안 되는 문제였다. 홀로코스트라는 만행이 히틀러와 같은 정신병자의 불특정다수를 상대로 한 살인사건 같은 것이라고 설명하면, 또 다른 병적 개인의 출현은 언제든 가능한 일이 되어버리기 때문이다. 아울러 나치즘의 심리학 환원주의적 설명은 독일인들에게 또 다른 문제를 제공하고 있다. 그 치욕스러운 과거로부터 거리를 두고 싶어 하는 독일인들 각자에게 도덕적·윤리적 책임을 부과하기 때문이다. 그래서 1996년 독일에서 '골드하겐 논쟁'이 그토록 격렬했던 것이다.

이전까지 독일 지식인들은 나치즘을 주로 정치·경제와 연관된 사회 구조적 문제 혹은 사회·문화적 문제로 설명했다. 산업자본주의의 구조적 모순이 독일이라는 후발 자본주의 국가에서 모여 나타났다거나, 독일의 독특한 권위주의적 문화가 나치즘의 원인이었다고 규명하는 방식이다.

테오도르 아도르노Theodor Adorno, 막스 호르크하이머Max Horkheimer 등이 이끌던 프랑크푸르트 학파는 아버지에게 무조건 복종해야 하는 독일식 권위주의적 가족 문화가 위기의 시대에 히틀러라는 권위주의적 인물에 대한 무조건적 복종으로 나타났다고 설명한다.

전후 독일 사회는 모든 종류의 권위주의를 해체하려고 시도했다. 일단 다양한 국가적 행사, 집단적 세리머니가 사라진다. 대학 총장, 교수들이 가운 입고 폼 잡는 대학의 졸업식도 사라진다. 13년에 걸친 독일 유학 시절, 나는 교수와 학생들이 다 함께 모이는 행사를 한 번도 보지 못했다. 그래서 졸업식 가운도 없다. 이제까지 내가 행사에 입고 나간 박사 가운은 한국에서 어쩔 수 없이 맞춘 가짜다. 독일에서 박사 학위를 받은 교수가 입고 있는 박사 가운은 죄다 가짜다.

심지어 학교에서 아이들이 모여 함께 노래하던 합창 시간도 사라진다. 대신 리코더와 같은 아주 '착한' 악기의 합동 연주가 합창을 대신한다. 독일의 68세대는 부부와 자녀로 이뤄진 가족조차 해체하려 했다. 권위주의적 사회의 기원이 권위주의적 가족제도라고 생각한 것이다. 남성 중심적 일부일처제도 당연히 해체되어야 하는 것이었다. 이런 종류의 다양한 사회구조적 변혁을 통해 독일인들은 홀로코스트의 도덕적 책임으로부터 자유로워지고 싶어 했다.

수십 년이 지나 이런 시도들이 어느 정도 성공하는가 싶던 즈음, 갑자기 대니얼 골드하겐Daniel Goldhagen의 박사 논문 『히틀러의 자발적 학살자들Hitler's Willing Executioners』이 출판된다. 홀로코스트는 사회구조적 문제가 아니라 독일인들 각 개인의 문제라는 주장이다. 골드하겐 논문의 직접적 모티브는 1992년에 발간된 크리스토퍼 브라우닝Christopher Browning의 『아주 평범한 사람들Ordinary Men』이다.

브라우닝은 폴란드에 투입돼 수만 명의 유태인을 학살한 101예비경찰대대 대원들에 대한 자료를 아주 치밀하게 조사했다. 그 결과, 홀로코스트의 만행을 저지른 이들은 나치의 친위대도, 열혈당원도 아닌 아주 평범한 일반 병사들이었다는 사실을 밝혀낸다. 브라우닝에 따르면, 홀로코스트는 나치의 이데올로기에 세뇌되거나 반유대주의를 내면화한 사람들이 일으킨 집단 범죄가 아니라는 것이다. 누구나 똑같은 '상황'이라면 101예비경찰대대의 대원들처럼 행동할 것이라는 결론이다. 범죄를 저지른 각 개인에게 면죄부를 주는 상황론이다. 이 같은 브라우닝의 상황론적 결론에 골드하겐은 정면으로 반박한다.

홀로코스트는 절대 상황으로 환원시킬 수 없다는 주장이다. 아주 평범한 독일 국민들 각 개인의 적극적 가담의 결과라는 거다. 이런 골드하겐의 주장을 당시 독일 언론은 아주 비판적인 시선으로 보도했다. 독일의 대표 시사주간지 「슈피겔Spiegel」은 유대계인 골드하겐을 '독일인의 사형 집행자'로 부르기까지 했다. 독일 지식인들은 골드하겐의 개인주의적 결론을 아주 격렬하게 비판했다. 전후 수십 년간 노력해왔던 홀로코스트의 사회구조적 설명이 수포로 돌아가는 일이었기 때문이다.

홀로코스트라는 야만의 독일적 트라우마는 이렇게 모든 종류의 심리학주의에 대한 거부감으로 나타났다. 뿐만 아니다. 독일의 지식인들은 20세기 후반, 세계의 지성계가 몸살을 앓았던 포스트모던 논쟁에서도 한 발짝 비껴나 있다. 포스트모더니즘은 인간의 합리성에 대한 칸트적 선험성에 대한 포기로 여겨졌기 때문이다. 인간이 합리적이어야 한다는 당위를 포기할 경우, 홀로코스트와 같은 만행은 언제든 반복될 수 있기 때문이다.

독일을 대표하는 위르겐 하버마스Jurgen Habermas 같은 학자는 합리적 이성이라는 근대의 프로젝트는 아직도 완성되지 않았다고 주장한다. 완성되지도 않았기에 해체될 수도 없다는 거다. 오히려 '도구적 합리성'

과 '의사소통적 합리성'의 양 축에서, 도구적 합리성의 일방적 질주로 인한 탈균형이 근대사회의 근본 문제라는 주장이다.

'넌 뭐든지 할 수 있어!'라는 자기착취의 편집 구조

근대적 개인의 문제가 심리학의 본고장인 독일에서는 여전히 사회구조적·철학적 함의를 가지고 논의되는 동안, 미국 심리학은 전혀 다른 방향으로 발전한다. 사회·문화적 구조와는 동떨어진 '진공상태의 개인'을 전제로 하는 패러다임이다.

심리적 과정을 사회·문화적 과정과 역사적 경험의 내면화로 설명하려는 독일식 설명과는 달리, 미국식 심리학에서 전제하는 개인은 지극히 개별화된 주체다. 또한 이 개인은 '원하는 것은 뭐든지 이뤄낼 수 있는 전능한 주체'다. 근대 독일식 '규제 사회'와는 구별되는 미국식 '성과 사회'에 지극히 잘 어울리는 주체다. 미국식 개인주의 심리학에서 극대화되는 후기 근대적 개인의 본질을 독일에서 활동하는 한병철 교수는 '긍정성 과잉'으로 설명한다.

독일에서 오래 살아본 나는 잘 안다. 독일 지식인 사회에서 그들 나름의 담론 규칙에 의거한 그럴듯한 '구라'를 만들어내기가 얼마나 어려운가를. 기껏해야 동양의 특수성을 전면에 내세운 '엑소티즘exotism'이 대부분이다. 그런데 한병철 교수는 심리학과 사회학, 철학을 편집한 아주 독특한 시선으로 후기 근대적 개인을 설명하며 독일 지식인 사회를 파고든다.

미국식 심리학주의의 본질을 이토록 정확하게 분석한 글은 처음이다. 내가 그동안 그렇게 하고 싶었지만, 그저 입가에만 맴돌던 바로 그 이야기를 한병철 교수는 128페이지에 불과한 『피로사회』라는 짧은 책에서 칼로 벤 듯한 간결함으로 서술한다. (자신 있는 사람은 이야기가 짧다. 좌우간 이야기든 책이든, 쓸데없이 길면 뭔가 의심해야 한다.)

포스트모더니티의 핵심을 한병철 교수는 '피로사회'라고 규정한다. 근대 후기의 성과 사회는 각 개인을 끊임없는 자기착취의 나르시스적 장애로 몰아넣는다. 타인에 의한 착취가 아니라 '자발적 자기착취'다. 끊임없이 발전해야 한다는 일원론적 발달과 성장에 대한 강박으로 인해 주체는 죽을 때까지 안정된 자아에 도달하지 못한다. 이런 후기 근대적 주체의 미완결적 성격은 자신을 태워버리는 번아웃burnout과 우울증으로 이어진다.

프로이트적 억압은 타율적 규율 사회에서 전형적으로 나타나는 '부정성'이다. 슈퍼에고의 본질은 사회적 규율의 내면화다. '~을 해서는 안 된다' '~을 해야만 한다'는 타율적 규제, 억압, 강제로 인해 주체는 끊임없이 불안함을 느낀다. '독일식 개인'의 모습이다. 반면 주체의 자율성이 극대화된 성과 사회의 본질은 '긍정성'이다. '노력하면 무엇이든 이룰 수 있다'는 '미국식 개인'이다. 미국식 개인에게 나타나는 능력의 무한 긍정은 독일식 개인의 금지와 당위의 부정성보다 훨씬 더 위협적이고 위험하다는 것이 한병철 교수의 주장이다. 끝 모르는 자기착취로 이어지기 때문이다.

서점의 베스트셀러 상위권에 항상 줄지어 있는 자기계발서, 성공처

세서의 핵심은 아주 단순하다. '넌 무엇이든 할 수 있어!'라는 속삭임이다. 여기에는 물론 또 다른 전제가 붙는다. '열심히 하면…'.

아니 도대체 얼마나, 어디까지 열심히 해야 하는 것인가. '넌 뭐든지 할 수 있어'는 '넌 아무것도 할 수 없어'와 같은 뜻이다. 결국 한도 끝도 없는, 이런 종류의 자기 긍정성은 우리 모두를 피로하게 만들고 맥 빠지게 한다. 근대적 개인의 일원론적 발달과 성장에 관한 이데올로기의 종착역은 후기 근대적 '우울함'이다.

27 프로이트는 순 사기꾼이었다!

'나는 누구인가?'

이 질문은 심리학의 독점 영역이다. 철학의 존재론이 있지만, 보통 사람들에게는 이해하기 어려운 형이상학적 논의가 대부분이다. 그러나 심리학은 온갖 종류의 심리검사, 성격검사를 동원해 '네가 누군지 구체적으로 알려주겠다!'고 호언한다.

요즘은 한풀 가라앉은 듯하지만 한동안 MBTI라는 심리검사가 크게 유행한 적이 있다. 사람의 심리적 특성을 외향형-내향형, 사고형-감정형 등의 대립적 카테고리로 나누고, 각 개인을 해당 카테고리의 조합으로 설명하는 성격유형 검사다. 검사 자격증도 있다. 갓 MBTI 심리검사 자격증을 딴 사람들과 대화하게 되면 대뜸 이러곤 한다.

"ESTP죠? 아니, ENFP인가요?"

ESTP(외향-감각-사고-인식)형 성격, 아니면 ENFP(외향-직관-감정-인식)형 성격이냐고 묻는 거다. 척 보고 내 성격을 다 파악했다는 표정이다. 물론 열심히 공부해서 막 취득한 자격을 자랑하고 싶은 그 마음은 이해한다. 그러나 35년 넘도록 심리학을 전공하고 있는 내게 이러면 참

당황스럽다. 그럼 난 매번 이렇게 답한다.

"전 TGIF ; Thank God It's Friday인데요."

상대방은 눈만 껌뻑거린다. 아, 이렇게 꼬인 내가 나도 참 싫다.

얼마든지 가짜 기억을
만들어낼 수 있다

심리적 특성을 양적 데이터로 처리하는 MBTI 같은 심리검사는 그래도 크게 '오버'하지는 않는다. 그러나 지극히 개별적인 사례를 다루는 심리 치료가 인간 심리에 관한 독점적 권위를 주장하면 위험해질 수 있다. 20세기 후반, 미국에서 일어난 '잘못된 기억 논쟁false memory debate'이 그 예다. 지금도 여전히 해결되지 않고 있는, 기억의 본질에 관한 논쟁이다.

1980년대 미국에서는 정신분석학적 최면이나 상담 요법을 이용해 억압된 기억을 되살리는 '기억회복치료RMT; Recovered-Memory Therapy'가 크게 유행했다. 사회적으로 초대형 재해사건을 겪을 때마다 언론에서 언급되어 이젠 아주 익숙해진 '외상 후 스트레스 장애Post-Traumatic Stress Disorder' 혹은 '트라우마trauma'와 같은 개념과도 깊은 연관이 있다.

차마 감당할 수 없는 엄청난 사건을 겪게 되면, 당사자는 그 사건 자체를 기억에서 아예 지워버리려고 한다. 그러나 억압된 기억은 또 다른 심리적 문제들을 야기한다. 기억회복치료란 이 억압된 기억을 되살려 그 사건을 정면으로 맞부딪쳐 해결하도록 하는 심리 치료다.

기억회복치료는 주로 어린 시절 성폭행을 당한 여성들의 억압된 기억을 되살리는 데 사용되었다. 1988년에 엘렌 바스Ellen Bass와 로라 데이비스Laura Davis는 이런 임상사례들을 정리해서 『치유할 수 있는 용기 The Courage to Heal: A Guide for Woman Survivors of Child Sexual Abuse』란 책을 펴냈다. 이 책이 베스트셀러가 되면서 기억회복치료는 당시 미국 사회에 유행처럼 번져나갔다.

신문, 잡지, TV 토크쇼에는 억압되어 있던 유년 시절의 성폭행 기억을 고백하는 유명인들 이야기로 넘쳐났다. 대부분 가까운 사람들에 의한 성폭행이었다. 심지어는 '근친상간 기억회복 운동Incest Recovery Movement'까지 일어날 정도였다. 바스와 데이비스는 미국의 전체 여성 중 3분의 1가량이 유년 시절에 이런 성폭행을 경험했을 것이라고까지 추정했다. 대부분의 미국 중산층 가정은 흔들렸다.

그러자 다른 한편에서 아동 성폭력에 대해 현재 미국 사회가 너무 과도하게 반응하고 있다는 반론이 제기되었다. 자녀를 성적으로 학대했다고 고소당한 부모들과 이들의 소송 대리인들, 인지심리학자들은 '기억 왜곡 증후군 재단FMSF; False Memory Syndrome Foundation'이라는 단체를 조직했다. 이들은 정신과 의사 집단이 심리 치료를 빙자해 마녀사냥을 하고 있다고 비난했다. 기억회복치료란 이름으로 아이들에게 가짜 기억을 만들어낸다는 것이었다. 여기에 가장 앞장선 심리학자가 엘리자베스 로프터스Elizabeth Loftus다.

로프터스는 인간의 기억이 얼마나 불완전한가를 다양한 실험으로 증명했다. '잘못된 정보 효과misinformation effect'라고 불리는 실험이다. 예를 들면 이런 식이다. 자동차 사고 화면을 보여주고, 한 그룹에는 "차가 부딪혔을 때 속도가 어느 정도였나?"라고 물어본다. 그리고 다른 그룹에는 "차가 '쾅' 하고 부딪혔을 때 속도가 어느 정도였나?"라고 물어본다. '쾅'이라는 표현이 들어간 질문을 받은 사람들은 사고 낸 차의 속도를 훨씬 빠르게 추정했다. 사건에 대한 정보나 설명이 사건에 대한 기억 자체를 왜곡한다는 것이다. 이런 식으로 선입견에 의해 기억이 왜곡되는 경우는 우리 일상에서 흔히 일어난다.

뿐만 아니다. 로프터스는 아이에게 실제로 일어나지 않은 '가짜 기억'을 주입하는 사례까지 보여주었다. 피험자들에게 자신의 어린 시절에 대한 친척들의 이야기를 들려준다. 그 내용 중에는 쇼핑몰에서 가족을 잃고 헤맸던 일도 포함되어 있다. 그러나 그건 실제로 일어나지 않은 일이었다. 그런데 후에 피험자들에게 어린 시절에 대한 기억을 확인해보면, 쇼핑몰에서 엄마를 잃어버려 헤맸던 기억을 말하는 경우가 많았다.

로프터스가 이 같은 일련의 실험 결과를 발표할 당시, 미국의 사회 분위기는 기억회복치료에 대해 매우 우호적이었다. 로프터스가 오히려 심한 비난을 받았다. 그러나 시간이 지날수록 기억의 왜곡 가능성에 대한 주장이 더 폭넓게 인정받게 된다. 오늘날 미국에서 기억회복치료에 대한 열광은 사라졌다. 기억의 왜곡 가능성, 달리 표현하자면 '기억의 편집 가능성'을 부정하는 사람은 이제 별로 없다.

기억이 정확하지 않고, 때에 따라 왜곡 또는 편집된다고 해서 인간이 불행해지는 것은 전혀 아니다. 오히려 불완전한 기억 때문에 인간이 위대한 것이라고 말할 수 있다. 비고츠키와 더불어 문화심리학의 기초를 세운 러시아의 심리학자 알렉산드르 루리아Aleksandr R. Luria에게 어느 날 솔로몬 세레세브스키Solomon Shereshevskii라는 신문기자가 찾아왔다.

모든 것을 완벽하게 기억하는 사람이었다. 무의미한 숫자나 기호까지도 완벽하게 기억했다. 뿐만 아니라 소리를 들으면 색을 볼 수 있는 것과 같은 '공감각共感覺, synesthesia'까지 가진 사람이었다. 나중에 그는 자신의 특별한 기억력을 살려 마술사로 돈을 벌었다. 그러나 모든 것을 기억하는 그에게는 아주 결정적이고 심각한 문제가 있었다.

'위' '아래' 같은 시각적 이미지가 강한 단어가 문장에 들어가면, 전체 문장의 의미 자체를 헷갈려 했다. 추상적 개념도 이해하지 못했다. 보통 사람들에게 '추상화'는 '기억 왜곡'과 맞물려 나타나기도 한다. 예를 들어 '떡국' '윷놀이' '친척'과 같은 단어들을 쭉 들려주고, 나중에 들려준 단어들을 기억해보라고 한다. 그러면 전혀 언급한 적이 없는 '설날'이라는 단어가 아주 자연스럽게 튀어나온다. '떡국' '윷놀이'와 같은 구체적 단어들을 '설날'이라는 추상적 단어로 서로 연결시키는 추상화 혹은 개념화가 일어난 것이다.

추상화야말로 인간의 가장 창조적인 능력이다. 인간의 생각이 대상의 모방에 그치지 않고, 존재하지 않는 새로운 세계를 편집해낼 수 있는 것은 추상화 능력 덕분이다. 그러나 세레세브스키에게는 이런 개념화, 추상화가 불가능했다. 거울처럼 그저 대상을 머릿속에 그대로 모사摹寫할 뿐이었다.

기억 왜곡은 추상적·개념적 사고를 가능케 하는 '기억편집'의 또 다른 측면이다. 기억 왜곡이 있기 때문에 추상적 사고가 가능하다는 이야기다. 기억편집을 통해 인간은 사물을 선택적으로 기억한다. '선택적 기억'을 통한 추상화와 개념화야말로 인간 문화의 본질이다.

나이가 들수록 기억력은 떨어진다. 요즘 내가 그렇다. 일본에서 공부하느라 혼자 살다 보니, 기억력 감퇴가 피부로 느껴진다. 냉장실에 넣어야 할 냉동식품을 전자레인지에 넣어놓고 썩히기도 한다. 냉장고 위에 전자레인지가 있어서 그렇다. 분명히 세탁기에 넣었다고 기억하는 '빨 쓰'를 쓰레기통에서 찾아내기도 한다. 뚜껑을 열고 집어넣는 행위 자체 가 동일해서 그렇다. 그럴 때마다 아주 미치고 환장한다.

더 슬픈 것은 아침마다 열어놓은 찬장 모서리를 머리로 들이받는 거 다. 눈물이 쏙 빠지도록 아프다. 정말 말도 못하게 아프다. 그러나 열린 찬장 문을 일부러 안 닫고 버틴다. 그리고 오늘은 절대 안 들이받으리라 다짐한다. '기억력 감퇴'란 놈한테 누가 이기나 보자고 나름 오기를 부 려보는 거다. 그러나 매번 진다. 깜빡하고 꼭 들이받는다. 그리고 주저 앉아 운다.

아파서만이 아니다. 진짜 서럽고, 자신이 너무 한심해서 운다. 그러나 기억력이 감퇴한다고 사유 능력까지 퇴보하는 것은 절대 아니라는 것 이 '노인학gerontology'의 주장이다. 전체 맥락을 읽어내는 추상적 사유 능 력과 개념적 사유 능력은 오히려 커진다는 것이 최근 노인학의 연구 결 과다. 이를 '지혜'라고 한다.

프로이트
전쟁Freud wars

'잘못된 기억 논쟁'의 불똥은 그 후 이상한 쪽으로 튀었다. 프로이트 비 판이다. 최면이나 상담을 통해 억압된 기억을 불러내는 기억회복치료 의 이론적 근거는 대부분 정신분석학이다.

정신분석학을 꾸준히 비판해왔던 미국의 UC버클리 대학교의 프레더릭 크루스Frederick Crews 교수는 잘못된 기억 논쟁을 계기로 프로이트와 기억회복치료를 싸잡아 비판하는 데 앞장선다. 그는 1994년과 1995년에 걸쳐 「뉴욕 도서 평론The New York Review of Books」에 '억압당한 이들의 복수The Revenge of the Repressed'라는 제목의 글을 연재한다. 이 같은 크루스의 글은 '프로이트 전쟁Freud wars'으로 확대되고, 21세기 벽두의 '프로이트 격하 운동'으로 이어진다.

'한때 프로이트주의자'였다고 주장하는 크루스는 프로이트의 정신분석학이 환자들을 돕기는커녕 오히려 더 심한 정신적 갈등에 빠트린다고 비판한다. 특히 프로이트의 '유혹이론Verführungstheorie'이야말로 기억회복치료를 통한 기억 왜곡을 정당화하는 '사이비 과학pseudoscience'이라고 비난한다.

유혹이론은 아동, 특히 여아가 경험한 성추행이나 성폭행에 관한 억압된 기억이 대부분 아버지나 남자 형제, 가정교사 등의 성적 유혹 때문이며, 이는 아이가 성장한 후 히스테리나 강박신경증의 원인이 된다는 프로이트의 초기 가설이다.

1995년, 크루스는 잘못된 기억 논쟁을 정리해 『기억전쟁The Memory Wars』이라는 책을 출판한다. 그의 프로이트 비판은 실제 행동으로 옮겨져, 1998년에는 미 의회도서관이 사이비 과학인 정신분석학에 너무 호의적인 정책을 취한다며 시위를 하기도 했다. 이를 계기로 프로이트 정신분석에 대한 비판은 저수지 둑이 무너지듯 사방에서 쏟아졌다.

프로이트 전쟁은 프로이트의 인격에 대한 노골적인 비난부터 정신분석학의 모든 업적들은 왜곡된 것이라는 주장까지 거의 모든 영역에서 일어났다. 일단 프로이트의 인간성에 대한 구체적 비난이 사방에서 쏟아졌다.

세상의 모든 유명인에 대한 비판이 그렇듯, 여자관계에 대한 비난이 가장 먼저 나왔다. 처제인 민나 베르나이스Minna Bernays와의 관계에 대한 의심이다. 사실 프로이트 불륜설은 빈의 정신분석학파에서 쫓겨나듯 밀려난 칼 융Carl G. Jung이 제일 먼저 제기했다. 그러나 2000년대 초반까지만 해도 프로이트의 불륜설은 융의 치졸한 복수로 여겨졌다.

프로이트의 추종자들은 민나가 그리 매력적이지 않았다며 프로이트의 불륜설을 부정한다. 미모의 여성들이 찾아와 줄을 서는, 당시 최고 인기남이었던 프로이트가 '인물이 많이 처지는' 처제 민나에게 끌렸을 리 없다는 거다.

그러나 2006년 스위스 한 호텔의 숙박부에서 프로이트의 자필 서명이 발견되었다. 거기에는 'Dr. Sigm Freud u Frau지그문트 프로이트 박사와 부인'이라고 쓰여 있었다. 처제 민나와의 둘만의 여행이었다. 그런데 호텔 숙박부에 자신의 부인이라고 쓴 것이다. 그렇다면 당연히 한 방에서 잔 것이 된다. 아홉 살 연하의 처제와 한 방에서 잤는데, 정말 아무 일도 없었을까? 아무리 처제가 인물이 처졌다고 해도, 프로이트가 그렇게 모른 척할 수 있었을까?

정신분석학은 성적 영역과 크게 관련되어 있다. 정신분석학의 창시자가 이 정도의 '성적 문제'가 없었다는 게 오히려 더 큰 문제일 수 있다는 게 내 생각이다.

프로이트는 인간적으로
참 치사했다

프로이트가 비난받아 마땅한 것은 그의 인간관계다. 특히 큰형님처럼 자신의 앞길을 열어주었던 빈의 내과 의사 요제프 브로이어Josef Breuer 와의 관계다. 브로이어는 프로이트에 앞서 최면술을 이용해 심리적 트라우마를 해결하면 히스테리가 치료된다는 사실을 발견했다. 또한 프로이트에게 '카타르시스katharsis' 이론을 전수하기도 했다.

　프로이트는 브로이어의 환자였던 안나 O.를 치료하며 정신분석학의 기초가 되는 『히스테리 연구Studien über Hysterie』를 썼다. 거기다 브로이어에게서 재정적 도움까지 받았다. 그때 빚진 돈을 죽을 때까지 다 갚지도 않았다. 그러나 프로이트는 브로이어가 유아의 성욕에 관한 자신의 가설에 동조하지 않는다며 비겁하다고 비난한다. 결국은 친구로서의 관계도 끝내버린다. 그러나 브로이어와의 이론적 입장 차이는 핑계인 듯하다.

　브로이어에게 받았던 정신적·물질적·학문적 도움을 결코 인정하기 싫었기 때문이라는 게 프로이트를 비난하는 이들의 주장이다. 살다보면 자신한테 큰 도움을 받은 사람이 그 은혜를 인정하기 싫어 오히려 자신을 욕하고 다니는 배신을 경험하게 된다. 그런 일을 겪어본 사람은 프로이트가 얼마나 브로이어에게 상처를 주었을지 충분히 상상할 수 있을 것이다. (남을 도울 때는 '무조건' 도와주어야 한다. 그 어떤 고마움의 표현조차 기대하지 말고.)

　융이나 알프레트 아들러Alfred Adler, 오토 랑크Otto Rank 같은 제자들이 자신과 의견을 달리하거나, 독자적인 가설을 세우려 했다는 이유로 하루아침에 내친 프로이트의 인간성을 생각할 때, 브로이어에 대한 배신은 충분히 개연성 있는 이야기다. 그러나 프로이트의 인간성이 '더럽다'는 비난은 허리띠 아래를 때린다는 느낌이다. 그런 식의 약점을 끄집어내자면 이 세상 그 어느 누구도 자유로울 수 없기 때문이다.

진짜 문제는 정신분석학의 학문적 성과다. 일단 프로이트의 사례연구에는 거짓말이 많다는 비판이다. 정신분석학적 치료의 대표 사례로 프로이트가 평생 언급한 안나 O.의 사례도 실은 성공한 것이 아니었다는 자료가 속속 나타났다.

안나 O.의 본명은 베르타 파펜하임Berta Pappenheim이다. 그녀는 1936년에 사망했다. 그녀의 삶을 추적해보니, 1882년에 완치되었다고 프로이트가 자랑스럽게 보고한 후에도 그녀는 정신병원에 입원해 계속 치료를 받았던 것이 밝혀졌다. 이 경우 말고도 프로이트가 연구 내용을 뒤바꾸거나 은폐한 것은 셀 수 없이 많다고 비판자들은 목소리를 높인다.

정신분석학의 핵심 개념인 '무의식Das Unbewusste'이 프로이트 자신의 개념이 아니라는 비판도 있다. 영국의 교육학자 가이 클랙스턴Guy Claxton은 2005년에 발간한 『다루기 힘든 마음The Wayward Mind』이란 책에서 당시 빈의 지식인 사회에서 '무의식'은 상식처럼 인용되는 개념이었음을 밝히고 있다.

무의식은 전문가들뿐만 아니라, 문화적으로 세련됐다고 자부하는 이들이 카페에서 커피를 마시며 나누는 '우아한' 대화에 빠지지 않고 등장하는 개념이었다는 것이다. 프로이트가 이 '상식적 개념'을 자신만의 것으로 가로챘다는 비판이다.

과감하고 용감해 보이는 프로이트의 성性에 대한 주장 또한 당시 빈에서는 그리 특별한 것이 아니었다. 프로이트와 동시대를 살았던, 빈을 대표하는 화가 구스타프 클림트Gustav Klimt나 에곤 실레Egon Schiele의 그림에 나타난 과감한 성적 묘사를 살펴보면, 성에 대한 당시 빈의 분위기를 충분히 짐작할 수 있다.

　프랑스의 젊은 철학자 미셸 옹프레Michel Onfray는 『우상의 추락Le Crepuscule D'Une Idole』이라는 책에서 프로이트가 쇼펜하우어와 니체의 생각을 슬금슬금 훔쳐왔음에도 불구하고, 그들의 책을 전혀 안 읽은 것처럼 시치미를 떼고 있다며, 아주'음흉하다고 비난하기도 한다. 이렇게 한 번 무너지기 시작한 프로이트의 학문적 권위는 21세기 들어서면서 걷잡을 수 없이 박살난다.

　수많은 학자들이 노골적으로 프로이트는 사기꾼이고, 자료를 조작한 사이비 학자며, 그저 유명해지고 싶어 주위 사람들을 셀 수 없이 속였다는 비난의 소리를 높였다. 세상은 원래 그렇다. 한 번 무너지면 기다렸다는 듯 몰려와 짓밟는다. 생전 교만과 이기심이 극에 달했던 프로이트였기에 그런 비판적 반응이 오히려 너무 늦게 나타났다는 생각도 든다. 그만큼 프로이트의 정신분석학은 한 시대를 지배했던 것이다.

　이제는 더 이상 프로이트와 프로이트의 정신분석학을 옹호하기 어려운 상황인 듯하다. 시간이 흐를수록 비판의 내용이 대부분 사실로 드러났기 때문이다. 그러나 내 생각은 다르다. 이 모든 문제들에도 불구하고 프로이트는 여전히 위대하다. 그 이유는 다음 장에서 설명한다.

28 그럼에도 불구하고 프로이트는 위대한 편집자였다

인류 역사상 인간의 마음을 프로이트처럼 다양하게 편집해 설명한 사람은 없다. 프로이트 이후, 인류는 인간의 마음속에 숨겨진 모든 모순적 내용에 관해 거리낌 없이 이야기할 수 있게 되었다. 터부는 사라졌다. 프로이트는 인간 심리란 고정불변의 것이 아니라, 각 개인이 처한 역사적·사회적·문화적 맥락에 따라 다양하게 편집되는 것임을 분명히 했다. 그동안 아무도 손대지 못했던 인간 심리의 '편집 가능성editability'을 열어놓았다.

프로이트의 정신분석학이 위대한 이유는 일단 인간의 마음을 '이드 Das Es' '자아Das Ich' '초자아Das Über-Ich'로 나누고, 맥락에 따라 각각 달라지는 마음의 현상학을 이들의 역동적 관계로 설명했다는 데 있다. 인간 심리에 관한 '편집의 단위unit of editing'를 만든 것이다.

사실 근원적 욕망을 나타내는 '이드id' 혹은 '그것Es' 또한 프로이트의 창작물이 아니다. 이 역시 '무의식'의 경우처럼 남의 것을 가져다 쓴 것이다. 그러나 '이드'의 경우에는 프로이트답지 않게 원래 누구의 개념인 가를 분명하게 밝히고 있다. 이드 개념을 처음 만들어낸 이는 바로 프로이트를 열렬히 추종하던 게오르그 그로데크Georg Groddeck라는 의사였다.

　나름 영민한 정신분석학자를 자처했던 그로데크는 정확히 정의되지 않는 무의식의 영역을 막연한 '그것Es'이라는 단어로 표현했다. 한국어로 하자면 '거시기'쯤 되겠다. 그는 프로이트와 편지를 주고받으며, '그것'에 관한 자신의 생각과 프로이트의 무의식 개념 간의 유사점을 정리했다. 그 결과를 1923년 『그것에 관한 책Das Buch vom Es』이라는 제목으로 출판한다.

　불과 몇 주 후, 프로이트도 '그것'에 관한 책을 낸다. 10여 년 넘게 프로이트가 구상해왔던 심리의 편집 구조를 설명한 『자아와 이드Das Ich und Das Es』라는 책이다. (제대로 번역하자면 '자아와 그것'이다. 그러나 이 책은 한국에서 일반적으로 '자아와 이드'로 번역된다.) 물론 그로데크의 책과 프로이트의 책은 내용적으로 많은 차이가 있다. 프로이트의 '그것'은 '자아'와 '초자아'라는 또 다른 구성물과의 다이내믹한 관계 속에서 구성되는 개념이다.

　프로이트는 이를 강조하기 위해 각 개념들에 정관사 'das'를 붙였다. 그러나 그로데크의 '그것'은 그야말로 막연한 개념에 여전히 머물러 있다. 프로이트 또한 자신의 '그것'과 그로데크의 '그것'의 개념적 차이를 의식한 내용의 편지를 그와 주고받기도 했다. 열 받은 그로데크는 프로이트에게 자신은 그저 '쟁기'일 뿐이고, 프로이트는 그 쟁기를 이용하는 농부라고 비아냥거리기도 했다.

　『자아와 이드』에서 프로이트는 심리의 정신분석학적 편집 구조를 명확히 하기 위해 그림으로 자신의 개념들을 묘사한다. [그림 1]에서 한 가지 흥미로운 점은 아직 '초자아Das Über-Ich'가 명확하게 묘사되어 있지 않다는 사실이다. 단지 왼쪽 윗부분에 '귀'처럼 네모나게, 아주 작게 그려져 있는 부분이 초자아를 의미하는 것으로 해석된다.

원본에서 'akust. W'로 표현된 이 부분은 '청각적 지각akustische Wahrnehmung'의 약자로 '타인들의 목소리를 듣는다' 정도로 설명할 수 있다. 부모나 사회가 요구하는 규율을 내면화한다는 것을 '귀로 듣는 것'으로 표현한 것이다. 이때까지만 해도 초자아에 관한 프로이트의 설명은 오락가락하며 혼란스러웠다. 본문에도 '초자아Das Über-Ich'와 '이상적 자아'를 의미하는 'Ich-Ideal'이 개념적으로 함께 사용되었다.

오늘날 우리에게 잘 알려져 있는 '이드-자아-초자아'로 구성된 심리의 편집 구조는 1933년에 펴낸 『정신분석학 입문을 위한 새로운 연속 강의Neue Folge der Vorlesungen zur Einführung in die Psychoanalyse』라는 책에 그려져 있다. 프로이트는 이 책에 들어 있는 '심리적 성격의 해체Die Zerlegung der psychischen Persönlichkeit'라는 제목의 강의에서 [그림 2]와 같이 인간의 심리를 묘사하고 있다. (해체는 편집의 조건이다. '편집의 단위'를 뽑아내는 해체가 있어야 편집이 가능하기 때문이다.)

첫 번째 그림에서 바깥의 작은 귀 모양으로 그려졌던 사회의 도덕적 규율은 이제 초자아라는 개념으로 의식 안에 명확하게 자리 잡고 있다. 타자가 내면화된 것이다. 이드Es가 무의식Unbewusste에서 전의식 Vorbewusste을 거쳐 의식Bewusstsein으로 올라가거나, 일부는 억압verdrängt되는 과정 또한 알기 쉽게 그려져 있다.

무의식과 이드의 관계도 더 명확해졌다. 흔히 생각하듯 무의식과 이드는 같은 것이 아니다. 무의식은 이드뿐만 아니라 자아, 초자아까지도

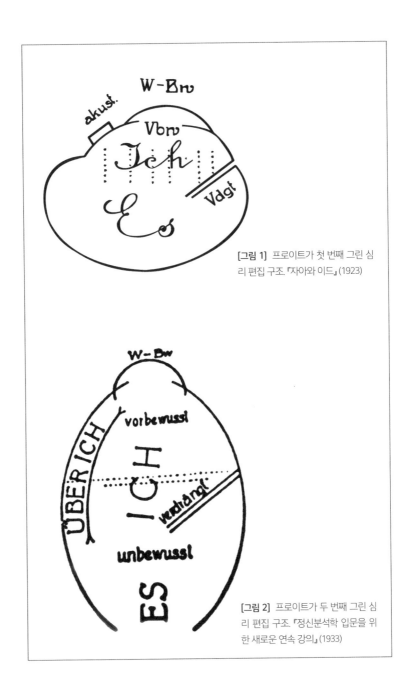

[그림 1] 프로이트가 첫 번째 그린 심리 편집 구조. 『자아와 이드』(1923)

[그림 2] 프로이트가 두 번째 그린 심리 편집 구조. 『정신분석학 입문을 위한 새로운 연속 강의』(1933)

포함하고 있음을 프로이트는 그림에서 분명히 하고 있다. **[그림 2]**에서 이드의 밑 부분이 열려 있는 것은 통제할 수 없음을 표현하는 것이다. 이 그림에 한 가지 오류가 있다면 이드의 면적이다. 본문에는 이드의 영역이 자아나 전의식에 비해 '훨씬 크다'고 서술되어 있으나, 그림에는 그 크기가 제대로 표현되어 있지 않다. (프로이트의 두 가지 심리 편집 구조를 원전에 나타난 그림을 가지고 비교한 글은 내가 아는 한, 이 글이 처음이다.)

말년의 프로이트는 이같이 명확해진 '이드–자아–초자아'의 편집 구조를 통해 자신의 여타 정신분석학적 개념들을 보다 확장해 설명한다. 뿐만 아니다. 심리의 편집 구조를 문명 비판, 종교 비판의 영역에까지 끌어올린다. 1939년 83세의 나이로 세상을 떠나기 전 출간한 『인간 모세와 유일신교Der Mann Moses und die monotheistische Religion』란 책이 바로 그것이다.

수많은 비판자들이 주장하듯, 프로이트의 정신분석학을 '미국식 심리학'의 좁디좁은 과학성을 기준으로 파악하자면 허점이 한두 가지가 아니다. 그러나 프로이트의 정신분석학은 그따위 과학적 심리학의 좁은 범주로 판단할 수 있는 사유 체계가 아니다. 심리학, 정신의학, 철학, 문학, 사회학의 범주를 포괄하는 메타의 영역이다. 뿐만 아니다. 프로이트의 개념은 끝없이 편집되고 재편집되면서 진화한다. '편집 가능성'이 무한하다는 말이다.

미국에도 프로이트와 비슷한 심리의 편집 구조를 구상한 이가 있었다. 조지 미드George H. Mead다. 그러나 '주체적 자아–객체적 자아Me'로 이뤄지는 미드의 '상징적 상호작용론'의 단순한 편집 구조와 비교해보면 프로이트의 위대함은 더욱 분명해진다. 동시대를 살았던 프로이트와 미드였지만, 개념 체계의 수준이 이처럼 차이가 난다. 그래서 학자에겐 지적 '풍토milieu'가 그렇게 중요한 거다.

프로이트가 살았던 유럽의 그 풍요로운 지적 풍토를 '벨 에포크belle époque'라고 부른다. 한마디로 '좋은 시절'이었다는 거다. 이 풍요로움을 한 번에 박살낸 인간이 히틀러다. 그 후 유럽의 지적 리더십은 미국으로 넘어가 오늘날까지 이어진다.

오이디푸스 콤플렉스, 거세 콤플렉스, 나르시시즘, 억압, 트라우마, 리비도, 투사, 치환 등과 같은 프로이트의 정신분석학적 개념들은 오늘날 우리가 세상을 다양하게 해석하는 데 아주 풍요로운 이론적 토대가 된다. 근대 학자들 중 프로이트만큼 풍요로운 개념의 편집 가능성을 열어준 학자가 있다면, 어디 한번 이름을 대보라!

프로이트 이후 '심리의 문화·사회적 편집 가능성'에 관하여

심리학의 영역을 훌쩍 뛰어넘는 프로이트의 정신분석학을, 심리학의 아주 작은 한 분야로 국한시켜 설명하고 있는 현대 심리학 교과서의 저자들은 진짜 염치없다. 심리치료의 한 분야로 인정받기 위해 정신분석학을 '과학적'으로 증명하려 애쓰는 일부 정신분석학자들의 노력 또한 참으로 안타깝다.

다시 말하지만 현대 심리학이 전제하는 과학적 기준으로 보면 정신분석학은 절대 과학이 될 수 없다. 소위 '과학적 심리학'은 있는 현상만을 다루는 '존재being'의 학문이지, 끊임없이 변화하는 '과정becoming'의 학문이 아니기 때문이다.

21세기에 들어서면서 프로이트의 정신분석학은 그저 신화로만 여겨지는 듯하다. 프로이트 격하 운동 때문만이 아니다. 좁은 과학성의 틀에 맞추느라 정신분석학적 개념들의 편집 가능성이 축소되고 있기 때문이다. 대표적인 예가 '애착 이론attachment theory, 愛着理論'이다.

프로이트 사후, 프랑스의 정신분석학이 주로 철학적 영역에서 개념 편집이 이뤄졌다면, 영국에서는 발달심리학과 연관되어 이론적 편집이 이뤄졌다. 프로이트의 딸 안나 프로이트Anna Freud의 영향이기도 하다. 멜라니 클라인Melanie Klein, 도널드 위니콧Donald Winnicott 등은 프로이트의 내재화된 초자아 개념을 초기 영유아 발달 개념과 편집하여 '대상관계 이론object relations theory, 對象關係理論'을 발전시킨다. 그러나 이후 대상관계 이론은 존 볼비John Bowlby, 메리 에인스워스Mary Ainsworth 등에 의해 애착 이론으로 바뀌면서, 애초의 정신분석학적 발달심리학과는 전혀 엉뚱한 방향으로 흐르게 된다.

애착 이론의 과학적 증명을 위해 에인스워스가 고안한 '낯선 상황the strange situation' 실험은 부모와 유아의 애착 관계를 분류할 수 있는 객관적 방법론으로 크게 각광받는다. 낯선 상황이란 유아가 부모와 떨어져 혼자 있게 하거나 낯선 사람이 접근하게 하는 등 아동을 불안하게 만드는 상황을 만들고, 이때 유아가 어떻게 행동하는가를 관찰하는 방법이다.

낯선 상황에서 아동이 보이는 행동을 '애착 유형'이라 하는데, 이는 다음의 세 가지로 나뉜다. 'A유형: 불안정-회피 애착insecure-avoidant attachment, B유형: 안정 애착secure attachment, C유형: 불안정-저항 애착 insecure-resistant attachment.'

실험 초기에 애착 이론가들은 불안한 상황에서도 부모를 찾지 않고, 부모가 돌아와도 별다른 반응을 보이지 않는 불안정-회피 애착을 가장 정상적으로 생각했다. 그래서 A유형이라 불렀던 것이다. 그러나 부모의 양육 방식에 문제가 있는 유아들에게 A유형이 많이 나타나자 이론을 수정한다.

부모가 사라지면 불안해하는 B유형을 건강한 애착 유형으로 바꾸게 된 것이다. 애착 이론의 구성 과정 자체가 상당히 어설펐다는 이야기다. 그러나 '객관적 관찰'과 '반복을 통한 동료 학자들 간의 검증'이 가능한 '낯선 상황 실험'이 각광받게 되면서, 애착 이론은 정신분석학적 개념과는 거리가 먼, 아주 편협한 과학적 발달심리학으로 방향을 바꾸게 된다.

20분에 불과한 낯선 상황 실험으로 부모-유아의 애착 관계를 서너 개의 카테고리로 분류해버리는 애착 이론은 아무리 좋게 보려 해도 뭔가 답답하다. 낯선 상황의 관찰 결과로 '불안정' '회피' '저항' '혼란'과 같은 단어를 남발하는 것도 마음에 안 든다. 그렇지 않아도 불안한 부모들을 '협박'하는 자칭 '애착 전문가'들을 보면 더 그렇다.

물론 확실한 방법론을 원하는 '불안한 심리학자'들에게 애착 이론은 아주 '좋은 무기'가 될 수 있다. 그러나 그런 방식의 이론 구성으로는 인간 심리에 관한 새로운 편집 가능성은 전혀 열리지 않는다. 좋은 방법론일 수는 있어도 훌륭한 이론은 절대 될 수 없다는 뜻이다.

엄마야말로
가장 위대한 편집자다

애착 이론과 달리 대니얼 스턴Daniel Stern의 정신분석학적 발달 이론은 편집 가능성이 무한히 열려 있는 이론이다. 갈수록 사그라드는 정신분석학적 발달 이론의 불씨를 되살릴 수 있는 개념이기도 하다. 그러나 아쉽게도 그는 2012년에 사망했다.

미국의 정신분석학자 스턴은 정신분석학적 개념을 아주 특별한 방향으로 확장했다. 발달심리학과 정신분석학의 접합점을 찾는 과정에서 그는 외부의 타자가 어떻게 자아 구성과 관계하는가에 초점을 맞춘다. 핵심은 상호작용이다. 상호작용이 없다면 자아도 없다는 주장이다. 이는 20세기 후반, 발달심리학 분야에서 일어난 피아제의 '인지발달 패러다임'에서 비고츠키의 '문화·사회적 발달 패러다임'으로의 전환과도 깊은 연관이 있다.

스턴은 유아가 어머니를 비롯한, 타자와 맺는 초기의 상호작용이 구체적으로 어떻게 유아의 심리로 내면화되는가를 추적한다. 이를 위해 그는 두 가지 핵심 개념을 편집해낸다. '활력 정서vitality affects'와 '정서 조율affect attunement'이다. 이제까지 심리학에서 정서 이론이 덜 발달한 이유는 다윈의 '범주적 정서categorial affects'에서 한 발짝도 더 나아가지 못했기 때문이라고 스턴은 비판한다. 범주적 정서란 우리가 흔히 말하는 기쁨, 슬픔, 분노 등을 지칭한다. 정서의 내용을 개념적으로 정의할 수 있는 경우다.

활력 정서는 정서의 내용을 가리키는 것이 아니다. 정서가 표현되는 형식과 관계된다. 몸짓, 표정, 말투의 속도나 리듬 혹은 목소리의 높낮이 등이다. 인간의 모든 범주적 정서는 활력 정서를 동반한다. 그러나 모든 활력 정서가 범주적으로 설명되는 것은 아니다. 예를 들어 아기가 막 태어났을 때 그 아기를 대하는 부모의 태도, 즉 기쁨이나 즐거움 같은 범주적 정서는 대부분 비슷하다. 그러나 아기의 성별에 따라 아이를 대하는 부모의 활력 정서는 전혀 다르다.

부모들은 보통 아들에게는 훨씬 빠르고 강한 톤의 몸짓과 목소리로 이야기한다. 딸일 경우, 부모의 목소리는 느려지고 부드러워진다. 몸짓도 훨씬 조심스러워진다. 남녀의 문화적 차이가 이미 이 단계에서 부모의 활력 정서를 통해 전달되는 것이다. 이를 '문화 학습cultural learning'이라고 한다.

개인 내면의 정서적 상태를 표현하는 범주적 정서에 비해 활력 정서는 본질적으로 상호작용적이다. 활력 정서는 상대방의 행동과 정서에 즉시 영향을 미치며, 상대방에게서 거의 무의식적인 반응을 이끌어낸다. 이렇게 활력 정서가 교환되는 상호작용을 가리켜 스턴은 '정서 조율affect attunement'이라고 개념화한다. 기타나 바이올린 줄을 서로의 음 높이에 따라 조율하듯, 인간의 모든 상호작용은 서로의 활력 정서를 조율하는 과정이라는 것이다.

최근 연구 결과에 의하면 인간은 상대방의 정서 표현을 그대로 흉내 내는 능력을 가지고 태어난다고 한다. '거울 뉴런mirror neurons'의 작용이다. 거울처럼 타인의 감정을 흉내 내는 신경세포다. 거울 뉴런은 인간의 공감 능력과 의사소통 능력의 기본이 된다. 인간의 가장 기본적인 의사소통은 정서를 공유하는 데서 출발하기 때문이다.

의사소통은 정서를 공유하고 시선을 공유하는 기초적인 소통에서 의미를 공유하는 고차원적 소통으로 발전한다. 스턴의 정서 조율은 바로 이 거울 뉴런의 구체적 작동 방식에 대한 설명이다. 생득적 기제와 문화적 상호작용을 편집하는 개념인 것이다.

아기는 태어나자마자 목소리, 몸짓, 표정을 통해 쉬지 않고 자신의 활력 정서를 표현한다. 아기의 모든 움직임은 정서적 표현이다. 여기에 엄마도 활력 정서로 반응한다. 그러나 항상 똑같은 방식으로 반응하지 않는다. 아기의 표정이나 몸짓이 바뀌면, 엄마는 거기에 맞춰 목소리의 높낮이로 표현한다. 아기가 내는 소리에는 약간 빠르게 몸을 흔들어주기도 한다. 엄마의 활력 정서 표현에 아기도 마찬가지로 반응한다. 정서의 내용은 같지만 정서의 표현 양식을 서로 바꿔가며 상호작용하는 것이다.

스턴은 이렇게 주고받는 아기와 엄마의 정서 조율의 양상을 '강도 intensity' '시간time' '형태shape'의 세 가지 차원으로 나누어 분석한다. 아기가 표현하는 활력 정서의 강도, 지속 시간, 형태에 대응해 엄마의 활력 정서도 다양하게 표현된다. 표현 양식은 달라져도 둘 사이의 정서 표현에는 일정한 통일성이 유지된다. 서로 다른 존재가 같은 정서를 공유한다는 느낌이다. 표현 방식이 달라도 같은 내용의 정서를 함께 공유할 수 있게 되면서 '상호주관성intersubjectivity'이 형성되는 것이다. 그래서 엄마야말로 가장 위대한 '편집자'인 것이다.

아기는 자신이 느끼는 정서가 엄마를 통해 다르게 표현되는 것을 알게 된다. 동일한 정서가 다르게 표현되는 것을 느끼며, 아기는 자신이 엄마와는 다른 존재임을 깨닫게 된다. '자아', 즉 주체의 탄생이다. 상호작용이 먼저고, 주체는 나중이다. 프로이트가 초자아의 개념 구성 과정에서 그토록 곤혹스러워했던 유아 발달 초기의 상호작용 내용을 스턴은 이토록 깔끔하게 설명하고 있는 것이다.

스턴의 활력 정서와 정서 조율은 최근 인문학, 특히 여성학이나 문화 연구 분야에서 일고 있는 '몸'에 대한 관심과도 맞닿아 있다. 몸을 통한 구체적 경험과 추상적 사유가 어떻게 만나게 되는가에 대한 설명이기 때문이다.

흥미롭게도 스턴과는 전혀 다른 이론적 배경을 갖는 프랑스의 철학자이자 사회학자 앙리 르페브르Henri Lefebvre도 『리듬 분석Elements de rythmanalyse』을 자신의 유작으로 남겼다. 스턴의 마지막 저서는 『활력의 형태Forms of Vitality』다. 르페브르의 '리듬'과 스턴의 '활력'은 개념적으로 상당히 유사하다. 이렇게 정신분석학과 철학이라는 전혀 다른 사유 체계가 아주 엉뚱한 곳에서 만난다. 현대 '과학적 심리학'에서는 이러한 만남이 원천적으로 봉쇄되어 있다.

강약, 장단으로 표현되는 리듬을 통해 '시간의 공간성, 공간의 시간성'을 분석하고, 이를 기초로 사회적 삶의 양태를 분석하려 했던 르페브르의 리듬 분석 또한 아이디어 구상 단계에서 끝나버렸다.

역시 미완성으로 끝나버린 스턴의 활력 정서와 정서 조율을 르페브르의 리듬 분석과 연결시킨다면 음악과 심리학, 철학, 사회학이 서로 교차 편집되는 아주 흥미로운 영역이 창조될 것이다. 이런 식의 '학제적 interdisciplinary' 에디톨로지를 통해 급격히 꺼져가는 정신분석학의 편집 가능성을 되살릴 수 있다고 나는 생각한다.

29 항문기 고착의 일본인과 구강기 고착의 한국인

방에 앉아 창밖의 비를 내다보고 있으려니, 러브호텔 불빛이 보인다. 어째 러브호텔의 이름도 특이하다. '공부방べんきょう部屋'이다. 하긴 그것도 공부해야 한다. 제대로 학습이 안 되어 있으니 다들 뭔가 불만족인 거다. 아, 갑자기 열심히 공부하고 싶어졌다.

　김이 서린 창문으로 보이는 러브호텔의 네온사인을 바라보며 시작된 궁상맞은 내 생각은 꼬리에 꼬리를 물고 결국 '러브호텔의 문화심리학'으로까지 발전했다. 결론부터 말하자면, 일본에 러브호텔이 생긴 이유는 순전히 '소리' 때문이라는 거다.

러브호텔의 문화심리학

일본 열도의 북쪽을 제외한 대부분의 일본 가옥은 여름을 시원하게 견디기 위해 만들어졌다. 그다지 춥지 않은 겨울은 그저 견디면 된다. 그래서 아이들에게도 한겨울에 치마를 입히고, 짧은 바지를 입혀 추위를 견디는 훈련을 시킨다. 정말 견디기 힘든 추위에는 옷을 두껍게 껴입으면 된다. 그러나 습하고 숨이 턱턱 막히는 여름을 견디기란 그리 간단치 않다. 입고 있던 옷을 다 벗고 나면 더는 견딜 방법이 없기 때문이다.

여름에는 환기가 조금만 안 되어도 집 구석구석에 곰팡이가 바로 핀다. 매번 창문을 열어 환기해야 한다. 따라서 일본의 가옥은 얇은 벽, 그리고 통풍이 잘되는 창문 등이 특징이다. 그래서 일본 집들은 언뜻 보기에도 그토록 가볍게 느껴지는 거다.

일본 집들의 벽이나 창이 유난히 얇고 가볍기 때문에 생기는 아주 심각한 문제가 있다. 소리다. 바로 옆방에서 내는 소리가 다 들린다. 내 옆방에 사는 친구의 전화 소리, 밥 먹는 소리, 심지어 가끔 방귀 소리까지 들린다. 도무지 프라이버시라고는 없다. 그래서 생긴 게 러브호텔이라는 것이 가설이다.

집에서는 도무지 맘 놓고 뭘 해볼 수가 없는 까닭이다. 남들 눈치 보인다고 그 숭고한 행위를 서로 입에 재갈 물리고 할 수는 없는 노릇이다. '뮤트mute 러브'는 오히려 고통이다. 그래서 마음 놓고 소리 낼 수 있는 별도의 공간이 사회적 합의에 의해 생긴 거다. 따라서 일본의 러브호텔을 그리 심한 의혹의 눈길로 바라볼 필요는 없다.

그럼 한국의 러브호텔은 어떻게 설명해야 할까? 도시 외곽을 벗어나면, 풍경이 그럴듯한 곳마다 죄다 러브호텔이다. 일본의 경우 소리가 벽을 타고 넘어가는 독특한 가옥 구조 때문이라면, 한국의 러브호텔은 도대체 어떤 사회구조적 원인 때문에 그토록 성황인 것일까? 한국의 가옥은 일본에 비해 소리를 훨씬 더 잘 차단하게 되어 있다. 온돌이나 두꺼운 벽을 치는 방식으로 추위에 단단히 대비한 구조이기 때문이다. 일본처럼 소리 때문은 아니라는 거다.

뭐, 일단 아쉬운 대로 다음과 같이 정리하자. 한국인들은 밤에 일본 사람들보다 훨씬 더 큰 소리를 내기 때문이다! 다른 이상한 이유는 절대 없다.(모든 사람이 이 세상을 나처럼 아름답고 순수하게 봤으면 좋겠다.)

여기까지는 일본에 대한 내 나름의 문화심리학적 분석이다. 그다지 나쁘지 않은 분석이다. 그러나 프로이트의 정신분석학적 개념을 동원하면 일본 문화에 대한 분석은 훨씬 흥미로워진다. 프로이트 개념의 편집 가능성은 무한하기 때문이다. 일단 프로이트의 '콤플렉스' 개념부터 살펴보자.

콤플렉스라는 합리화가 없었다면
우리는 참 불행했을 것이다

사람은 누구나 심사가 조금씩은 다 꼬여 있다. 나보다 잘나가는 사람을 보면 못 견딘다. 남들이 잘되는 모습을 자꾸 자신과 비교하면서 괴로워한다. 정신분석학에서는 이런 인간의 찝찝한 내면을 통틀어서 '콤플렉스'라고 명명한다. 이 콤플렉스는 다양한 하위 콤플렉스 개념으로 분화한다.

'콤플렉스Komplex'라고 독일어로 이야기하면 아주 폼 나 보인다. 그러나 이 단어의 뜻은 아주 단순하기 그지없다. 말 그대로 그냥 '복잡한 것'이다. 한마디로 분명히 정의하기 힘든, 이것저것 마구 뒤섞인 심리 상태다. 그런데 이 복잡한 것이 내면에 숨어 있어 수시로 마음을 불편하게 한다. 수천 년간 지속된 인간의 이 괴로운 심사를 콤플렉스라는 단어로 깔끔하게 설명해낸 사람이 바로 프로이트다. 그래서 그가 위대한 거다.

사실 콤플렉스라는 개념은 프로이트의 창작물이 아니다. 프로이트와 함께 여성 히스테리를 연구한 요제프 브로이어라는 정신과 의사가 사용한 개념이다. 콤플렉스라는 개념을 적극 사용한 이는 프로이트의 제자인 융이다. 오히려 프로이트 자신은 콤플렉스 개념을 남발하는 제자들을 몹시 불쾌하게 생각했다. 그래서 가능한 한 콤플렉스 개념을 사용하지 않으려고 애를 썼다. 그러나 오늘날 콤플렉스는 언제나 프로이트의 이름과 함께 언급된다.

인류 문명사를 설명할 때, 프로이트의 '오이디푸스 콤플렉스Ödipus Komplex'처럼 눈을 번쩍 뜨이게 하는 획기적 개념이 없는 까닭이다. 인류 문명의 최소 단위는 가족이다. 이 가족 내의 아버지, 어머니, 아이들의 관계에서 나타나는, 그 뭔가 설명하기 어려운 '복잡한 것'을 프로이트는 오이디푸스 콤플렉스라고 명명한다. 그리고 이 개념으로부터 인류 문명사는 물론, 개인의 성장 과정을 일괄해서 설명하고 있다. 세상에 이토록 흥미진진한 '구라'는 없다.

프로이트 이야기를 하면 사람들은 꼭 오이디푸스 콤플렉스 같은 게 실재하냐고 묻는다. 정말 어려운 질문이다. "당신이 왜 '김정운'이냐?"고 묻는 것과 같기 때문이다. 개념과 실재는 어느 것이 먼저라고 할 수 없는, 상호 구속의 해석학적 맥락에서만 성립한다. 닭이 먼저냐, 계란이 먼저냐의 문제와 마찬가지다.

실제로 언어철학에는 객관적 현상이 먼저 존재하고 언어(혹은 개념)

는 이 객관적 현상을 '표상representation'할 뿐이라는 실재론적 입장과, 각 언어나 개념에 대응하는 독립적인 실재가 반드시 존재한다고 확인할 수 있는 방법은 없다는 상대주의적 포스트모던 이론이 양극단에서 대립한다.

특히 소쉬르Ferdinand de Saussure에서 바르트Roland Barthes로 이어지는 후기구조주의 언어철학은 '언어 없는 실재는 없다'라는 단호한 입장을 취한다. 언어와 대상의 관계는 그 어떠한 내재적 필연 관계도 존재하지 않는, 철저하게 사회·문화적인 약속일 뿐이라는 전제로부터 소쉬르의 '기호학semiology'은 출발한다. (영미권에서는 찰스 퍼스Charles S. Peirce의 용어인 '세미오틱스semiotics'라는 용어를 더 많이 쓴다.)

명절에 식구들끼리 모여 고스톱을 칠 때, 직접 돈을 주고받는 모양새가 안 좋아 바둑알로 현금을 대신하는 경우를 그 예로 들 수 있다. 검은 바둑알은 만 원, 흰 바둑알은 천 원이라 하고 바둑알을 나눌 경우, 바둑알과 천 원 혹은 만 원 사이에는 그 어떤 내재적 필연 관계가 존재하지 않는다. 그저 고스톱 판에 참여한 이들끼리의 약속일 따름이다. 흰 바둑알을 만 원짜리, 검은 바둑알을 천 원짜리로 바꿔도 아무 문제없다. 급할 때는 이쑤시개가 부족한 흰 바둑알을 대신하기도 한다. 이렇게 '의미하는 것'과 '의미되는 것' 사이의 지극히 인위적인 사회적 약속이 언어의 본질이라는 거다.

표시와 의미의 결합은 사회·문화적 약속이라는 기호학적 전제를 바탕으로 심리학의 역사를 재구성해보면 '심리학 개념의 편집사'가 한눈에 보인다. 이런 메타적 관점으로 살펴보면 왜 프로이트의 정신분석학이 근대 심리학에서 쫓겨났는가도 알 수 있다.

프로이트에 의하면 인간의 의식이란 '이드Das Es'와 '나Das Ich' 그리고 '위의 나Das Über-Ich'가 충돌하며 편집된 결과다. 그러나 이 편집 과정에서 어쩔 수 없이 밀려난 '복잡한 것Komplex'들이 잠재해 있다가 여러 가지 문제를 만들어낸다. 여기서 프로이트는 또다시 근사한 개념들로 정신분석학적 해석의 지평을 넓힌다. '구강기 고착' '항문기 고착' '남근기 고착' 등이다. 아주 죽이는 상상력이다.

일본의 청결한 문화는
'항문기 고착'의 결과다

프로이트의 정신분석학 개념을 응용해 일본의 문화를 해석해보자. 일본인들은 청결에 엄청난 강박이 있다. 모든 게 너무 깨끗하다. 음식도 어쩌면 이렇게 정갈할까 싶고, 거리에는 휴지 한 장 찾아보기 힘들다. 일본인들은 왜 이토록 청결한 문화를 만들어냈을까? 어떻게든 심리학적으로 설명해야 할 것 아닌가?

결론부터 공개하면 '항문기 불안'이다. 앞의 러브호텔 경우처럼 일본의 독특한 가옥 구조에서 문제가 또다시 시작된다. 유난히 길고 습한 여름을 견디기 위해 통풍이 잘되는 문과 창문, 곰팡이가 슬지 않는 벽, 그리고 시원한 다다미 등으로 집을 짓는다. 이번에는 다다미 바닥이 문제다. 일본 주택의 다다미 바닥은 아이들 양육에 아주 결정적인 영향을 미친다.

다다미에 습기가 차는 것처럼 일본 사람들을 불안하게 하는 일은 없다. 벌레가 생긴다. 다다미에 벌레가 생기기 시작하면 아주 골치 아프다. 물면 무지하게 간지럽다. 뿐만 아니다. 젖은 다다미는 금방 썩는다. 썩은 다다미는 거의 퇴비 수준이다. 따라서 똥오줌 못 가리는 아이는 다다미에 치명적이다. 어느 한구석에 오줌이라도 지려놓으면 심각한 문제가 발생하기 때문이다. 그래서 아주 어릴 때부터 철저하게 배변 훈련을 시킨다.

지나친 배변 훈련은 아기에게 어떤 식으로든 정신적 상처를 남기게 되어 있다. 프로이트의 개념을 빌리자면 '항문기 고착'이라는 퇴행 현상이다. 일본 문화 전반에 나타나는 청결에 대한 이 집요한 강박은 결국 항문기 고착의 성격적 특징이라고 정신분석학적으로 설명할 수 있다. 그 정결한 스시와 같은 일본 음식도 결국 항문기 고착의 결과라는 거다. 기막힌 설명 아닌가?

한국의 경우, 이런 항문기 고착의 성격은 별로 볼 수 없다. 장판 문화이기 때문이다. 똥오줌을 아무리 싸도 그냥 걸레로 한 번 쓱 닦아내면 된다. 도무지 심각할 이유가 없다. 대신 한국인들은 '구강기 고착'의 성격인 듯하다. 입이 거칠다는 말이다. 목소리도 크고, 담배도 많이 피운다. 욕도 정말 다양하게 잘한다.

실제로 한국 욕의 종류를 정리해보면 세계 최고 수준이다. 일본이나 독일의 욕은 몇 개 안 된다. 미국 사람들도 가만 보면 나름 한다는 욕이 매번 'shit' 'fuck you'가 전부다. 한국처럼 다양하고 화려한 욕설은 세계사의 유례가 없다.

한국인들에게는 왜 이런 구강기 고착의 퇴행 현상이 나타나는 것일까? 지난 세월 너무나 가난했기 때문이다. 풍요로운 세월이 거의 없었다. 한 번도 제대로 먹어보지 못했다. 오죽하면 풀뿌리, 나무껍질을 벗겨 먹고 살았을까? 당연히 아기들은 엄마의 젖을 충분히 먹을 수 없었다. 입으로 만족할 수 있는 경험이 박탈된 것이다. 빈곤에 의한 구강기 고착 현상은 지형이 거칠고 풍요롭지 못한 지역의 욕이 훨씬 더 다양하고 화려하다는 사실에서도 확인된다. 요즘 북한 사람들의 욕을 생각해보라.

항문기 고착의 일본인과 구강기 고착의 한국인. 내 나름으로는 아주 만족스러운 해석이다. 프로이트의 다양한 정신분석학적 개념들을 동원하지 않으면 근처도 못 갈 '썰'이다. 여기서 누군가 내게 이런 방식의 해석이 객관적으로 맞는가, 틀리는가를 따져 묻는다면 정말 할 말이 없다. 이런 종류의 논의에서 옳고 그름을 따지고 드는 것은 참으로 바보 같은 짓이다.

앞서 설명한 일본 러브호텔의 분석과 프로이트 개념이 동원된 항문기 고착의 일본 문화 분석을 비교해보자. 후자가 훨씬 흥미롭다. 앞으로도 더 많은 이야기가 가능하기 때문이다. 프로이트식 개념 편집의 힘이다. 그래서 수많은 문학과 문화 비평에 프로이트의 개념이 반복되어 사용되는 것이다. 정작 '과학적 심리학'에서는 설 자리를 잃어가지만, 문화 해석과 관련해서는 무궁무진한 편집 가능성을 가지고 있는 프로이트의 정신분석학이다.

30 책은 끝까지 읽는 것이 아니다

독일 유학 초기에 난 공부는 안 하고 제본만 했다. 나의 제본 기술은 지금 생각해도 대단했다. 내가 제본한 책은 절대 안 뜯어졌다. 내 원시적 제본 기술은 다음과 같은 순서로 진행된다.

일단 복사한 자료를 판자로 잘 누른다. 판자 사이로 복사한 종이의 한 면 끝만 약간 나오도록 하고, 판자 끝은 아주 단단히 나사로 조인다. 조금 나와 있는 종이 끝부분에 톱으로 촘촘하게 자국을 낸다. 그리고 톱자국 사이로 접착제가 잘 스며들도록 몇 번이고 얇게 바른다. 그 위에 붕대를 정성껏 붙이고 반나절 정도 기다린다. 그 후 접착제가 고루 발린 부분까지 판자 안에 넣고, 단단하게 다시 판자를 조인다. 또 반나절을 기다린다. 마지막으로 두꺼운 색지를 앞뒤로 붙이면 제본이 끝난다. 수백 권은 했던 것 같다.

내 제본 기술은 아날로그적 자료 관리 과정에서 얻어진 부산물이다. 나름 훌륭했다. 그러나 그 제본 기술은 컴퓨터를 사용하기 시작하면서 아무 쓸모없게 돼버렸다. 자료를 복사할 필요가 없어졌기 때문이다. 그때까지 책을 읽으며 기록해 수천 장 쌓아두었던 카드도 마찬가지였다.

절망한 나는 그 모든 자료를 태워버렸다. 박사과정에 들어가면서부터는 컴퓨터를 사용했다. 다른 학생들 대부분은 컴퓨터를 타자기나 워드프로세서 대용으로 썼다. 그러나 나는 데이터관리 프로그램부터 익혔다.

공부는
데이터베이스 관리다

내가 『에디톨로지: 창조는 편집이다』라는 제목의 책을 쓸 생각을 한 것은 독일 유학에서의 이런 경험 때문이다. 독일에서 배운 것을 한마디로 요약하라면 이렇다. '공부는 데이터베이스database 관리다.'

나는 독일에서 심리학의 구체적인 내용을 공부하지 않았다. '공부하는 방법'을 익혔다. 지도교수를 비롯한 독일의 다른 교수들에게서 배운 것이 아니다. (당시 내 지도교수였던 마틴 힐데브란트-닐손Martin Hildebrand-Nilshon 교수에게 나는 죽을 때까지 감사해야 한다. 그는 내가 스스로 길을 찾을 때까지 기다려줬다. 제자의 성장을 인내할 수 있는 사람만이 좋은 선생이 될 수 있다.) 독일 베를린의 숱한 도서관, 박물관, 아키브Archiv라 불리는 각종 자료실을 발로 찾아다니며 배웠다. 독일에서 철학을 비롯한 인문 사회과학이 발달한 것은 바로 이 자료 축적의 문화 덕분이다.

나는 박사과정에 들어간 후, 지도교수의 연구소에 취직되길 바랐다. 그러나 지도교수는 내게 어떠한 제안도 하지 않았다. 내 독일어가 그리

신통치 않았기 때문이다. 나는 연구소 구석에 책상을 하나만 사용할 수 있게 해달라고 부탁했다. 갓 태어난 아기 때문에 집에서는 공부할 수 없는 사정을 이야기했다. 지도교수는 마지못해 허락했다.

나는 주말이고 밤이고 연구소에 나갔다. 그리고 연구소의 모든 자료들을 컴퓨터의 데이터베이스에 정리해넣었다. 내 나름의 분류 체계도 세웠다. 연구원들이 그저 자료만 넣으면 되도록 절차도 간소화시켰다. 연구소의 할머니 비서가 제일 즐거워했다. 내가 만든 데이터베이스를 컴맹이었던 그녀가 편하게 다룰 수 있도록 프로그램까지 짜주었다. 나는 지도교수가 데이터베이스에 들어가 검색만 하면, 원하는 자료를 다 뽑아낼 수 있도록 만들었다.

지도교수는 내 데이터 관리 방식에 감동했다. 어느 순간부터 급하면 나를 찾기 시작했다. 수업하다가도 내 자리로 찾아와 자료를 뽑아달라고 했다. 연구소의 비디오 분석을 위한 기기들도 내가 전부 수리하고, 케이블을 연결했다. 연구원들도 문제가 생기면 나를 찾았다. 그러나 1년이 지나도록 무보수였다. 상당히 섭섭했다. 결국 연구소 출근을 그만뒀다.

다음 날부터 집으로 교수와 연구원들 전화가 끊이질 않았다. 연구소 내의 데이터베이스나 컴퓨터 분석기기 등에 문제가 생기면, 그 문제를 해결할 수 있는 사람은 오직 나뿐이었기 때문이었다. 나는 아르바이트로 바쁘다고 했다. 연구소에는 다음 주말이 되어서야 잠깐, 아주 잠깐 가볼 수 있다고 했다.

어느 날, 교수는 내게 정식 연구원을 제안했다. 나는 못 이기는 체하며 연구소에 취직했다. 데이터 관리는 권력이었다. 연구소에 취직한 지 채 1년이 안 돼 나는 연구소의 모든 재정까지 책임졌다. 유학생들은 꿈도 못 꾸는 매킨토시 노트북을 반년마다 바꿨다.

책을 읽을 때는 반드시 옆에 노트북을 두었다. 새로운 내용이 나올 때마다 데이터베이스에 개념별로 정리해 넣었다. 자료가 쌓일수록 검색한 결과는 아주 풍요로워졌다. '검색'을 위한 포털 사이트는 상상도 못할 때였다. 연구소 자료와 내 박사 학위 논문 자료를 정리하며 나의 데이터베이스 정리법은 갈수록 세련되어졌다.

데이터 입력은 일반적인 '계층적 분류'로 했다. 심리학 전공서의 분류를 따라 정리했다는 이야기다. 그러나 관련 키워드 항목을 따로 만들어서 내 나름의 분류 체계를 세웠다. 아날로그식 카드를 사용할 때처럼 나만의 키워드를 써넣었다. 그러나 카드와 컴퓨터 간 데이터베이스의 결정적 차이는 분류 방식에 있었다.

아날로그식 카드 분류는 한 번 만들면 바꾸기가 어려웠다. 매번 다른 카드 분류통을 만들어 복사할 수도 없고, 한 번 분류된 것을 다른 분류 체계로 옮기는 것도 불가능했다. 그러나 컴퓨터의 데이터베이스는 달랐다. 그저 간단한 '복사' '삽입'의 명령만 하면 됐다.

생각이 떠오를 때마다 검색하면 관련 데이터들이 마구 올라왔다. 그 데이터를 정리하다 보면 또 다른 생각이 떠오르곤 했다. '네트워크적 지식'의 생성이다. 간단한 리포트는 새롭게 분류된 데이터를 정리하기만 하면 됐다. 데이터의 '메타언어meta-language'를 사용할 수 있게 된 것이다. 달리 표현하면 '정보와 정보의 관계로서의 지식'을 마음대로 분리·합체·변신할 수 있게 됐다는 거다. 드디어 내 이야기를 할 수 있게 된 것이다.

내 이야기가 가능하려면 사용 가능한 데이터가 풍부해야 한다. 그리

고 그 데이터를 자유롭게 연결할 때 얻어지는 메타언어에 익숙해져야
한다. 그것이 바로 공부다. 내가 축적한 데이터를 꼭 써야 한다는 강박
을 가질 필요는 없다. 데이터를 축적하고 정리하는 과정에서 그 데이터
들에 관한 메타언어를 익히게 되면 데이터베이스의 일차적 목적은 달
성된 거다. 이를 나는 '커닝 페이퍼 효과'라고 부른다.

　커닝 페이퍼를 준비하다 보면, 어느새 그 내용을 다 숙지하게 된다.
정작 커닝 페이퍼를 사용할 필요가 없어진다. 이와 마찬가지다. 데이터
베이스를 만들며 나름의 개념 체계를 만들다 보면, 어느새 전혀 다른 차
원의 생각을 하고 있는 나를 발견할 것이다.

책은 처음부터 끝까지
읽는 것이 아니다

책은 끝까지 읽을 필요가 없다. 오늘날의 책은 더 이상 두루마리가 아니
기 때문이다. 긴 종이로 이어진 두루마리 책은 처음부터 끝까지 읽어야
했다. 중간을 건너뛰고 끝까지 갈 수는 없다. 그러나 요즘 책은 다르다.
한 장, 한 장의 종이가 묶여 있다. 책이 한 손에 들어오는 크기가 된 것은
아무 데나 펼쳐 읽기 위해서다.

　인류가 파피루스 두루마리에서 '코덱스codex', 즉 책의 형식으로 기록
을 정리하기 시작한 것은 4세기경부터다. 파피루스에 비해 경제적이기
도 했지만, 코덱스를 사용한 이유는 원하는 내용을 빨리 찾기 위해서
다. 페이지를 후딱 넘겨 자신이 원하는 부분을 찾아내서 골라 읽기 위

해서다.

코덱스는 데이터베이스의 초기 형태였다. 바꿔 말하면 책은 그 본질이 데이터베이스란 뜻이다. 데이터가 그리 많지 않을 때면, 처음부터 끝까지 느긋하게 다 읽어도 큰 상관이 없다. 그러나 데이터가 쌓이면 한가하게 다 읽을 수 없는 노릇이다. 발췌해서 내가 읽고 싶은 것만 찾아 읽어야 한다. 문제는 내가 읽고 싶은 것이 뭐냐는 거다. 내 질문이 없으니, 책을 처음부터 끝까지 다 읽는 것이다.

언젠가 네이버캐스트의 '지식인의 서재'라는 인터뷰를 한 적이 있다. 이야기를 하던 중 "책을 끝까지 읽는 것은 바보짓이다!"라는 말을 했다. 그랬더니 악플이 바가지로 올라왔다. 형편없는 욕까지 서슴지 않은 걸 보니, 내 발언이 그만큼 충격적(?)이었던 모양이다. 지금도 네이버에 들어가면 그 흔적이 남아 있다.

책은 끝까지 읽어야 한다는 엄숙한 독서법을 신앙처럼 교육받아온 이들이 느꼈을, 모독당한 듯한 기분을 이해하지 못하는 바 아니다. 그러나 책을 끝까지 읽는 것은 정말 바보 같은 짓이다. 내 질문이 없고 내 생각이 없으니, 모든 책을 처음부터 끝까지 다 읽고 있는 것이다.

물론 정말 재미있는 책은 다 읽지 말라고 해도 끝까지 읽게 된다. 그러나 억지로 책을 다 읽다 보면 내 생각은 중간에 다 날아가버린다. 읽어야 할 자료도 산처럼 쌓여 있다. 어찌 모든 책을 처음부터 끝까지 다 읽을 수 있겠는가.

일단 하루에 쏟아져 나오는 책의 양이 엄청나다. 제아무리 속독을 해도 그것들을 다 따라잡을 수는 없다. 관심 있는 분야의 책만 골라내도 도무지 감당할 수 없는 양이다. 그래서 책 앞부분에 목차가 있고, 책 맨 끝에는 '찾아보기'와 같은 형식이 있는 것이다. 필요한 부분만 찾아 읽으라는 뜻이다.

모든 책을 처음부터 끝까지 다 읽어야 한다면 뭣 때문에 책의 편집자가 그토록 친절한 목차를 만들까? 찾아보기란 이름으로 그렇게 자세한 키워드 리스트를 만들고, 해당 페이지를 일일이 넣는 이유는 또 뭘까?

저자의 이야기를 처음부터 끝까지 따라가며 읽기 바쁜 사람에겐 목차든 찾아보기든 아무 필요 없다. 그런 식의 독서법이라면 매번 저자의 이론을 따라가는 데 급급한 수준을 죽을 때까지 뛰어넘지 못한다. 창조적인 '내 생각'이 절대 나오지 않는 것은 물론이다.

목차와 찾아보기는 주체적 독서를 위한 것이다. '주체적 책 읽기'란 왜 이 책을 읽어야 하는가에 대한 목적이 분명함을 뜻한다. 주체적 책 읽기는 책을 선택하는 과정에서부터 시작된다. 책을 들춰 목차를 볼 때, 내 눈길을 끄는 개념들이 있다면 그 책을 선택하게 된다. 책 내용을 대충 훑어볼 때, 흥미로운 개념이 나타나면 그 부분을 잠시 읽게 된다. 그리고 저자 이력이나 찾아보기, 참고문헌 목록을 보며 책의 구입 여부를 결정한다.

내게 흥미로운 내용은 이미 익숙한 개념과 책에 담긴 개념의 교차 비교 과정에서 확인된다. 독서는 내가 가진 개념과 저자의 개념이 편집되는 에디톨로지 과정이다. 그래야만 저자의 생각이 내 생각의 일부가 된다. 우리는 저자의 생각을 그대로 받아들이기 위해 책을 읽는 것이 절대 아니다.

내 서재에는 숱한 책들이 있다. 한국어, 영어, 독일어, 일본어로 된 다양한 분야의 책이 뒤섞여 책꽂이에서 내 손길을 기다리고 있다. 독일 책이나 영어 책은 한국 책이나 일본 책에 비해 색깔이 훨씬 화려하다. 그 만큼 폼도 난다. 내 서재를 처음 방문한 사람은 매번 묻는다.

"이 책 다 읽으셨어요?"

참으로 난감한 질문이다. 솔직히 말하면 끝까지 다 읽은 책은 10퍼센 트도 안 된다. 대부분은 필요한 부분만 읽고 꽂아두었다. 그러나 그렇게 읽은 책들은 내 사고의 한 부분을 이미 차지하고 있다. 내 데이터베이 스에도 개념적으로 정리되어 있다. 그저 목차만 읽은 책도 많다. 그러나 죽기 전엔 그 책의 어떤 부분을 반드시 읽어야 할 때가 온다는 것이 내 믿음이다. 구입하는 순간부터 그 책은 내 에디톨로지의 한 부분이 되었 기 때문이다.

나는 갤럭시 노트와 에버노트를 쓴다
물론 아이폰도 쓴다

데이터베이스를 강조하는 이야기를 자주 하니, 그럼 구체적으로 어떻 게 데이터 관리를 하냐고 다들 묻는다. 이쯤에서 그동안 내가 익힌 노하 우를 알려주는 것이 독자에 대한 예의일 것 같아 간단히 설명한다. 물론 데이터 관련 전문가들이 보면 유치한 작업일 수 있다.

요즘은 정말 사정이 좋아졌다. 내가 컴퓨터를 처음 배울 때처럼 데이 터 관리에 특별한 기술이 필요하지 않다. 마이크로소프트 오피스의 엑 세스나 엑셀처럼 불편하기 그지없는 프로그램을 쓸 필요도 없다. 나는 에버노트Evernote를 쓴다. (마이크로소프트가 에버노트를 겨냥해 오피스군에 포함되었던 원노트OneNote를 ios와 안드로이드용 버전을 서비스하고 있으나, 난 안 쓴다.)

여타 포털 사이트의 메모 프로그램이나 다양한 앱이 있지만 내 경험으로는 에버노트가 최고다. (분명히 밝히지만, 난 에버노트로부터 어떤 지원도 받은 적 없다.) 에버노트는 버그가 많다. 그러나 바로바로 업데이트된다. 에버노트 개발자들의 마음이 급한 거다. 데이터 관리의 좋은 방법이 발견되면, 채 완성되지도 않은 상태에서 던져놓는 것 같다. 그래도 참을 만하다. 그만큼 좋은 프로그램이다.

에버노트는 내가 사용하는 모든 IT 기기에서 동기화시켜 사용할 수 있다. 남의 컴퓨터에 들어가 사용할 수도 있다. 급할 때 최고다. 웬만한 텍스트 작업도 큰 불편 없이 할 수 있다.

데이터 관리를 할 때 난 일단 자료를 계층적으로 분류해 저장한다. 에버노트의 각 '노트북'이 대분류로 나뉘어 있고, 각 노트북 안에 또 다른 하위 노트북들이 들어 있다. 그 계층구조가 3단계, 4단계까지 올라가는 복잡한 것도 있고, 한 단계에서 끝나는 간단한 것도 있다.

책, 잡지, 신문 등을 읽을 때 중요한 내용은 스마트폰으로 사진을 찍거나, 갤럭시 노트의 '스크랩' 기능으로 잘라내 저장한다. (갤럭시 노트의 스크랩 기능은 정말 최고다!) 키워드나 연관된 개념들을 생각나는 대로 적어 넣는다. 시간이 지날수록 계층적 분류가 세밀해진다. 아날로그적 데이터베이스라면 나중에 감당 안 되는 순간이 온다.

그러나 디지털 세상에서는 다르다. 분류의 변신과 합체가 언제든 가능하다. 원고를 써야 할 때는 각 노트북과 노트북 안에 들어 있는 각 '노트'들이 재편집된다. 검색으로 각 데이터들을 불러내 새로운 분류를 만든다. 네트워크적 지식의 생성이다.

글 쓸 아이디어가 부족할 때면 이런저런 검색 놀이로 시간을 보낸다. 이렇게 생성된 지식은 일부 살아남기도 하지만, 바로 지워버리는 경우도 많다. 복사본으로 만든 것이니 지워도 된다. 내 에버노트에는 현재 수천 개의 노트가 저장되어 있다. 이어령 선생의 에버노트에는 1만 4,000개의 노트가 저장되어 있단다. 팔십 노인의 데이터베이스다. 정말 많이 부끄러웠다.

에버노트를 사용해 공동 작업을 하면 정말 효율적이다. 데이터 공유 기능을 이용해 자료를 서로 공유하고, 아이디어를 교환하면 시간만 절약되는 게 아니다. 말 그대로 '집단지성'이 어떻게 가능한가를 눈으로 보게 된다. 지식 경영이란 이와 같은 구체적 데이터 공유를 통해 가능해진다.

자료 입력은 삼성 갤럭시 노트가 최고다. 갤럭시 노트가 처음 나왔을 때 난 정말 흥분했다. 스마트폰의 자판은 너무 작아 오타가 너무 많다. 마음 급하게 내용을 쳐서 넣다보면 죄다 오타다. 그러나 갤럭시 노트는 손글씨로 저장할 수 있다. 편리하게도 갤럭시 노트는 에버노트에 자동 동기화된다. 그러나 바로 이런 부분이 난 참 안타깝다. 하드웨어만 강한 삼성의 한계다. 왜 삼성 스스로 에버노트와 같은 데이터관리 프로그램은 못 만드는가.

갤럭시 노트를 처음 만들 때부터 데이터베이스 개념이 조금이라도 있었다면 구태여 에버노트에 동기화하지 않아도 된다. 갤럭시 노트 사용자들에게 에버노트 같은 서비스를 할 수 있었다면 갤럭시의 충성고객은 무한정 늘어났을 것이다. 애플이나 구글의 OS를 따라가지 못한다면 새로운 소프트웨어 시장을 찾아냈어야 한다.

갤럭시 노트의 펜을 빼들면 '에어커맨드' 기능이 바로 뜬다. 나는 주로 스크랩 기능을 사용한다. 단지 이 기능 때문에 갤럭시 노트를 사용한다고 해도 틀린 말이 아니다. 인터넷 검색을 하다가 필요한 부분만 긁어 저장한다. 그냥 아이디어가 떠오를 때도 있지만, 인터넷 서핑을 하다가 좋은 아이디어가 떠오를 때가 더 많다. 새로운 아이디어를 자극한 그 부분을 잘라내 저장하는 것이다. 물론 키워드도 반드시 적어넣는다.

한국에 가면 아이폰을 쓴다. 손에 감기는 맛은 여전히 아이폰이 최고다. 강의나 세미나의 프레젠테이션은 맥북의 키노트를 사용한다. 화장실에선 갤럭시 S 8.4인치로 신문을 읽는다. 요즘은 각 신문사가 신문지면 보기 서비스를 해줘서 너무 편리하다. 내 갤럭시S 8.4에는 수백 권의 전자책과 스캔된 자료가 저장되어 있다. 지구 어디에서 원고 쓸 일이 생겨도 그리 큰 걱정이 없다.

아주 조심스러운 조언으로 책을 끝내려 한다. 정말 꼭 전하고 싶은 이야기다. 자신의 생각을 풍요롭게 편집하려면 무엇보다도 언어가 자유로워야 한다. 내가 오십 넘어 새롭게 일본어를 배우는 이유이기도 하다. 고작 영어 자료 하나 소화하는 것만으로는 한참 부족하다. 그 정도는 누구나 하기 때문이다.

내 성격적 결함에도 불구하고 한국 사회에서 이만큼이라도 성취하며 살아남을 수 있었던 것은, 영어와 함께 독일어를 할 수 있었기 때문이다. 당연히 읽는 자료의 내용이 남들과 달랐다. 축적된 데이터가 다른 까닭에 생산되는 지식의 내용도 달랐다.

일본어 자료를 다룰 수 있게 되면서 지식편집의 가능성은 상상할 수

없이 커졌다. 같은 개념이라도 한국어, 일본어, 독일어, 영어의 설명이
다르다. 전문 개념으로 들어가면 들어갈수록 더 그렇다. 편집에 사용될
수 있는 경우의 수가 기하급수적으로 늘어난다.

글로벌 시대를 살아가려면 영어 이외에 꼭 한 가지 언어를 더 배워야
한다. 두 개 이상의 외국어와 데이터베이스 관리 습관을 갖추면, 뭘 하
든 그리 두려울 게 없다.

누구나 살면서 한 번쯤은
아주 격하게 외로워야 한다

사실은 일본에서 '만화'를 공부하려 했다. 노인을 위한 만화, 더 정확히 말하자면 '노인용 변태 만화'를 그리려 했다. 고령화 사회가 되면서 노인은 계속 늘어난다. 그러나 노인들을 위한 문화 콘텐츠가 몹시 부족하다. 특히 우리 세대가 늙으면 문제가 아주 심각해진다. 소비할 능력은 있으나 도무지 맘에 드는 소일거리가 없기 때문이다.

인간은 죽을 때까지 성욕을 느낀다. 늙으면 성욕은 있으나 체력이 달린다. 그래서 노인용 변태 만화다. 대리만족이 가능한, 아주 신나는 그림을 그리는 거다. 정말 기막힌 아이디어다. 진정한 블루오션이라 할 수 있다.

교토 외곽에 있는 아담한 예술대학에 입학했다. 학교 앞에는 강이 흐르고, 뒤에는 멋진 산이 있는 곳이다. 입학 후, 기초 데생 수업에서 지도 교수가 내 스케치를 보더니 화들짝 놀라는 거다. 만화를 하기에는 재능이 너무 아까우니 '일본화日本畵'를 한번 해보는 게 어떻겠냐고 했다. 정말이다. 고등학교 미술 시간 이후로 붓을 잡아본 적이 없다. 그런데 내가 생각해도 정말 잘 그린다. 이 부분에서는 독자들께 양해를 구한다.

혼자 살려면 아주 심한 나르시시스트가 되어야 한다. 그러지 않으면 쉽게 우울해져 견디기 힘들다.

만화는 나중에 해도 되니, 일본에 있는 김에 일본화를 배우기로 했다. 일본화의 물감은 다 천연 재료다. 조갯가루, 돌가루를 아교 물에 이겨 칠하는 방식이다. 조갯가루, 돌가루로 된 물감을 직접 손으로 곱게 갈아야 하는 일본화 작업은 처음부터 그리 만만치 않았다. 그냥 튜브물감 쭉 짜서 그리는 서양화와는 차원이 다르다.

일본화는 그림 그리기 전부터 준비 과정이 아주 요란하다. 벼루에 먹을 갈 때, 뭐 대단한 도를 닦는 것처럼 했던 서예 수업과 마찬가지다. 별것 아닌데 모든 것을 엄청 정성스럽게 해야 한다. 정말 일본적이다. 그림 그리는 화선지도 물감이 번지는 것을 막기 위해 도사陶沙(명반에 아교 섞은 물)를 발라야 한다. 그리고 잘 펴서 판넬에 붙여야 한다. 온몸에 힘이 무지하게 들어가는 작업이다. 그림 그리기를 준비하는 시간만 꼬박 이틀이다. 처음에는 아주 환장하는 줄 알았다. 그러나 내 급한 성격에 정말 필요한 부분이라 인내하기로 했다.

일본어가 능숙치 못해서 황당한 일도 생긴다. 사실 책 읽는 것은 이제 아무 문제 없다. 그러나 일본어로 이야기할 기회가 별로 없다 보니, 회화가 전혀 늘지 않는다. 특히 일본의 높임말은 정말 헷갈린다. 어느 날엔가는 수업 시간에 아무도 안 오는 거다. 혼자 교실에 앉아 한참을 기다리다 보니, 조교가 헐떡이며 달려왔다. 교토 시내 미술관에서 수업한다고 지난 시간에 자세히 설명했는데, 왜 혼자 여기 있느냐는 것이었다.

입학 초기, 지도교수가 그림 주제로 '발아래 있는 것ぁしもと'을 그리라고 했다. 난 '발ぁし'을 그리라는 것으로 알아들었다. 그래서 죽어라 발만

그렸다. 그림 제목도 과감하게 「변태의 꿈」으로 했다. 남들은 겨우 하나 그릴 때 연작으로 두 개나 그렸다. 정말 무리해서 그렸다. 그런데 나중에 보니 나만 엉뚱한 것을 그렸다. 풀이나 돌, 나무뿌리를 그려야 했던 거다. 어쩔 줄 몰라 하고 있는데, 지도교수는 그래도 잘 그렸다고 위로하며 교내 전시회에 출품하라고 했다. 집으로 돌아오는데 자꾸 울컥해서 몇 번이나 걸음을 멈추고 눈물을 훔쳤는지 모른다. 이 나이에 내가 지금 도대체 뭐하는 건가 싶어서다. 곁에 아무도 없으면 별것 아닌 일에도 자꾸 눈물이 난다.

나에게 다들 '중년의 로망'을 산다고 한다. 사실이다. 하고 싶었던 공부를 뒤늦게 마음껏 할 수 있는, 나 같은 행운을 가진 이는 세상에 별로 없다. 무조건 감사한 마음이다. 그러나 나이 오십이 넘어 홀로 유학생활하기가 생각처럼 그리 간단치는 않다. 모든 것을 다 혼자 해야 했다.

혼자 밥해 먹고, 혼자 빨래하고, 혼자 청소하고, 혼자 책 봤다. 오후에는 학교에 나가 죽어라 그림을 그렸다. 내 아들보다 어린 입학 동기들은 내게 전혀 말을 걸지 않았다. "기무상, 곤니치와!"가 전부였다. 아이스크림도 사주고, 단팥빵도 사주었다. 우리 반 학생을 모두 식당으로 초대해 밥도 몇 번이나 샀다. 비싼 원두커피도 사주며 아무리 말을 걸어도, 모든 대화는 단답형으로 끝났다. 함께 나눌 공통의 관심사가 너무 빈곤했다.

나름 꾀를 내어 군대 간 아들까지 팔았다. 나하고 많이 놀아주면 잘생긴 내 큰아들을 소개시켜준다고 했다. 폼 나게 군복 입은 아들 사진까지 보여주니 엄청난 관심을 보이기는 했다. 그러나 이내 자기들끼리만 속

닥거렸다. 이상한 아저씨가 심심해서 막 던지는 말인 것 다 아는 거다. 하긴 그 아이들 입장에서 보면, 아버지 같은 사람이 매일 와서 같이 놀자고 졸라대니 얼마나 황당했을까.

결국 그림도 그냥 혼자 그렸다. 그림 그리는 일은 정말 힘들었다. 그림 자체가 왕초보인데, 생전 듣도 보도 못한 일본화를 배워야 하니 정신 똑바로 차려야 했다. 몇 시간이고 잔뜩 긴장해서 붓질을 하고 나면 바로 녹초가 되었다. 집에 돌아오면 그냥 쓰러졌다.

밤이 되면 늦도록 혼자 음악을 들었다. 바흐의 「두 대의 바이올린을 위한 협주곡 2악장」이나 보로딘의 「현악사중주 2번」이 시작되면 매번 어쩔 줄 몰라 좁은 방 안을 서성댔다. 서울에서 보낸 아름다운 날들이 너무 그리웠다. 좌우간 음악이고 인생이고, 두 번째로 새로 시작하는 것은 죄다 힘든 거다.

어쩌다 서울 집에 다녀온 뒤 교토의 숙소 현관문을 열면 가슴이 철렁했다. "후우" 하는 깊은 한숨이 절로 나왔다. 질척이는 늪에 깊이 빠져드는 듯한 그 기분이 너무 싫어서, 서울 갈 때는 교토 숙소를 아주 말끔하게 청소해놓고 갔다. 설거지도 깨끗하게 하고, 빨래도 깔끔하게 정리했다.

볕 좋은 가을날, 창문을 열면 옆집 창문에는 죄다 이불이 널려 있었다. 일본 아줌마들은 해만 나면 정말 죽어라 이불을 넌다. 나도 이불을 널었다. 공기 맑은 시골이라 먼지 하나 없다. 이불을 그저 창문에 걸쳐놓기만 하면 됐다. 해 질 무렵 학교에서 돌아오다가 내 방 창문에 걸려 있는 이불을 올려다보면 참 기분이 좋아졌다. 누군가 나를 기다리고 있는 듯해서다. 햇볕에 말린 이불을 덮으면 참 포근했다. 그런 날 밤에는 혼자 자도 좋았다.

누구나 살면서 한 번쯤은 아주 격하게 외로워야 한다는 것이 내 생각이다. 뭔가 새로운 것을 손에 쥐려면, 지금 쥐고 있는 것을 놓아야 한다. 지금 손에 있는 것을 꽉 쥔 채 새로운 것까지 손에 쥐려니 맘이 항상 그렇게 불안한 거다.

그간 진짜 가지가지 했다. 그래서 고마운 사람이 참 많다. 철없는 남편의 무모한 결정을 참고 지켜봐준 아내에게 제일 많이 감사하다. 제멋대로 사는 남편을 견디는 건 정말 아무나 할 수 있는 일이 아니다. 내가 일본 가기 전날, 군에 입대했던 큰아들 호백이는 벌써 병장 제대하고 학교에 복학했다. 지난 학기엔 장학금도 탔다고 자랑한다. 참 든든하다. 아빠의 부재를 단지 '두 번의 정학(교내 봉사)'만으로 잘 버텨준 둘째 호산이도 참 기특하다. 녀석의 독특한 내면세계가 앞으로 어떻게 발전할지 정말 기대된다.

밤마다 내가 보내는 카톡 메시지를 귀찮아하지 않고, 매번 대답해준 모든 이들에게 감사하다. 오늘날 인간에 대한 관심은 카톡 메시지의 횟수로 평가된다. 가장 많은 카톡 메시지를 보내준 이는 한양대의 홍성태 교수다. 그는 진정한 휴머니스트다. 그리고 전 세계를 돌아다니며 사업하느라 그렇게 바쁜데도, 교토를 네 번이나 일부러 찾아와준 김정주도 정말 최고다.

고등학교 동창 윤재훈도 지난 연말 날 찾아와 우쿨렐레로 위문 공연을 해줬다. 수년간 그렇게 노력해도 전혀 발전 없는 그의 연주 실력이 교토에서는 그렇게 고마울 수가 없었다. 개그맨 남희석은 어느 날 밤, 느닷없이 아라시야마 구석까지 찾아왔다. 동네가 뭐 이리 시골이냐고 불평만 하더니, 이틀 동안 잠만 푹 자다 갔다. 교토까지 일부러 와서 값싸고 음질 좋은 오디오를 골라준 이유인 선생, 일본에서 발견한 당뇨병을 잘 관리하도록 세심하게 챙겨준 지영석에게도 감사하다.

성의 없는 단문이지만 그래도 매번 반응은 해준 윤광준과 내 친구 귀현이는 마지못해 용서한다. 그러나 유학 초기에만 "교수님 멋져용" "대단해요" 어쩌고 하다가 어느 순간부터 내 카톡을 싹 씹어버린 처자들은 절대 용서 못한다.

김갑수도 용서 못한다. '고뇌하는 마지막 지식인'이 좀 되어보라고, 교수도 때려치우고 일본에서 고독하게 보내면 무지하게 폼 나 보일 것이라고 그 인간이 날 얼마나 '펌프질' 해댔는지 모른다. 폼 나기는 개뿔! 지난 3년간 앞이 캄캄해서 미치는 줄 알았다. 나는 차가운 다다미방을 뒹굴며 어쩔 줄 몰라 하는데, 정작 본인은 '종편의 스타'로 종횡무진 산다. 아무튼, 이 책이 아무리 잘 팔려도 그에게 밥 한번 사는 일은 없을 거다.

교토 녹두학원의 무라야마 도시오村山俊夫 선생이 없었다면 내 교토 생활은 정말 엉망이었을 것이다. 진심으로 감사드린다. 환갑이 지나서도, 천황제가 폐지되는 일본 혁명을 아직도 꿈꾸는 무라야마 선생은 녹두장군 전봉준을 존경한다. 그런 그를 나는 진심으로 존경한다.

교토사가 예술대학의 기타야마 마사미北村正己 교수께도 감사드린다. 마구 그려대는 내 그림을 보며 매번 "스바라시이!" "스고이!" "이이간지!"를 연발해주었다. 그 정도 아닌 것 나도 잘 안다. 그 배려가 정말 고마웠다. 한국에서 교수 할 때 나는 한 번도 그렇게 따뜻하게, 정말 흔쾌히 학생들을 칭찬해준 적 없다. 그를 보니 교수 그만두길 정말 잘한 것 같다.

『에디톨로지』 원고의 일부는 「중앙선데이」와 「월간중앙」에 연재된 것들이다. 스마트한 일처리가 어떤 것인가를 보여준 김종혁 「중앙선데이」 편집국장(당시)과 '진짜 사나이' 「월간중앙」 김홍균 편집장에게 감사의 마음을 전한다. 난삽한 원고를 아주 폼 나는 책으로 만들어준 21세기북스의 남연정 과장에게도 고마움을 전하고 싶다. 남연정 과장은 '에디톨로지'가 뭔지를 아는 진정한 편집자다.

일본의 나라와 교토에서 홀로 보낸 지난 3년은 내 인생에서 가장 성숙한 시간이었다. 『에디톨로지』와 동시 출간되는 『보다의 심리학』(편역)은 그 시간의 열매다. 사정이 허락되면, 앞으로 두세 권의 책을 일본에서 더 쓰고 싶다. 아무튼 지금으로서는 그저 모든 것이 고마울 뿐이다.

2014년 10월 10일 교토 아라시야마에서

김정운

내 서재는
'편집실'입니다!

책을 어떻게 쓰느냐고 묻는 이들이 가끔 있습니다. 일단 솔직하게 먼저 이야기할게요. 저는 제가 이렇게 글을 쓰며 먹고살 거라고는 한 번도 생각한 적 없습니다. 아, 그림도 그리며 이렇게 여수에서 지낼 거라고는 꿈도 꾼 적 없습니다. 제가 글을 잘 쓴다고 생각해본 적도 없고, 지금도 물론 그렇습니다. 어릴 적 책을 즐겨 읽고, 고교 시절 시를 써서 백일장에서 상을 탄 기억은 있습니다. 하지만 그 정도는 누구에게나 있는 거지요. 책을 즐겨 읽은 것은 초등학교 시절 몸이 약해서, 집 밖을 거의 나간 적이 없던 때에 생긴 습관일 뿐, 남들보다 독서에 유별난 취미가 있었던 것은 아니었습니다.

지금도 제 글쓰기가 많이 못 마땅합니다. 일단 '보캐블러리vocabulary'가 너무 딸립니다. 대학을 마치자마자 유학을 가 13년을 독일에서 살다 돌아왔기에, 제 단어 구사력은 1980년대 대학생 수준에서 크게 벗어나지 않습니다. 급한 성격 탓에 '논리'도 마구 건너뜁니다. 그런데 희한하게도 글을 쓰며 먹고삽니다. 대학 시절에는 운동권 언저리를 전전하느라 '우아한' 책을 읽을 시간이 전혀 없었습니다. 거칠고 조악한 운동권

서적이 당시 독서의 전부였습니다.

독일에서 박사 학위를 받고 돌아와 교수가 되었지만, 심리학 전공자들이 아닌 대중을 대상으로 하는 글쓰기는 거의 하지 않았어요. 교수 자리를 얻기 위해 심리학 저널에 논문을 발표하느라 그럴 기회도 없었지요. 그러다 우연히 신문에 글을 쓰지 않겠느냐는 제안을 받았습니다. 당시 주5일 근무제가 막 시작하려고 할 때였기에 '여가'에 관한 논문도 많이 쓰고, 관련 분야 토론회에서 자주 발표를 하고 있었기 때문입니다.

여기서 잠깐 제 '자랑' 좀 하겠습니다. 40대에 정말 죽고살기로 열심히 한 일인데, 아무도 기억해주지 않아 매우 섭섭해서 그렇습니다. 요즘 '워라밸'이라며 사람들이 원래부터 다 알고 있었던 것처럼 이야기하는 '일과 삶의 조화Work&Life Balance' 개념을 한국사회에 소개한 사람이 바로 접니다. 당시에 관련 논문이나 보고서도 많이 썼습니다. 아, '번아웃burn-out' 개념도 제가 우리나라에 본격 소개했습니다. 2005년에 나온 저의 책『노는 만큼 성공한다』에 보면 그 내용이 자세히 나옵니다. '주5일 근무제'와 관련된 모든 제도가 검토되던 시기에 정말 열심히 일했습니다. 당시, 정부의 관련 회의에 무척 많이 불려 다녔습니다. '대체휴일제'의 도입 또한 제가 적극 관여했습니다. 아무튼 아무도 '여가'에 관해 이야기하지 않을 때니까, 자연스럽게 언론에 노출될 기회가 많았지요.

어느 날, 당시 동아일보 문화부 차장으로 있던 정은령 기자로부터 연락이 왔습니다. 새로 만드는 주말판에 여가와 관련된 연재를 한번 해보지 않겠느냐는 것이었습니다. 조금 겁이 나긴 했지만 해보겠다고 했습니다. 그런데 정작 연재를 시작하니, 그 상냥하던 정은령 기자가 나를 그렇게 괴롭힐 수 없는 겁니다. 원고지 10매 분량의 원고를 정성스럽게 써서 보내기만 하면 바로 '빠꾸' 했습니다. '그렇게 쓰면 아무도 안 읽는다'는 겁니다. 도대체 날 뭘로 보는가 싶어, 참다못해 전화를 해서 따졌습니다. 정 기자의 대답은 이랬습니다.

"교수님의 글은 너무 길어요. 도대체 숨을 쉴 수가 없어요. 그런 글은 교수님 지도 학생들이나 참고 읽지, 신문 독자들은 그냥 건너뛰어요!"

제 학창 시절에만 해도 만연체가 '폼 나는 글'이었습니다. 수십 년 전 유행했던 글쓰기 방식으로 신문 연재를 하려고 했던 겁니다. 그럼 어떻게 하면 좋겠느냐고 하니, 정 기자는 "무조건 짧게 쓰세요" 하는 겁니다. "무모할 정도로 짧게 쓰세요!"라고 말이지요. 지금 생각해보니 정말 훌륭한 조언이었습니다. 그 후로 저는 무조건 짧게 씁니다. 신문사를 퇴사하고 뒤늦게 공부를 시작해서 미국에서 박사 학위를 받았다는 정은령 박사께 이 자리를 빌려 진심으로 감사한 마음을 전합니다.

오늘날에는 짧게 쓰는 게 좋은 글입니다. 제 글을 읽는 사람과 함께 호흡하려면, 내 호흡이 경쾌해야 합니다. 그래야 즐겁게 따라 읽을 수 있습니다. '빈곤한 보캐블러리'와 '거친 논리'에도 불구하고 제가 글을 써서 먹고살 수 있는 이유는 '생각해서 쓰는 게 아니라, 쓰면서 생각하기 때문'입니다. 그래야 읽는 사람의 호흡이 불편하지 않습니다. 글쓰기의 형식에 관한 이야기는 여기까지 하겠습니다. 제 스스로 그리 자랑할 만한 글솜씨를 가지고 있다고 생각하지 않기 때문입니다. 중요한 것은 '내용'입니다.

교수를 그만두고, 2012년 일본의 단기대학에서 미술을 공부했지만 그림으로 먹고살 능력은 전혀 안됩니다. 여전히 글로 먹고살아야 합니다. 오늘날의 글쓰기는 '문화콘텐츠' 생산 능력을 의미합니다. 매체는 많지만 대중들을 설득할 수 있는 콘텐츠는 그리 많지 않습니다. 제가 '교수'라는 지위에 연연하지 않았던 이유입니다. '대학'과 '교수'는 '사양산업'입니다. 스스로 콘텐츠를 생산할 수 있다면 어디서, 무엇을 하든, 어떻게 일하든 아무 관계없습니다.

그래서 여수로 왔습니다. 여수는 아무 연고도 없는 곳입니다. 그저 바닷가에 살고 싶었습니다. 바닷가에서 그림 그리고 글 쓴다고 하면 무척 폼 날 것 같다는 생각이었습니다. 인터넷이 세상에서 가장 빠른 나라에 사는 우리가 구태여 서울에 몰려 살아야 할 이유가 없습니다. '외로움'을 견딜 수 있다면 가능한 한 서울을 벗어나는 게 좋습니다. 외로울 때 내 삶의 콘텐츠는 풍부해집니다.

일단 여수 엑스포역 가까운 곳에 30평대 아파트를 구했습니다. 제가 아무리 외로워야 한다고 말하지만, 정말 견디기 힘들 때는 후딱 기차 타고 서울로 올라가기 위해서입니다. 비겁하지만 할 수 없습니다. 아무 연고도 없는 낯선 바닷가 소도시에 혼자 살겠다고 결심하는 것은 무척 두려운 일입니다. 일단 도망갈 구멍은 만들어놓아야 합니다. 여수에서 먹고사는 일이 견딜 만해지면, 본격적으로 바닷가에 집도 지을 생각입니다.

일단 아파트 전체를 온전히 글쓰기만 하는 서재 공간으로 만들었습니다. 이렇게 넓은 서재는 처음입니다. 그러나 전업작가로 살겠다고 결심했으니, 이 정도의 작업 공간은 있어야 한다고 생각합니다. 참고로, 바다가 내려다보이는 기막힌 아파트입니다. 그러나 서울의 같은 평수 아파트에 비하면 거의 5분의 1 가격입니다. 훨씬 더 싼 곳도 많습니다. '원격 작업'이 가능한 콘텐츠 생산을 하는 사람이라면 시골에 사는 것을 적극 생각해보는 것이 좋을 듯합니다. 사람들 만날 일도 거의 없으니, 돈 들어갈 일도 별로 없습니다.

화실도 구했습니다. 서재가 있는 아파트에서 한 30분 떨어진, 석양이 참 아름답고 아주 한적한 바닷가입니다. 횟집 하다가 망한 곳을 월 30만 원에 월세로 얻었습니다. 집주인 서정만 씨 부부에게 참으로 고마운 마음입니다. 서정만 씨는 목수 일을 하기에 장비가 엄청납니다. 그 장비들을 보관하려고 구해둔 공간을 제게 내주었습니다. 건물 내부를 다 뜯어내고, 바닷가가 보이도록 큰 창문을 냈습니다. 아파트 서재에서 글을 쓰다 보면 앞이 꽉 막힌 느낌이 들 때가 자주 있습니다. 그때는 화실에 가서 그림을 그립니다. 지치도록 그림을 그리다가 바닷가를 그저 하염없이 걷다보면 막힌 것이 어느 순간 확 뚫립니다.

여기까지는 제 작업 환경에 대한 대충의 설명이었습니다. 그러나 무엇보다 독자 여러분들에게 자랑스럽게(?) 소개하고 싶은 것은 콘텐츠 생산을 위한 구체적인 '편집력編輯力'입니다. 제 서재를 구체적으로 어떻게 '편집실'로 운용하고 있는지 독자 분들과 공유하고자 합니다. 에디톨로지는 그저 책 제목으로 쓴 것이 아니라, 현재 제가 실제로 '먹고사는 수단'이기 때문입니다.

제 서재는 '지식의 편집실'입니다. 이 편집실의 운영 원칙 몇 가지를 소개하고자 합니다. 글을 쓰거나 콘텐츠를 생산하는 분들께 저의 구체적 작업 방식을 설명하는 것이 에디톨로지의 전체 내용보다 어쩌면 더 실질적인 도움이 될 수 있지 않을까 합니다.

일단 책을
많이 삽니다

책 속의 한 문장이라도 '통찰'을 주는 단어가 있으면 무조건 삽니다. 앞의 본문에서도 설명했지만, 제가 처음부터 끝까지 정독하는 책은 극히 일부에 불과합니다. 책 속의 한 단어만으로도 저의 생각이 통째로 흔들리는 경우가 자주 있습니다. 특히 '편집'이라는 단어가 그렇습니다. 이단어는 일본의 마츠오카 세이고松岡正剛의 『지의 편집공학知の編集工學』이란 책에서 처음 봤습니다. '지식이 편집된다'는 이야기를 그의 책에서 처음 읽고는 넋이 나갈 정도로 충격을 받았습니다. 하지만 거기까지입니다. 그 책을 끝까지 다 읽어보려고 몇 번 시도했지만 매번 그대로 덮어버렸습니다. 그의 책은 참 읽기 불편합니다. 일본 지식인 특유의 집요한 디테일이 있습니다. 공감이 전혀 되지 않습니다. 그러나 '편집'이라는 단어가 준 지적 통찰만으로도 그 어떤 책보다 가치가 있었습니다. 마츠오카 세이고의 책과 저의 책 『에디톨로지』는 '편집'이라는 단어만 공유할 뿐 내용은 전혀 다릅니다. 내용의 깊이는 어떨지 몰라도 제 책이 훨씬 더 친절한 것만은 확실합니다.

책을 읽거나 자료를 검색할 때 중요한 개념이 나오면 일단 꼭 검색합니다. 영어로도 검색하고, 독어로도 검색하고, 일어로도 검색합니다. 중요해 보이는 저자의 이름도 꼭 검색해봅니다. 검색 결과로 나타나는 정보량이 정말 엄청납니다. 그리고 관련 개념과 저자의 이름으로 책이 있는지 인터넷 서점에서 찾아봅니다. 검색 결과로 나오는 책의 목차와 내용 요약 등을 보고 '느낌이 오는 책'은 무조건 삽니다. 요즘은 절판된 중고책도 거의 다 살 수 있습니다.

저는 독일과 일본, 미국의 알라딘 서점을 아주 자세히 살펴봅니다. 독일, 미국, 일본에서 중고책을 사는 재미가 정말 쏠쏠합니다. 물론 현지의 중고책방들이 한국까지 직접 책을 보내주진 않아서, 일단 각국에 사는 지인의 집으로 책을 배송받습니다. 그러면 지인들이 다시 챙겨서 제게 보내줍니다.

독일에서 책을 구입할 땐 제 박사과정 지도교수님 집 주소로 보냅니다. 은퇴하신 교수님은 제가 사서 보내는 책들을 먼저 살펴보고, 다시 싸서 제게 보내주는 일을 너무 재미있어 하십니다. 제 생각과 글의 내용이 어디로 흘러가는지 제가 구입하는 책만 보면 충분히 짐작이 된다면서 함께 공부하는 느낌이라 하십니다. 이렇게 전 세계에서 사는 책값이 남들 한 달 월급에 가깝습니다. 제가 지불하는 책값을 말하면 모두 '허걱' 하며 그렇게까지 돈을 쓰느냐고 합니다. 그러나 제 대답은 이렇습니다. 공장을 돌리려고 해도 공장 설비에 우선 큰 투자를 해야 합니다. 때가 되면 설비도 최신식으로 바꿔야 합니다. 하물며 기계 설비도 그렇습니다. 아무런 투자 없이 좋은 콘텐츠가 생산될 것을 기대하는 것은 참 어리석은 마음입니다.

책 읽는 시간도 투자해야 하지만, 가능한 한 다양한 정보를 접해야 합니다. 명심해야 할 것은 책은 한번 구입해놓으면 언젠가는 꼭 써먹게 된다는 사실입니다. 인터넷 검색 결과를 데이터베이스에 저장해놓는 일도 무척 중요하지만, 시간이 날 때마다 서재에 꽂힌 책을 훑어보며 내가 한때 너무나 중요하게 생각했던 내용들을 끊임없이 상기하며 업데이트하는 일도 '콘텐츠 생산자'가 결코 빠뜨려선 안되는 일입니다.

책에 밑줄을 긋고,
내 생각을 적습니다

책을 읽다가 중요한 내용이 나오면 일단 밑줄을 긋고, 그 옆에 내 생각을 마구 적습니다. 이 작업이 정말 중요합니다. 전자책으로는 하기 힘든 일이기 때문입니다. 메모 가능한 전자책이나 새로운 앱이 나오면 꼭 사용해보지만, 실제 책에다 직접 쓰는 것만큼 효과적인 것은 없습니다. 아날로그 책이 좋은 이유는 내 맘껏 쓸 수 있기 때문입니다. 책을 정말 깨끗하게 보는 사람들이 있습니다. 난 별로 좋게 생각하지 않습니다. '내 책'은 내 맘대로 쓰기 위해 산 것입니다. 중고책으로 되팔려고 책을 사는 건 아니란 이야기입니다.

책에 밑줄 긋고 내 생각을 적는 일은 '저자와의 대화'입니다. 저자의 생각에 내 생각을 덧붙여 정리하는 일입니다. 동시에 '나 자신과의 대화'이기도 합니다. 내가 왜 이 구절을 중요하다고 생각했는지, '내 생각에 대해 생각'하는 일입니다. 이를 심리학에서는 '메타인지meta-cognition'라고 합니다. 자신의 생각을 객관화하는 '자기성찰'과 밑줄 긋고 빈곳에 자기 생각을 적는 독서는 동일한 심리적 프로세스입니다. 저자의 생각에 대한 자신의 생각을 활자화하는 작업을 통해 정말 많이 성장합니다.

책을 그냥 처음부터 끝까지 읽는 것은 아무 의미 없습니다. 다 까먹습니다. 영화를 많이 보다 보면, 이게 내가 본 건지 안 본 건지 헷갈리게 되는 것처럼 책도 그렇게 됩니다. 그 책에 대한 자기 생각을 꼭 기록해놓아야 합니다. 자신의 기록이 남지 않는 책 읽기는 시간 낭비가 될 확률이 높습니다. '저자의 생각에 대한 자신의 생각', 즉 내가 왜 그 부분이 중요하다고 생각했는가에 대한 '자신의 생각에 대한 생각'이 축적되어야 책을 제대로 읽는 것입니다.

중요한 내용은
'데이터베이스 앱'에 저장합니다

책이 많아지면, 어느 책에서 무엇을 읽었는지 기억해내기 어려운 순간이 옵니다. 어디서 분명히 읽었는데 하면서, 책장 전체를 뒤지며 서재에서 하루 종일 헤맨 적이 너무 많습니다. 그래서 언젠가부터는 책에 밑줄 긋고 메모한 페이지를 사진으로 찍어서 '에버노트'에 올려놓습니다. 제가 애용하는 '데이터베이스 앱'입니다. 그런데 이때 정말 중요한 게 있습니다. 그냥 사진만 올려놓으면 말짱 도루묵입니다. 찾을 방법이 없습니다. 책장을 헤매는 것보다 더 어렵습니다. 그래서 에버노트에 데이터를 올릴 때, 반드시 데이터의 제목에 '핵심 개념'들을 적어 넣습니다. 이 또한 매우 중요한 과정입니다. 이때 유의해야 할 점은 꼭 '내가 만든 개념'을 적어야 한다는 겁니다. 책에 있는 카테고리와 개념을 그대로 베껴놓으면, 데이터베이스를 만들어야 할 이유가 없습니다. 그것은 저자의 에디톨로지를 그대로 옮겨오는 것에 불과하기 때문입니다.

  책에 밑줄 긋고 내 생각을 적는 것이 '메타-데이터meta-data'라면, 이 부분의 사진을 찍어 에버노트에 저장하고 그곳에 핵심 키워드들을 새롭게 적어 넣는 것은 '메타-메타-데이터meta-meta-data'입니다. 에디톨로지적 개념으로 설명하자면, '편집의 차원level of editing'이 높아지는 것을 의미합니다. 저자의 책에서 일부를 발췌해 데이터를 만드는 것은 '편집의 단위unit of editing'가 확대되는 것입니다. 그 데이터에 키워드를 덧붙이는 것은 그 단위가 도대체 어떠한 맥락에 속하는가를 정리하는 작업입니다. 책의 빈곳에 정리된 메타 데이터를 다시 한번 차원을 높여 스스로 정리하는 작업인 것입니다. 이 메타-데이터들이야말로 바로 '내 생각'입니다. 내 생각은 '메타언어meta-language'들을 통해 얻어지는 것입니다. 메타언어가 풍요로워야 나만의 콘텐츠가 분명해집니다.

데이터를 에버노트에 쌓아나가는 것이 훈련되면, 길거리를 지나가다가 사진을 찍어 저장하기도 합니다. 데이터를 관리하다 보면 어느 순간부터 내 관점이 생기고, 그 관점에서 결코 놓칠 수 없는 장면이 수시로 나타나기 때문입니다. 신문을 읽거나 인터넷 검색을 하다가도, 데이터베이스에 저장하는 습관이 생깁니다. 하루에 수십 개를 저장하는 날도 있습니다. 하루에 수십 개의 내 메타언어들이 축적된다는 뜻입니다. 이런 훈련이 지속되어야 '남들과 구별되는 내 이야기'를 할 수 있게 됩니다. 어느 날 갑자기 '내 콘텐츠'가 툭 튀어나오는 게 아닙니다.

넓찍한 모니터 두 개를
나란히 붙여 사용합니다

글 쓰는 작업을 하는 이들에게는 LG의 대형 모니터를 적극 추천합니다. 삼성 모니터는 게임용으로는 훌륭할 수 있으나, 글쓰기 작업에는 그리 추천할 만한 물건이 못됩니다. 저는 LG의 곡면 울트라 와이드 모니터 두 개를 붙여서 사용합니다. 노트북 '맥북프로'에 이 모니터 두 개를 연결해 씁니다. 가로 길이가 1미터 가까이 되는 모니터 두 개가 나란히 붙어 있으면 책상이 꽉 찹니다. 처음 내 서재에 들어오면 다들 주식 투자하느냐고 묻습니다.

두 개의 모니터를 각각 세 개의 화면으로 다시 분할해서 씁니다. 모니터 아래의 내 노트북 화면까지 포함하면 총 일곱 개의 화면을 사용하는 셈이지요. 화면을 여러 개 쓰는 것은 매우 중요합니다. 자료를 다양하게 찾아보며 글을 쓸 수 있기 때문입니다. 아주 사소하지만 꼭 확인해야 하는 정보들이 있습니다. 실수하면 망신당하는 것들이지요. 예를 들면, 외국어의 스펠링이나 역사적 사건의 정확한 연도 같은 것들입니다. 모니터가 여러 개 있으면 그리 불편함 없이 확인할 수 있습니다.

여러 개의 모니터를 사용해야 하는 더욱 중요한 이유가 있습니다. 똑같은 개념도 각 나라마다 설명 방식이 다른 경우가 많습니다. 같은 구글에서 검색하더라도 영어, 독어, 일어, 한국어의 검색 결과가 제각기 다릅니다. 이건 매우 중요한 문제입니다. 각 구글의 검색 결과를 비교하고 그 차이를 설명하는 것만으로 엄청난 통찰을 얻을 수 있습니다. 요즘 구글은 검색어가 담겨 있는 책들을 보여주기도 합니다. 정말 엄청납니다. 책의 내용을 훑어보다가 중요하다고 여겨지면 바로 아마존에서 구매합니다. 그 순간을 놓치면 다시는 떠오르지 않는 생각이 많기 때문입니다. 때에 따라 다르지만 주문한 책은 열흘 정도면 도착합니다. 한국어 책일 경우, 인터넷 서점에서 구입하면 하루 뒤에 여수까지 도착합니다. 정말 놀랍습니다.

모니터 사용법을 좀 더 자세히 설명하자면 이렇습니다. 일단 왼쪽 모

니터를 세 개로 분할해서 독어, 영어, 일어 구글 세 개를 띄워 놓고 작업합니다. 오른쪽 모니터에는 한국어 구글, 네이버 사전, 에버노트를 띄워놓습니다. 물론 때에 따라 띄워놓는 앱의 종류나 위치가 바뀌기도 합니다. 모니터 아래의 노트북 화면에는 한글 프로그램이나 키노트를 띄워놓고 작업합니다.

　이렇게 책상에 앉아서 자료 검색을 하거나 책 읽는 시간과 글 쓰는 시간을 비교하자면 10대 1 정도 됩니다. 그만큼 자료 처리하는 시간이 절대적으로 길다는 이야기입니다. 쓸 내용을 다 정해놓고 글을 쓰는 경우는 별로 없습니다. 글을 쓸 때 공부가 제일 잘됩니다. 글 쓰는 시간이 바로 공부하는 시간인 겁니다.

책상 세 개를 'ㄱ' 자로 연결해
아주 넓게 씁니다

전업작가로 살려면 책상 크기도 매우 중요합니다. 온갖 책을 다 펴놓고
글을 쓰기 때문입니다. 미리 책을 읽고 데이터베이스로 저장해놓기도
하지만, 글 쓰면서 책 읽는 경우가 더 많습니다. 어찌 보면 글을 쓰며 읽
는 책이 가장 효율적으로 읽힙니다. 책의 색인이나 목차를 보며 꼭 읽어
야 할 부분을 찾습니다. 그렇게 책을 읽으며 글을 쓰다 보면, 책상 위에
책들이 수북이 쌓입니다. 많을 때는 수십 권의 책이 쌓일 때도 많습니
다. 그래서 책상이 넓어야 합니다.

제 서재에는 책상 세 개가 'ㄱ'자로 넓게 이어져 있고, 그 옆이나 뒤로 작은 이동식 책상이 동원되기도 합니다. 이 못된(!) 습관은 독일에서 박사논문 쓸 때 생겼습니다. 제 지도교수님은 20평 가까운 연구실에 책상만 여러 개 있었습니다. 각 책상마다 자신이 써야 할 글들과 관련된 자료들을 펼쳐놓고, 이 책상에서 저 책상으로 옮겨 다니며 글 쓰는 그의 모습을 보고 배운 겁니다.

책장을 '장기기억장치'라고 한다면, 책상은 '단기기억장치'라고 할 수 있지요. 일단 작업이 끝난 책은 책장 한 칸에 모아 놓습니다. 제가 글로 쓴 내용에 직접적인 자료가 된 책들이기에 주제별로 아주 잘 정리되는 셈이지요. 이렇게 책장을 한 칸씩 채워가면, 어느새 책장 하나가 나만의 에디톨로지가 되어 있음을 보게 됩니다. 교과서적인 분류와는 다른, 나만의 지식편집의 결과가 되는 거지요. 책장의 책들을 보고 있는 것만으로도 아주 훌륭한 에디톨로지 학습이 됩니다. 그래서 '혼자' 놀 수 있는 겁니다.

각 방마다 주제별로 책들을 모아 놓습니다

글 쓰는 사람에게는 공간이 무척 중요합니다. 그냥 노트북 하나만 있으면 글을 쓸 수 있을 거라 생각하지만, 저의 경우는 결코 그렇지 않습니다. '생각'의 크기와 '공간'의 크기는 비례합니다. 끊임없이 자료를 찾아보며 일해야 하기 때문입니다. 여수 아파트에는 방이 네 개 있습니다. 제일 큰 방, 즉 안방으로 설계되어 있는 방에서는 주로 글 쓰는 작업을 합니다. 앞서 설명한, 커다란 모니터가 두 개 놓인 책상들이 있는 방이지요. 이 방에서는 오동도가 내려다보입니다. 바로 그 옆의 작은 방에서는 일어 번역이나 독어 책을 강독합니다. 일어 책과 독어 책들이 모여 있는 방이지요. 책상 위의 아르누보식 스탠드가 아주 멋진 방입니다. 아, 저는 스탠드의 불빛을 매우 중요하게 생각합니다. 제가 하는 작업이 얼마나 고귀한가를 느끼게 하기 때문입니다. 콘텐츠 생산은 자부심이 없으면 지속할 수 없는 일입니다.

또 다른 방에는 건축과 공간 관련 책들을 모아놓고, 짧은 시간 앉아 읽을 수 있는 작은 책상을 두었습니다. '공간적 전환spatial turn'이 미래 콘텐츠인 까닭에 아주 집중적으로 자료를 수집하고 있습니다. 이 방에서는 멀리 남해가 보입니다. 거실에는 큰 테이블이 있습니다. 소파는 고정된 채 테이블만 밀었다 당겼다 할 수 있어서, 공간을 넓게도 좁게도 쓸 수 있습니다. 노래방에서 쓰면 무척 좋을 것 같은 테이블입니다. 일본에서 유학할 때 샀습니다. 제가 제일 아끼는 테이블입니다. 식탁이지만 밥만 먹는 곳이 아닙니다. 글쓰기와 직접적인 상관이 없는 책은 여기서 아주 느긋하게 읽습니다.

유튜브 같은 영상자료를
수시로 봅니다

일주일 내내 한 사람도 만나지 않을 때가 많습니다. 이 방 저 방 옮겨 다니며, 책 읽고 글 쓰다 보면 일주일이 후딱 갑니다. 사실 사람을 만나는 시간이 아까울 때가 많습니다. 별로 할 이야기도 없는데, 했던 이야기 하고 또 할 때가 많기 때문입니다. 책 보고 글 쓰고 그림 그리는 시간 외에는 주로 동영상 자료를 찾아봅니다. 요즘 유튜브로 자료 검색하는 재미에 푹 빠져 있습니다. 한 번 찾아들어간 주제와 연관된 영상들을 유튜브가 알아서 편집하고 추천해줍니다.

유튜브를 통해 독일이나 일본 자료를 많이 찾아봅니다. 언어 감각을 잃지 않도록 하는 효과도 있지만, 정말 뜻밖의 자료들을 자주 얻게 됩니다. 사실 정보나 지식의 습득이라는 차원에서 보자면, 영상자료가 책과 같은 문서자료보다 훨씬 효율적입니다. 훌륭한 영상자료의 경우, 책으로 열 권에 해당하는 정보를 영상 한 시간으로 얻을 수 있습니다. 그러나 영상자료의 약점은 일방적이고 수동적이라는 겁니다. 영상 특유의 에디톨로지적 장치에 자신도 모르게 몰입하게 되면 비판적·반성적인 정보 수용이 어려워집니다. 그러나 배경지식을 빨리 얻어야 할 경우, 영상자료를 검색해보는 것이 좋습니다. 오늘날 영상을 통한 지식 습득을 결코 포기할 수 없는 이유입니다.

아침 식사 때는 주로 '테드TED'를 시청합니다. 10여 분 동안 압축적으로 핵심 지식을 전달하는 테드 몇 편을 보다 보면 혼자 하는 아침 식사가 아주 즐거워집니다. 기차를 타고 서울을 다녀올 때는 '아트앤스터디'라는 유료 학습 사이트에 들어가 인문학이나 예술 분야의 강연을 봅니다. 세상에는 재야의 고수들이 너무 많습니다. 정말 많은 내용을 새롭게 배우게 됩니다. 강연 주제도 다양합니다. 세 시간 가까운 기차 시간이 금방 갑니다. 네이버의 '열린연단'도 즐겨 보는 강연 사이트입니다.

글은
'마감'이 씁니다

연재를 쉬지 않고 계속한다는 말입니다. 연재 없이 혼자 글을 쓰는 것은 정말 어려운 일입니다. 그래서 '지켜야 할 마감' 없이도 스스로 계획해서 책 쓰는 사람들을 저는 정말 존경합니다. 제 경우에는 어떠한 방식의 연재든 계속 하고 있어야 합니다. 억지로라도 글을 써야 한다는 뜻이지요. 원고 마감이라는 '자발적 강제'가 있어야 공부도 계속하게 되는 겁니다.

　연재는 글쓰기 '감각'과 관련해서도 아주 중요합니다. 원고지 10매의 글을 연재하다 보면, 원고지 10매에 꼭 맞는 방식의 문장 감각이 몸에 배입니다. 빠른 속도의 글이 되고, 편하게 읽히는 글이 됩니다. 그러나 깊은 내용을 담기에는 뭔가 부족하다는 느낌도 듭니다. 논리의 비약이 많이 생기지요. 하지만 원고지 100매의 글을 연재하면 글쓰기가 아주 심도 깊어집니다. 논리도 아주 충실해지고, 매우 설득력 있는 글이 됩니다. 그러나 재미는 많이 떨어지지요. 한 달에 원고지 10매 내외 짧은 분량의 연재와 50매에서 100매 사이 긴 분량의 연재를 병행하는 것이 글쓰기 감각을 유지하는 데 가장 이상적입니다. 마땅히 연재 공간이 없으면 블로그나 페이스북에 연재하듯이 규칙적으로 쓰는 것이 좋습니다.

　언제까지 반드시 원고를 끝내야 한다는 강박이 있어야 그 주제에 몰입할 수 있습니다. 글을 쓰다 보면, 전혀 관계없는 이야기들이 서로 얽혀 들어가며 아주 재미있는 글이 될 때가 있습니다. 한 주제에 몰입하다 보면 그런 뜻밖의 에디톨로지가 가능해집니다. 제 글쓰기 철학은 '딱 3

일만 몰입하자!'입니다. 어떤 주제든 딱 3일만 집중하면 좋은 글이 나옵니다. 3일 집중했는데 결과가 없다면 그 글의 주제와 나는 인연이 없는 겁니다. 그러나 경험상 3일 집중했는데 허무한 결과가 나왔던 적은 거의 없습니다.

나만의 '개념'을
끊임없이 편집해내야 합니다

누구나 책 리뷰를 인터넷에 올릴 수 있습니다. 가끔 나만 알고 있는 약점을 정확히 찌르는 리뷰가 올라올 때가 있습니다. 가슴이 철렁하지요. 아주 큰 자극이 됩니다. 스스로의 내공에 자신이 없으면, 이런 고수의 비평에 그냥 무너집니다. 그래서 남들이 함부로 범접할 수 없는, 자신만의 전문영역을 갖고 있어야 합니다. 그리고 끊임없이 그 영역의 새로운 자료들을 찾아 읽으며 자신의 실력을 꾸준히 업데이트해야 합니다. 저는 지금도 일주일에 사흘씩 밤늦게 카톡으로 일본에 있는 선생님과 일어 강독을 합니다. 일어는 뜻을 알아도 어떻게 읽어야 하는지 모르는 경우가 너무 많습니다. 반복하는 수밖에 없습니다. 정신없는 서울에 살면 시도하기 참 힘든 일입니다. 남들과 겹치지 않는, 오직 자신만이 할 수 있는 전문영역이 필요합니다.

저의 경우는 '문화심리학'이 전문영역입니다. 제 글의 중요한 개념은 모두 심리학에서 나옵니다. 물론 미국의 심리학과는 많이 다른, 독일의 오래된 심리학 개념들에서 제 '보캐블러리'를 찾아내려고 노력합니다.

남들과 다른 시각을 가지고 있어야 제 콘텐츠가 존재할 수 있기 때문이지요. 남들 다 하는 이야기를 아무리 폼 나게 해봐야 오래 못 갑니다. 모든 정보가 공개되어 있는 세상이라 바로 지루해집니다. 대부분의 심리학자는 방법론적으로 '심리적 환원론'을 취합니다. 문제의 원인을 내면에서 찾는 까닭이지요. 그러나 오늘날에는 '사회적 환원론'이 대세입니다. 문제의 원인을 사회구조나 정치경제의 시스템에서 찾는 것이 '시대정신Zeitgeist'입니다. 그러나 이도 곧 진부해질 것 같습니다. 설명이 너무 단조롭기 때문입니다. 주체로서의 개인의 책임과 역할에 대한 설명도 생략되어 있지요.

사회구조나 문화와 심리의 상관관계에 근거한 개념들은 매우 드물지요. 바로 이 영역에서 저는 새로운 개념들을 발굴하고 적용하려는 시도를 계속합니다. 한마디로 '경계의 개념들'입니다. 근대학문은 끊임없이 경계를 나눴습니다. 심리학 예를 들면 사회심리학, 임상심리학, 상담심리학, 아동심리학 등으로 나뉘었습니다. 너무 세분화되다 보니 아동심리학자는 사회심리학자와 전혀 대화가 되지 않습니다. 근대학문 가운데 비교적 짧은 역사를 가진 심리학이 이렇다면 다른 학문들은 어떻겠습니까? 그래서 각 학문들의 경계에 콘텐츠의 미래가 있는 겁니다. 학문들 사이의 경계를 넘나드는 '에디톨로지'를 해야 한다는 이야기입니다.

또 하나. 저의 경우에는 '글'과 '그림'을 편집합니다. 동양의 문인들은 대개 글과 그림을 함께 했습니다. '문인화'라는 전통이지요. 뭐, 제 그림이 문인화의 전통을 따른다는 건 결코 아닙니다. 역사적으로 글과 그림이 함께 가다가 어느 순간부터 분리가 되었다는 말입니다. 지금도 일본

문인들 중에는 그림을 함께 그리는 사람이 많습니다. '글'과 '그림'의 어원은 '그리다'로 같습니다. 종이에 그리는 것이 한쪽으로는 '그림'으로, 다른 한쪽으로는 '글'로 발전한 것이지요. 마음에 쓰는 것은 '그리움'이고요.

근대화가 진행되면서 글과 그림 또한 분화되어 오늘날 글과 그림을 함께 하는 사람은 별로 없습니다. 오랫동안 그림을 그린 화가들의 작품과 제 그림을 비교하면 정말 부끄럽습니다. 그러나 제 글과 그림이 함께 있으면, 그림도 그렇게 부담스럽지 않습니다. 나만의 개념이 그림으로 함께 표현되면, 나름 그럴듯한 콘텐츠가 됩니다. 독자들은 글과 그림 사이의 간극을 스스로 채워나가며 재미를 느낀다고 합니다. 작가와 독자 사이의 상호작용이 더욱 활발해진다는 뜻이지요. 독서는 결코 '계몽'이 아닙니다. '상호작용'입니다.

나만의 영역은 내 관점이 있어야만 만들어집니다. '편집의 단위'와 '편집의 수준'을 끊임없이 구성하고 재구성하려면 내 주체적 관심이 중요합니다. 내가 추구하는 콘텐츠가 재미있어야 한다는 뜻이기도 합니다. 내가 재미없는데, 어찌 다른 사람들이 내 글을 재미있게 읽겠습니까? 글 쓰는 행위란, 헤겔의 용어를 빌리자면 '외화外化, Entäußerung'입니다. 내면의 것을 밖으로 끄집어내는 행위라는 의미입니다. 노동을 통해 땀과 피가 생산물로 만들어지는 것처럼, 내면의 생각과 느낌이 글이라는 생산물로 만들어지는 것이지요. 내 주체적 관점으로 남들이 함부로 넘볼 수 없는 나만의 개념들이 쌓여나가면 '재미'와 '의미'가 끊임없이 생산되는 선순환이 가능해집니다.

콘텐츠 생산,
그 자체가 재미있어야 합니다!

글을 쓰다 보면 참으로 신기한 경험을 하게 됩니다. 내가 정말 재미있어서 쓴 글은 독자들도 참 재미있게 읽습니다. 신기하게도 글 쓸 때의 내 느낌이 그대로 글에 녹아듭니다. 그러나 정말 억지로, 어쩔 수 없이 글을 써야 할 때가 있습니다. 그렇게 쓴 글은 읽는 사람도 똑같은 느낌을 받습니다. 그래서 원고를 쓸 때는 가능한 한 기분 좋은 환경을 만들어놓습니다. 스탠드 불빛도 은은하게 해놓고, 음악도 틀어놓습니다. 음악은 'Radio Swiss Classic'이나 'Radio Swiss Jazz'라는 앱을 오디오에 연결해 듣습니다. 오전에는 클래식 음악을, 오후에는 재즈를 틀어놓습니다. 일단 선곡이 매우 좋습니다. 진행자의 멘트는 오직 곡명과 연주자 소개일 뿐입니다. 사람들의 소리가 그리울 때는 'KBS 클래식 FM'을 틀어놓습니다. 그럼 덜 외롭습니다.

글을 쓰고 그림을 그리는 콘텐츠 생산 그 자체가 삶의 즐거움이 되어야 합니다. 지극히 당연한 이야기지만, 돈을 많이 벌려고 혹은 권력이나 명성을 얻으려고 글쓰기를 한다면 절대 잘될 수 없습니다. 글쓰기 자체에 기쁨을 느끼고, 자신이 생산한 콘텐츠 자체에 희열을 느껴야 합니다. 돈이나 명성은 추구한다고 얻어지는 게 아닙니다. 돈이나 명성, 성공은 100퍼센트 '운'이라고 나는 믿습니다. 따라오면 좋은 거고, 안 따라오면 할 수 없는 겁니다. 내가 글쓰기를 하면서 재미있고 즐거웠다면 그 자체로 만족할 수 있는 겁니다. 스스로 재미있는 글을 쓴다면 내 콘텐츠에 공감해주는 독자들은 꼭 나타납니다. 아무리 적은 숫자라도 독자들과 교감할 수 있는 것처럼 기쁜 일은 없습니다.

이렇게 제 에디톨로지의 구체적 장치들을 자세하게 소개했습니다. 나름 '영업비밀'입니다만, 이 또한 독자들과 공유하는 즐거움이 있습니다. 언제가 될지 모르지만 여수 바닷가에 저의 라이브러리를 세우게 된다면, 독자들을 초대하고 싶습니다. 그런 상상에 오늘도 혼자 글 쓰며 보내는 하루가 즐겁습니다.

아, 정말 못 견디게 쓸쓸할 때도 가끔 있습니다. 그러면 방파제로 나가 낚시도 합니다. 어쩌다 눈먼 고기라도 걸리면 하나도 안 쓸쓸합니다. 진짜 신납니다!

찾아보기

KI신서 7597

에디톨로지
창조는 편집이다

1판 1쇄 발행 2014년 10월 24일
2판 12쇄 발행 2025년 1월 17일

지은이 김정운
펴낸이 김영곤 **펴낸곳** (주) 북이십일 21세기북스

디자인 형태와내용사이
출판마케팅팀 한충희 남정한 나은경 최명열 한경화
출판영업팀 변유경 김영남 강경남 최유성 전연우 황성진 권채영 김도연
제작팀 이영민 권경민

출판등록 2000년 5월 6일 제406-2003-061호
주소 (10881) 경기도 파주시 회동길 201(문발동)
대표전화 031-955-2100 **팩스** 031-955-2151 **이메일** book21@book21.co.kr

(주)북이십일 경계를 허무는 콘텐츠 리더

21세기북스 채널에서 도서 정보와 다양한 영상자료, 이벤트를 만나세요!
페이스북 facebook.com/jiinpill21   포스트 post.naver.com/21c_editors
인스타그램 instagram.com/jiinpill21   홈페이지 www.book21.com
유튜브 www.youtube.com/book21pub

서울대 가지 않아도 들을 수 있는 **명강의!** 〈서가명강〉
유튜브, 네이버, 팟캐스트에서 '**서가명강**'을 검색해보세요!

ⓒ 김정운, 2018
ISBN 978-89-509-7644-6 (13180)

ⓒ Raphael Mazzucco/Sports Illustrated/Contour by Getty Images
ⓒ Marisa Miller
ⓒ The Bridgeman Art Library/멀티비츠
ⓒ Succession Pablo Picasso-SACK(Korea)
ⓒ 윤광준

Editology

Editology